借殼上市

蔣介石與中華民國臺灣的形塑

汪浩————著

目錄

重新理解蔣介石

明居正（國立臺灣大學政治學系名譽教授）

一九四九年一月二十一日，中華民國總統蔣中正，在黨內、外交相指責的聲浪中第三次下野。幾個月內，大陸局勢糜爛，國軍兵敗如山倒，中共大軍橫掃華中、華南，代總統李宗仁出亡國外，中華民國政府及國軍在中樞無人的情況下行將崩潰。

這時，蔣中正可有三個選擇：投降中共、出逃國外當寓公、或在極不利的情況下繼續奮戰，他選擇了最困難的第三條路。

汪浩兄的大作《借殼上市：蔣介石與中華民國臺灣的形塑》，是在閱讀了大量國史館解密的檔案文件，並參閱了無數國內、外相關權威著作後，真實呈現在這段時間內，蔣中正如何重回政壇、掌握臺灣，並將其打造成一座反攻復國基地的過程。

本書洋洋灑灑十多萬字，其主旨要之可謂：蔣中正將中華民國在臺灣重新借殼上市以抗共保臺。然而，後來因國際情勢丕變，其戰略構想未能實現，而此反共基地卻漸

演變成中華民國臺灣。

客觀而言，歷史是曾經發生過之事實。但相關檔案與史料在編寫過程當中，自然經過經手人之主觀整理與刪削，未必能反映事情之真實經過。是故，後人讀史可以進行詮釋，因而可以有不同見解。

長久以來，蔣中正在一般人心目當中的印象，不外乎下列數種：屠夫、敗軍之將、顢頇無能的老粗軍閥，或是冥頑不靈的死硬派。汪浩兄在爬梳了原始檔案及二手作品後，展現了一個與過去不同的蔣中正：這個蔣中正，雖然是個獨裁者，但是他抱持著反攻復國的理想；而在面對國際上波譎雲詭的大國政治時，他也展現了權謀與計算的現實一面，從而打造出了今日之中華民國臺灣。

揆諸史實，蔣中正畢生與世界強權周旋：北伐戰爭時他面對的是西方在華列強；不久，他面對的是染指西北新疆、北方蒙古及東北地區的蘇聯史達林；接著，他被迫起而抵抗破門侵略的日本，同時必須應付被蘇聯支持的中共。其後，美國雖然號稱與他並肩抗戰，卻又在戰後的《雅爾達密約》中出賣了中國。

我們還必須看見：同時代，數位亞洲國家領導人先後被美國搞垮：南韓的李承晚、越南的吳庭琰與阮文紹；而蔣中正是唯一的倖存者。因此，如何自處自保，實為其從政數十年來最險惡的挑戰；而這個挑戰在一九四九至一九七二年可謂達到了最高峰。

那麼，我們又應該如何理解這段時間的蔣中正？如何理解他的所思所行？在展讀了汪浩兄的大作後，我的淺見是，蔣中正經常掛在嘴上的幾句話：「光復大陸、解救同胞；重建民國，實行三民主義。」其實相當準確地反映了他後半生的生涯目標。例如，在本書第三章，汪浩兄寫道：

　　一月十五日，他又自記：「此時只可盡心保衛臺灣為自立自強之基點，首在社會經濟與軍費之解決；其次為社會民眾組訓與防空之準備；其三為海空軍用油之購備。至於美國之賣華與援華，則於革命之成敗實無關宏旨也。」當天，蔣還手書遺囑：「如果革命失敗，臺灣淪亡時，必以身殉國。」一月二十六日，蔣介石公開告訴國民黨中常會：「我今天只有兩條路，一條是如果本黨徹底失敗，臺灣淪陷，那我就犧牲在臺灣！」「另一條路是確保臺灣，反攻大陸。」

　　本書中也多次提及在退守臺灣的二十餘年當中，蔣中正尋找過一切可能的機會，以軍事手段反攻大陸。在較早的時期，他曾經寄予重望於美國。例如：美國軍方、麥克阿瑟將軍，以及數任美國總統等，但是最終都讓他失望了。本書第十六章中，汪浩兄寫道：

　　一月三十一日，被尼克森「玩耍」一番之後，蔣介石

自我反省：「自二十五歲以來，經過無數憂患與恥辱，尤以對外之磨折扭絞，非使我國脈民命徹底消除而不止的美國政府，虛偽欺詐之玩耍，令人無法忍辱，已達極點。此乃自民國三十一以來，史迪威、馬下兒（馬歇爾）以至今日尼克生等，是極盡人世所最難堪之一次也，荒漠甘泉所言靈魂在和逆境中苦鬥中，才能把握他的奧妙和扭絞中擁出真理之時手。」同日，他又記：「對美國之假言偽行，三十年來之疑竇亦得因此而完全識破與證明，此乃盎格魯撒克遜民族之真面目矣。經過無數次被欺詐與出賣，再可不夢覺乎……」

在對美國失望之餘，蔣中正亦曾一度寄希望於蘇聯，當然最後的結果是又一次的失望。

多年來許多人批評，蔣中正的反攻大陸國策，其實是私心自用企圖掌權的欺世之行。但是汪浩兄的大作引經據典地證明了這種見解的不當。除了前述的各例外，他細緻地分析：當中共於一九六○年代研製原子彈成功的消息傳出，蔣中正十分擔心臺灣終將不保，遂加快推動國光計畫，準備武力反攻。有趣的是，在第十四章中，作者認為：一九六五年八六海戰大敗，雖然使得蔣中正反攻的希望落空，然而卻再一次證明了他對於反攻大陸的真心。

靜心思量，我們其實不可低估蔣中正的理想性。那一輩的人讀的是中國古書，在他們的心目中，有著濃厚的傳

統中國正統觀念。他北伐、統一、抗日、勦共等作為，乃至退保臺灣後對於中華民國法統的堅持等，都是這種理想性格的具體表現。對於蔣中正而言，反共的使命感既是為了國家民族，也是為了他個人。在此過程中，保衛臺灣是必須的手段，而此種觀點在那一輩的政治人物當中確實不算罕見。

在回顧歷史之際，我們當然可以說，蔣中正是個毀譽參半的悲劇人物。然而，我們也必須看見，他對臺灣畢竟做出了一些重大的貢獻：他阻止中共奪取臺灣，從而阻止了共產主義進入臺灣。他在臺灣保存了中華文化的命脈，同時為臺灣日後的經濟與科技發展打下了堅實的基礎。

最後，在拜讀了汪浩兄的大作後，除了敬佩與激賞之外，本人也想提出幾點淺見以就教於汪浩兄：

第一，〈導論〉中，汪浩兄認為蔣中正在一九五〇年的「復行視事」是一場軍事政變。但是在本節後文中，卻又將其稱為「和平演變」，二者之間似有扞格之處？

第二，全書讀來，汪浩兄似乎認為，細究蔣中正在臺灣的作為，獨立自保的考慮高於反共復國。不知這是否為作者的真正想法，抑或僅為行文風格所致？

第三，本文的主題雖然為蔣中正與中華民國臺灣，但是美國對華政策（包含對臺政策）的失誤，也是導致歷史會如此發展的重要因素。如果未來汪浩兄能針對此一主題

再提供其高明見解，則當會使對此題目感興趣之讀者有更大之裨益。

　　本書《借殼上市：蔣介石與中華民國臺灣的形塑》是汪浩兄在閱讀了大量的解密檔案與相關研究後之力作。不但思路清晰、文字流暢，更處處可窺見作者深厚的治學功力與嚴謹之思辨態度。敬佩之餘，爰為之序。

「借殼」民國，臺灣「上市」

張國城（臺北醫學大學通識教育中心教授）

　　很榮幸能為汪浩先生的新書寫一些分享。在任何方面，汪浩先生都是筆者的前輩，因此不敢托大地稱以下的文字為「序」，稱為「讀後心得」可能比較適當。由於筆者也曾經主持兩個科技部的專題研究計畫，以蔣中正為研究對象，查閱了數十萬字的相關史料（最後兩份研究計畫的報告超過十五萬字），知道汪浩先生有這本新書，又得以先睹為快，實在是人生一大幸事。

　　汪浩先生《借殼上市》一書的中心思想是透過史料的爬梳考證，認為蔣中正總統數十年來抗共保臺，實質形成「兩個中國」，這點筆者同意。然而，蔣所形成的僅是另一個「小中國」，他並沒有將臺灣獨立建成一個國家的打算，這點汪浩先生的看法和筆者一致。他認為「蔣介石是一個有強烈的大中華思想的獨裁者，他把臺灣當作反共復國的基地，而不是當作新國家來建設」。筆者則認為這和他的歷史經驗有關；在大陸，他歷經多個在中國領土以中國為名的政權，甚至國民黨就曾分裂成兩個政權，因此

他爭的是「中央」。這點讓在臺灣的中華民國雖然和中華人民共和國分立成為兩個實質上的國家,但因為「作為一個中國政權」的本質和精神,注定了它極難對抗真正的中國。

在本書〈導論〉中,汪浩先生指出幾十年來「⋯『中華民國臺灣』外交政策的核心」在一九五〇年十月十四日,面對聯合國的代表權危機,蔣介石寫道:「甲,如何確保臺灣復興基地,使之鞏固不搖。乙,如何使中共不能參加聯合國,以保持我政府代表權,不退出聯合國。丙,如甲,乙二者不能兼顧,則以確保臺灣基地為第一。與其為保持聯合國會員名義,而使臺灣被攻,不能安定,則寧放棄會員之虛名,暫時退出國際社會,雖在國際上失去地位而力求自立自主,確保臺灣主權,實為利多而害少。而且乙者,其權全操之於英、法,非我所能主動,而甲者則我尚有主動領地,此為永久根本計,比較在不得已時,未始非計之得者也。」這段話筆者也深感興趣,但認為蔣何以會認為「保持聯合國會員名義」會使臺灣有被攻的可能?完全無法索解。

中共若有攻臺能力,臺灣有無聯合國會員名義都一樣;甚至有聯合國會員名義還較有機會讓中共攻臺遭到聯合國干預,因為只有國家才能作為聯合國會員,臺灣若為聯合國會員(無論是何名義),中共攻臺就是侵略,否則就是內戰性質。換言之,聯合國會員身分對臺灣安全絕對有利

無害。

因此，聯合國會員有害的，恐怕是「中華民國」在臺灣的統治。因為臺灣若無聯合國會員身分，自然就易於被認定為某一國家的一部分，以當時狀況和蔣的認知，當然就是中國的一部分。惟有臺灣是中國的一部分，作為中國政權之一的中華民國才有可能存續於臺灣，甚至行使統治權。後面一句「雖在國際上失去地位而力求自立自主，確保臺灣主權」，筆者認為這個「自立自主」其實指的是國民黨政府在臺灣的「自立自主」，所謂「確保臺灣主權」其實是確保國民黨政府對臺灣的統治權。所以說蔣是臺灣的「國父」，恐非他的本意，維持國民黨政權的存在和自主，是可以用臺灣的國際地位來交換的。

筆者認為，若在「臺灣作為獨立的國家，國號為中華民國」和「臺灣僅作為一個在中國境內，由國民黨據有統治權的政治實體」之間選擇，蔣絕對選擇後者。因為前者就是幾十年後出現在臺灣、被多數臺灣人贊成的現況，事實證明國民黨未必是執政黨。如果在國際社會中代表中國與確保臺灣主權不能兼顧時，蔣恐怕都是「棄臺保名」，這裡的「臺」指的不是對臺灣的控制權，而是「臺」作為「國家」的機會，至於保的「名」，表面上是「中華民國」，實際上是「臺灣屬於中國的一部分」。只是蔣自我認定這個中國是中華民國。換言之，蔣才是「一中各表」的始祖。

一般來說，這兩件被認為不衝突、甚至有利的事，在

蔣的觀點裡卻認為有互斥的可能，顯然蔣認為必要時統治權的順位應優於國際地位，這應是在「中華民國在臺灣為外來政權本質」的脈絡下進行解釋。一九七一年聯合國「中國代表權」保衛戰時，蔣不接受或沒有提出一中一臺方案，反而表示漢賊不兩立，即是上述說明的實例佐證。

蔣中正總統「抗共保臺」是事實，但無須在這一點上對他過高評價，因為這是最符合他自身利益的決定。若不保臺，他會喪失一切政治地位和權力，和劉禪或李後主不會有本質上的不同，在當時的冷戰體系下，也不容許他不抗共。從汪浩先生的書中可以充分看出美國並不是對他非常滿意，若他又不抗共，則縱使美國不在臺灣發動政變，也絕無支持他的理由，《中美共同防禦條約》和大量軍事、經濟援助不可能來到臺灣。

而且，縱使是「抗共保臺」，蔣採取的方法和效果也不是最有效的。雖然長年以軍事建設為第一，汪浩先生考證出一九六九年八月三日，蔣接見美國國務卿羅吉斯，羅吉斯問及，中華民國是否欲進攻大陸？蔣坦白地回答：「吾人目前甚至尚無自衛之能力。…共匪一旦向我進攻，吾人無法維持二、三日之戰力。」考察蔣數十年軍事、經濟建設的作為和利鈍，該是臺灣學界、政界必要的課題。

整體而言，筆者推斷蔣的真意為：中華民國是中國，但不見得只在臺、澎、金、馬。然而，國際社會早在一九四九年就認為，中國不見得「只能」同時是中華民國，

而這個認知使我們認為的「被聯合國承認」，對於蔣來說卻是威脅，因為他不確定「中華民國」被承認的根基是什麼。今天臺灣兩千三百萬人所承認、也希望聯合國承認的中華民國，應該是指臺、澎、金、馬，然而在一九四九年，當時的「中華民國」在作為代表「中國」這一主權國家的認定上，以及在「人民與國家範圍的界定」上存在著問題，所以蔣選擇了他認為對維持個人權力最好的選項（此處要感謝游凱晶和周軒寧兩位醫師友人的意見）。而汪浩先生在〈蔣介石錯失「兩個中國」並存的機會嗎？〉一章中也認為：「蔣介石的外交戰略卻是錯誤的，最終輸掉了戰爭…他顧慮衝擊國民黨統治的合法性而錯失了最有利的國際環境。」筆者對此和汪浩先生有完全相同的看法。

除此之外，汪浩先生這本大作的最大價值，在於破解了大量在臺灣流傳的政治神話和迷思，以及許多重要的發現。例如在第一章〈《開羅宣言》是國際條約嗎？〉：

一九四三年十二月三日，開羅會議新聞公報在重慶、華盛頓、倫敦同時公布，英文文件名稱中無「開羅」或「宣言」等用詞。…為什麼所謂《開羅宣言》只是一個新聞公報呢？根據美國國務院歷史文獻辦公室的說法，開羅會議主要是討論對日戰爭的軍事問題，所以美國國務院會前沒有專門為羅斯福準備討論政治問題的文件，也沒有派負責東亞事務的外交官和法律顧問參加會議。而中、美討論公

報草案之前，只有蔣介石、蔣宋美齡、王寵惠，與羅斯福及他的私人顧問霍普金斯五人進行了一次晚宴，談到了戰後臺、澎的歸屬和其它戰後的政治問題，可是，中、美雙方都沒有正式的會議記錄。兩人也沒有同邱吉爾就這些政治問題舉行三方正式會談。當時，三國領袖都是將這個文件看作提供給媒體的新聞公報，並不是一個有拘束力的國際條約，所以，他們既沒有簽字，也沒有徵求法律顧問意見，也沒報請內閣會議和立法機構批准。

　　但是在第二章〈二二八事件後，蔣介石為何升級鎮壓？〉中，汪浩先生又考證出美國國務卿艾奇遜曾在二二八事變後說：「因為開羅宣言中，我政府已同意將臺灣歸還中國。雖然主權移轉尚未正式完成，但中國之事實控制臺灣，是眾所承認的事，因此，我政府沒有立場就中國當局在臺灣動亂之鎮壓作為提出正式抗議。」足見大國如美國，政策立場也經常不一致；因此對臺灣而言，歷史證明「己願他力」，以外國政要的主張、言詞作為可靠的依據，是極其危險的。

　　除了《開羅宣言》以外，汪浩先生也指出「黃金救臺論」、「固守金門」的荒謬。書中指出蔣在一九五〇年即打算撤軍金門，顯然古寧頭戰役並沒有增加他對固守金門的信心，更重要的是「…一九五〇年七月，蔣介石撤守金門和其它外島的考慮完全是基於軍事戰略理由，根本沒有

考慮到所謂放棄外島就切斷了臺灣與中國的歷史性聯繫。很久以後,才有中華民國官員提出這類政治考量。」在臺灣,恐怕是首次有人提出此一見解。

此外,書中的警句還包括聯合國很早就出現「兩個中國」(一九五〇年即邀中華人民共和國與會);韓戰除了讓美國第七艦隊協防保臺以外,也讓美國不在聯合國討論臺灣地位。汪浩先生還指出美國對金、馬的協防,才是毛澤東不攻奪金、馬的原因。另一聳動的發現則是蔣一度欲與蘇聯合作夾擊中共,蘇方甚至要求臺灣提出軍援武器清單,而蔣則決定若蘇聯援助他反攻大陸,將來絕不讓中國成為任何國家的反蘇基地,也不會和任何國家簽訂反蘇的條約,這種「中立化」的氣魄,雖然沒有達成,但也不能說蔣全無作為大國領袖的格局與氣度。相較蔣經國,筆者在這一方面更肯定蔣中正。而蘇聯甚至一度願意部分支持在聯合國裡出現「兩個中國」;根據汪浩先生的研究,一九七一年九月,蘇聯對蔣表示「對中共全力爭取聯合國席位感到困擾,但又不便公然反對。…勸中華民國採取權宜的彈性策略,保全席位,才能擔任未來遠東演變的重要角色。如果退出聯合國,與世界隔絕將遭遇不可預測的損害。」令人不禁掩卷三嘆。至於蔣最後終於決定接受「兩個中國」的安排,汪浩先生認為「…蔣介石試圖改變中華民國的國家戰略,逐漸在心理和戰略上接受『兩個中國』的現實,可惜這種轉變來的太晚和太慢。」則和筆者在拙

作《國家的決斷》裡的看法完全相同。

在筆者閱讀汪浩先生的大作時，不時想起宋人劉敞的詩：「繁陰欲閉凱風來，一埽窮荒萬里開；日色蔥曨浮渤澥，雲容舒卷映蓬萊。」「蓬萊」出自《列子‧湯問篇》，形容高雅出俗、難以尋覓的美好景緻，也曾被用來形容臺灣；本書的確有這樣的氣象，是每個臺灣人都該讀的好書。

中華民國臺灣化

黃克武（中央研究院近代史研究所特聘研究員）

　　蔣介石與臺灣是一個重要且具有爭議性的議題，對於了解一九四九年之後的中華民國史具有重要的意義。然而，過去在臺灣學界中，臺灣史學者不研究這一部分；臺灣的近代史學者對此議題的興趣也不大；大陸學者更鄙視一九四九年以後與蔣介石相關的歷史，以為敗軍之將不足以言勇。近年來因為兩蔣日記、國史館檔案的開放，這一領域逐漸有比較多的研究成果。我大約從十多年前蔣介石日記開放之後，在中正紀念堂管理處的支持下，曾邀約海內、外學者組織研究團隊，編輯了四本有關一九四九年後蔣介石與臺灣的論文集。[1] 此外，我又主持了蔣介石與蔣經國侍從人員的訪問記錄，回顧在兩蔣身邊之人的所見所

1　黃克武主編：《遷臺初期的蔣中正》（台北：國立中正紀念堂管理處，2011）；《重起爐灶：蔣中正與1950年代的臺灣》（台北：國立中正紀念堂管理處，2013）；《同舟共濟：蔣中正與1950年代的臺灣》（台北：國立中正紀念堂管理處，2014）；《1960年代的臺灣》（台北：國立中正紀念堂管理處，2017）。

聞。[2] 我認為只有把這段歷史弄清楚，才能釐清國家定位，並反省、面對「轉型正義」與臺灣進一步民主化的議題。

本書作者汪浩博士和我上述的想法頗為一致。這本新著延續他從《冷戰中的兩面派：英國的臺灣政策，1949-1958》（2014）、《意外的國父：蔣介石、蔣經國、李登輝與現代臺灣》（2017）二書的關懷，探討一九四三至一九七二年間蔣介石與臺灣的關係，全書從開羅宣言、臺美關係、聯合國問題、反共復國起落等一直談到蔣介石成為「中華民國臺灣」的「意外的國父」。他謙稱本書為「讀檔心得」，然而實際上，他參考大量的一、二手史料（尤其是蔣介石日記、國史館檔案），從歷史議題衍生至當代議題，提出一個「空殼公司」、「借殼上市」的「中華民國臺灣」史觀。這樣的史觀將「中華民國臺灣化」當作一九四九年之後歷史的主軸，與林孝庭《意外的國度》、日本學者若林正丈《戰後臺灣政治史：中華民國臺灣化的歷程》的觀點若合符節。

作者認為蔣介石以武力奪取臺灣的實際控制權，使中華民國的「空殼」自一九五〇年三月開始在臺灣這一塊土地上轉而成為實質主權獨立的「中華民國臺灣」。作者沒有忽略蔣介石仍然具有「反共復國」的理想，也清楚了解

2　黃克武等訪問、周維朋等記錄：《蔣中正總統侍從人員訪問紀錄》（台北：中央研究院近代史研究所，2014），上下兩冊；《蔣經國先生侍從與僚屬訪問紀錄》（台北：中央研究院近代史研究所，2016），上下兩冊。

「反共復國」與「獨立自保」的張力與矛盾。對蔣介石來說「確保臺灣基地」為第一優先考量。換言之，先能自保，方能遠圖。本書充分顯示蔣介石作為一個務實的政治家，在驚濤駭浪的國際局勢之中，時而堅持、時而妥協，以達到自保的目標，因而開啟了「中華民國臺灣化」的歷史進程。

上述的歷史詮釋與作者的現實關懷密切相關。他認為深綠的台獨派所謂推翻中華民國、臺灣獨立建國是「不可能達到全民共識」，而無法破解當前認同困境；至於國民黨的「中華民國」史觀，主張國家疆域包括中國大陸，則是「不切實際」，甚至可笑。他企圖在藍綠論述之間找到一個中間點。他的觀點比較接近蔡英文總統在今年（二○二○年）五月二十日就職演講中，關於「中華民國臺灣」的政治論述，並企圖為此找尋歷史根源。在民進黨「忙於選舉與執政」（以及缺乏近代史人才）、國民黨將九二共識視為「歷史論述」之時，本書可以提供藍、綠、白等各黨與關心歷史議題、國家認同、臺灣往何處去等問題的讀者一個重要參考。

本書的文字流暢、引證詳實、描述細緻、論點清晰，對於各種議題有面面俱到的剖析，尤其可貴的是作者利用新公布的材料描述了許多引人入勝的歷史細節，例如以多種檔案之對照來剖析國際外交的折衝、以日記探討蔣介石面對各種情境時的內心感受等，讓我們對那個時代有更

深入的認識，不過本書也顯示出作者獨特的視角。閱讀本書讓我想到十九世紀美國一部家喻戶曉的作品《白鯨記》（Moby Dick），書中的一個著名隱喻是：「大海像一面鏡子，讓每一個人看到自己心中的渴望」。其實歷史也像一面鏡子，從歷史的大海中，我們看到的也是自己的渴望。

如果上述的比喻可以成立的話，不同的人群有不同的渴望，而共識的形成或許就在於閱讀彼此的歷史，並且多方對話。同時，歷史也絕非任人打扮的小姑娘，仍有其基本的學術規範，亦即胡適所謂的「有幾分證據，說幾分話」。對我而言，本書的趣味正在於書中提出了一些具爭議的歷史詮釋，讓不同觀點相互參照、彼此激盪。以下幾點是我對本書觀點所提出的若干商榷。

首先，作者認為蔣介石「復行視事」是違憲的軍事政變。這個歷史詮釋在某種程度上配合「臺灣地位未定論」，對很多人來說是無法接受的。在一九四五至一九五二年間，蔣介石是在盟軍認可下，自戰敗國日本手中接收臺灣，代表盟軍軍事占領臺灣。李宗仁又潛逃美國，蔣介石的復行視事容或有爭議，然受到許多人的支持，且其後他的總統任期（一九五四至一九七五年）均為透過合法方式選出，這與「軍事政變」並不相同。此後，中華民國又在《中日和約》裡與日本達成協議（日本並未與中共簽約），本書在第九章有詳細的描述。該約文字上雖然未明確提

及主權轉移，但實質內容已將臺灣主權轉移給中華民國，蔣介石並堅持該約「不能涉及於大陸領土主權絲毫損礙之語意」，而極力維護「中華民國政府為代表全中國主權之政府」。蔣介石或許因國際壓力對條約文字有所妥協，出現模糊狀況，然不宜論斷他「承認中華民國領土不及於大陸」。

再者，《中日和約》第四條廢止一九四一年之前，中日之間所有的條約協定，臺澎自然恢復為《馬關條約》前的中國領土地位。一九五四年美國與中華民國簽訂《中美共同防禦條約》協防臺、澎、金、馬。一九五二至一九七二年之間，中華民國與日本維持了正式的外交關係，可見《中日和約》的簽訂使中華民國政府在國際社會的地位得到重新認定。總之，「中華民國臺灣」的起源不宜簡單歸之於「軍事政變」的「借殼上市」，而是涉及一九四九年前後中華民國的連續性，以及更複雜的戰後國際關係。

第二，作者所謂「追究蔣介石對內侵犯人權的歷史責任，不應該否認他抗共保臺的歷史功蹟」，此一論斷貌似平衡，但實際來說並不那麼簡單。功過二者之間的界線並不清楚。在很多的情況下，抗共保臺與對在臺共諜、左傾人士的處置是分不開的。所謂被侵犯人權的個案中的確有一些無辜者，然而也有許多中共地下黨員與思想左傾者。有些人後來被中共追贈為烈士，又獲得補償。試想當時這

些中共支持者發動的革命如果成功，臺灣早已成為中華人民共和國的一部分。如果他們真正具有共產主義的理想，應該有「求仁得仁」的勇氣，將這些悲劇歸之於蔣介石「侵犯人權」並不恰當。這方面的歷史，作者並未多加著墨，可參考我主持的戒嚴時期白色恐怖受難人的口述史。[3] 無論如何，這段歷史之中的複雜性應予剖析。

第三，作者認為一九五〇年三月，蔣介石建立了一個不屬於中華人民共和國的「新國家」，他是一個「意外的國父」。這個論斷涉及「意內」與「意外」的區別。這個區別和人類學家所說的「主位」（emic）、「客位」（etic）角度的差異有關。前者指被研究者的主觀想法，後者是研究者給予的描述與解釋。作者的觀點是從結果而論的「客位」詮釋，反映了他心中的「渴望」。然而蔣介石若是地下有知，大概會感到不以為然。這一點就是我在《意外的國父》一書的推薦序裡所說的「蔣氏政治與文化反攻之中仍保持了參與中國未來的理想，與李登輝之後的『臺獨』主張有本質上的差異。……〔蔣氏父子〕仍將臺灣的未來與中國聯繫在一起，並認為海峽兩岸的競爭與分途發展是一個文化與制度的比賽。在臺灣的中國人願意奉獻於此一

3　呂芳上、黃克武等訪問，《戒嚴時期臺北地區政治案件口述歷史（第一、二、三輯）》（台北：中央研究院近代史研究所，1999）。本書訪問當時發生於臺灣北部之案件的100餘位受刑人、20幾位家屬及12位見證人。全書計95篇訪問紀錄，共60餘萬字。

理想」。

　　本書所謂「從蔣介石到蔡英文，前後貫穿的歷史脈絡」並不像作者所勾勒的清晰明朗的單線發展，而帶有主觀投射甚至部分扭曲的成分。這樣一來，一九四九年之後臺灣歷史的主軸，除了本書所說的「通過中華民國臺灣化來對抗中華人民共和國的吞併威脅」，還有楊儒賓在《1949禮讚》所提出的「納中國於臺灣」。[4] 一九四九年後在臺灣的中國人正嘗試著摸索一條與中共不同的「中國文化現代轉型」的另一種可能。這與國民黨最近有關兩岸論述的所謂「堅持中華民國主權、保障自由民主人權、維護臺灣安全優先、創造雙贏共享繁榮」也是一致的。

　　對我來說，本書忠實地呈現了蔣介石務實的一面，而造成一個「意外」的結果，但卻忽略了他理想的一面；又過度強調從軍事、外交來解讀臺灣處境，而忽略了內政、文化的一面。一九四九年後在臺灣的中國人之中的確存在一些人主張建立一個小國寡民、安居樂業的理想國度。然而，也有一些人堅決反對中共體制，而肯定民主化與中國文化（其理論根基除了三民主義之外，還有胡適所代表的自由主義與唐君毅、牟宗三所代表的新儒家）。他們並未放棄大中國的理想，希望有朝一日能以臺灣民主經驗貢獻於「雙贏共享」的未來。我相信二〇二〇年總統大選中

4　楊儒賓，《1949禮讚》（台北：聯經出版公司，2015）。

支持韓國瑜的五百多萬選民，和我一樣，不但肯定個人自由、尊重個性發展、堅持民主憲政，也支持中華民國，認為中華民國的領土及於中國大陸（中華民國已於二〇一二年承認外蒙古的主權地位）的理念並不可笑，也絕非不顧現實，而是和那些追求「獨立建國者」一樣，是一個莊嚴的理想。臺灣的問題在於兩派人如何在民主制度之下彼此尊重、相互妥協，而非鼓勵對立，同時最關鍵的是要避免兩岸兵戎相見。這是我讀完這本書之後所深切期望的，我想這也是汪浩博士所深切期望的。

導論

　　二〇一七年夏秋，在《意外的國父》新書發表會上，讀者最感興趣和爭議最多的是對蔣介石的研究和歷史定位。有些讀者希望了解書中引用的檔案和日記的出處，因為他們不太相信蔣介石曾說過某些話。正巧，近三年來國史館對兩蔣檔案基本解密，大家可以讀到更多當年的「國家機密」，所以，我加寫了幾篇讀檔心得，其中部分初稿已在《風傳媒》發表。這些雖然不是學術論文，但都加了出處注釋，希望能拋磚引玉，引起更多人對「中華民國臺灣」史的研究興趣。

　　本書書名使用的「借殼上市」一詞，根據「維基百科」的定義，一般是指一間私人公司透過把資產注入一間已上市的空殼公司，得到該公司一定程度的控股權，利用其上市公司的地位，使母公司的資產得以上市。上市目的，除了募集資金方便，亦有經營者著眼灌業績炒作股價以利賣股套現。「中華民國」這個殼，當然也有被利用的價值。

　　一九五〇年三月一日，是改變臺灣命運的一天。內戰

大敗而撤退臺灣的國軍殘餘，支持已經引退的前總統蔣介石，不顧「中華民國」憲法程序，自行宣布「復行視事」，行使總統職權。此事本質上是蔣介石通過軍事政變，借助「中華民國」這一空殼，為自己對臺灣的軍事占領披上合法外衣。一九五〇年三月十三日，蔣介石在演講「復職的使命與目的」時說：「我自去年一月下野後，到年底止，為時不滿一年，大陸各省已經全部淪陷，今天我們實已到了亡國的境地了⋯⋯我們的中華民國到去年年終就隨大陸淪陷而已經滅亡了。我們今天已成了亡國之民，而還不自覺，豈不可痛。」[1]可見，蔣介石認為，他在臺灣建立的新國家，目的是要恢復那個在一九四九年底已經滅亡的中華民國。借殼「中華民國」，只是為了與中共政權爭奪法統，爭奪聯合國代表權，和爭奪對臺灣統治的合法性。

此後，「中華民國臺灣」的國家正常化，不是通過公投制憲或住民革命，而是通過「舊瓶裝新酒」（或叫「股東大會改選董事會」）的和平演變來實現的。「中華民國臺灣」自一九五〇年三月「借殼上市」以來，實質上主權獨立，意外生存，也從來不是中華人民共和國的一部分。

「中華民國臺灣」是在冷戰大背景下，經由幾代領導人和臺灣人民，與中美角力而形塑的。「復行視事」後的二十多年，蔣介石雖然沒有放棄「反攻復國」的夢想和強

1　國防研究院一九六〇年版《蔣總統集》第二冊。

烈的大中華情懷，但他最堅持的還是「中華民國臺灣」的「獨立自保」。所謂「反攻復國」，是恢復已經滅亡的「中華民國」，所謂「獨立自保」，是保衛已經「借殼上市」的「中華民國臺灣」，這兩個「中華民國」的差別，蔣介石心中是很清楚的。

他也理解，因為當時蘇聯在安理會的否決權，他無法以新國家之名加入聯合國。所以，一九五〇年十月十四日，面對聯合國的代表權危機，蔣介石寫道：「甲，如何確保臺灣復興基地，使之鞏固不搖。乙，如何使中共不能參加聯合國，以保持我政府代表權，不退出聯合國。丙，如甲，乙二者不能兼顧，則以確保臺灣基地為第一。與其為保持聯合國會員名義，而使臺灣被攻，不能安定，則寧放棄會員之虛名，暫時退出國際社會，雖在國際上失去地位而力求自立自主，確保臺灣主權，實為利多而害少。而且乙者，其權全操之於英、法，非我所能主動，而甲者則我尚有主動領地，此為永久根本計，比較在不得已時，未始非計之得者也。」[2] 這段話，其實點出此後幾十年「中華民國臺灣」外交政策的核心，即如果在國際社會中代表中國與確保臺灣主權不能兼顧時，應該棄名保臺，自立自主，「走在被世界孤立的曠野之中」。

二〇二〇年五月二十日，蔡英文總統在就職演講中提

2　國史館，蔣中正先生年譜長編，第九冊，563頁。

到四次「中華民國」，四十九次「臺灣」，一次「中華民國臺灣」。她說：「過去七十年來，中華民國臺灣，在一次又一次的挑戰中，越發堅韌團結。我們抵抗過侵略併吞的壓力、走出獨裁體制的幽谷，也一度走在被世界孤立的曠野之中，但無論什麼樣的挑戰，民主自由的價值，一直是我們的堅持。」[3] 她這句話，追溯了「中華民國臺灣」過去「七十年」的歷史，突破了民進黨的意識型態包袱，接受「『中華民國臺灣』是一九五〇年三月由蔣介石建立的新國家」這一歷史事實。

這幾年，蔡英文總統提出的「中華民國臺灣」概念，逐漸成為臺灣的國家認同共識。不過，民進黨忙於選舉和執政，沒有對「中華民國臺灣」的內涵和歷史脈絡做很好的研究和闡述。其實，推動「中華民國臺灣」的國家認同，無法經由鼓吹臺灣從「中華民國」獨立來完成。人為地切割臺灣七十年的歷史，不可能達到全民共識，從而破解國家認同的困境。

蔣介石是個軍事獨裁者，對內實行威權統治，對外抗共保臺。臺灣深化民主體制，堅持自由、民主、人權、法治等價值觀，就應該完成轉型正義，「走出獨裁體制的幽谷」。但是，追究蔣介石對內侵犯人權的歷史責任的同時，也不應該否認他抗共保臺的歷史功蹟。通過閱讀兩蔣檔

3　蔡英文就職中華民國第15任總統演說，總統府網站。

案，大家可以更清楚地認識從蔣介石到蔡英文，前後貫穿的歷史脈絡。一九五〇年以來，臺灣領導人和臺灣人民，通過中華民國臺灣化來對抗中華人民共和國的吞併威脅，才是臺灣現代史的主軸。

民進黨和國民黨都要突破意識型態的歷史包袱，接受「『中華民國臺灣』是一九五〇年三月由蔣介石建立的新國家」這一歷史事實，才能達成「中華民國臺灣」的國家認同共識。特別是，國民黨應該公開承認「中華民國臺灣」領土只有臺、澎、金、馬，國民只有兩千三百萬臺灣人民，不再脫離現實地宣稱大陸是中華民國的一部分，這同主張外蒙古是中華民國「固有之疆域」一樣可笑。蔡英文總統在就職演講中說：「七十年來，臺灣可以度過一次又一次的挑戰……，我們是一個在驚濤駭浪中走過來的國家。我們兩千三百萬人，是生死與共的命運共同體。過去是這樣、現在是這樣，未來也是這樣。」蔡總統的這段話說的真好，有七十年歷史的這個國家，就是兩千三百萬人的命運共同體。

本書得以出版，應該感謝許多朋友。感謝「八旗文化」的富察總編輯和賴英錡編輯，使本書順利出版。感謝克武兄，長期支持我的學術研究，我每次出書都為我寫推薦序。感謝明老師和張老師，於百忙中寫推薦序，不勝榮幸。當然，我最感謝的還是太太蔡珠兒。至於本書的謬誤，只能文責自負了。

一、《開羅宣言》
是國際條約嗎？

　　《開羅宣言》是美國總統羅斯福（Franklin Roosevelt）、
英國首相丘吉爾（Winston Churchill）和中華民國國防
最高委員會委員長蔣介石於一九四三年十一月二十三
日至十一月二十六日，在埃及首都開羅舉行第一次開羅
會議後，三國所發表的有關該會議的新聞公報（Press
Communiqué）。《開羅宣言》主要內容為：中、英、美
三國堅持對日作戰直到日本無條件投降為止；日本歸還自
第一次世界大戰以來在太平洋區域所占的一切島嶼；日本
自中國人所得到的所有領土，比如滿洲（東北）、臺灣及
澎湖群島，應該歸還給中華民國。其他日本以武力或貪慾
所攫取之土地，亦務將日本驅逐出境；三大盟國稔知朝鮮
人民所受之奴隸待遇，決定在相當時期，使朝鮮自由與獨
立。[1] 開羅會議上，三國首腦還商討反攻日本的戰略，制

1　國史館，一個中國論述史料彙編，史料文件（一），5頁。
　　FOREIGN RELATIONS OF THE UNITED STATES: DIPLOMATIC PAPERS,
　　THE CONFERENCES AT CAIRO AND TEHRAN, 1943，Final Text of the

定盟軍合作反攻緬甸的戰略戰術及援華方案。開羅會議確立中華民國成為世界四強的地位，對中國政治上意義重大。軍事戰略方面，雖然會上的決議和承諾有許多未予實行，行動計畫一再延期和更改，但最終仍達成中、英、美三國聯手反攻緬甸的目的。

一九四三年十月，英、美、中、蘇在莫斯科舉行四大國外長會談，美國認為這次會談確認了四大國聯合行動的重要性，會上四大國共同簽署繼續合作的聲明，發表戰後共同建立國際機構宣言。此後，羅斯福策劃召開中、英、蘇、美四國首腦會議。羅斯福設想的新世界，是歐洲帝國壽終正寢，由美、英、蘇、中四國一起掌舵。但是，當時蘇聯與日本訂有蘇日互不侵犯條約，史達林（Joseph Stalin）不參加有蔣介石與會的國際會議。於是，羅斯福與邱吉爾商定，將四國會議分成兩部分召開：第一部分是沒有史達林參加的美、英、中在埃及舉行的開羅會議；第二部分是沒有蔣介石參加的英、美、蘇在伊朗舉行的德黑蘭會議。為徵求史達林的意見，第一次開羅會議所制訂的新聞公報並未簽字，而在開羅會議結束後的第二天（一九四三年十一月二十八日），羅斯福、丘吉爾即刻前往德黑蘭，同史達林會晤。當邱吉爾詢問史達林是否已看過在開羅會議所制訂的公報，史達林回答稱他「完全」贊

Communiqué，November 26, 1943。

成「公報及其全部內容」，並明確表示：這一決定是「正確的」，「朝鮮應該獨立，滿洲、臺灣和澎湖等島嶼應該回歸中國」。[2] 十二月三日，中、美、英發布「新聞公報」，即一般常說的《開羅宣言》。第一次開羅會議是美、英、中三國領導人戰時合作的巔峰之舉，連同德黑蘭會議，使四大國協作的框架正式形成。開羅會議是唯一一次中華民國參加的同盟國首領會議。會後，蔣介石被國際輿論視為世界偉人之一，中華民國將在戰後國際事務中發揮廣泛作用。

對於臺灣，在一九四一年十二月中華民國政府正

蔣介石，曾擔任中華民國總統、國民政府主席、國民政府軍事委員會委員等職，領導北伐統一中國、抗日作戰，一九四九年遷臺後仍力抗中國共產黨，是中國近代史上重要的歷史人物。（圖片來源：維基共享）

一九四三年十一月，中國國民政府主席蔣介石（左）、美國總統羅斯福（中）、英國首相邱吉爾（右）召開開羅會議，商討反攻日本計畫以及安排戰後的國際局勢。（圖片來源：維基共享）

2　「開羅宣言」，維基百科。

式對日宣戰之前，蔣介石並未將收復臺灣納入中國對外關係的戰略目標。一九二七年三月十一日，國民革命軍總司令蔣介石告訴日本特使山本條太郎，為了中日兩國長遠關係著想，日本應當讓朝鮮與臺灣脫離殖民統治而獨立。蔣介石認為，如果日本政府有誠意協助朝鮮與臺灣實現其民族自決，將可充分展現出日本對其亞洲鄰邦的善意與友誼。[3] 一九三一年四月至一九三八年二月，南京國民政府派駐臺北的總領事館運作順暢。一九三八年四月初，蔣介石於武漢所召開的國民黨臨時全代會上說，從現實利害和戰略角度而言，國民政府應致力於終結日本對朝鮮與臺灣的殖民統治，協助解放這兩個地方的人民，藉以鞏固當時受日本軍事威脅的國軍部隊在華北地區的防線。然而「此時蔣介石並未主張臺灣是否應當回歸中華民國」。[4]

此後，國民政府的決策層對於中華民國收復臺灣一事態度謹慎。一九四二年十月七日，蔣介石在接見羅斯福總統代表威爾基（Wendell Willkie）時，首次試探性提出「戰後我東北四省，包括沿海要塞，如旅順，大連，臺灣失地在內，均須歸還中國；並歡迎美國參加在該各要塞建築海軍根據地，由中美共同維持而應用之，以保障太平洋上之永久和平。」[5] 當時，羅斯福對戰後國際關係的構想是扶

3　林孝庭：意外的國度，臺北：遠足文化，2017.03，35頁。
4　林孝庭：意外的國度，臺北：遠足文化，2017.03，36頁。
5　國史館，蔣中正先生年譜長編，第七冊，223頁。

助中國取代日本成為與美國友好的世界四強之一。因此，針對蔣的要求，一九四三年二月十九日，羅斯福在華府告知中華民國駐美大使魏道明，最近他在北非與英國丘吉爾首相談及對戰後日本所有島嶼的立場，「臺灣當然歸還中國」。[6]

但是，蔣介石並不相信美、英真的會將滿洲與臺灣歸還中國，他認為美、英、俄會預謀共管滿洲與臺灣，所以他考慮再次主動向美國提出「戰後在臺灣與旅順之海、空軍根據地，准予美國共同使用」，作為交換條件。[7]一九四三年九月二十五日，蔣介石在國民參政會上，首次公開提出「甲午年中日戰爭以來，我們所喪失於日本的領土，如臺灣，澎湖以及東北四省，必須收回。」[8]十一月十四日，蔣介石著手準備去開羅會議提案時，才明確決定向羅斯福、邱吉爾提出：「東北四省與臺灣，澎湖，應歸還我國。」[9]

一九四三年十一月二十一日，蔣介石與蔣宋美齡和邱吉爾先後到達開羅。邱吉爾邀請蔣介石夫婦晚宴，並到地圖室向蔣介紹英軍在各戰區的戰況與籌劃。十一月二十二

6　國史館：魏道明電蔣中正羅斯福擬召開聯合國家會議臺灣歸還中國，數位典藏號：002-020300-00017-026，1943/02/19。

7　國史館，蔣中正先生年譜長編，第七冊，415頁。

8　國史館，蔣中正先生年譜長編，第七冊，442頁。

9　國史館，蔣中正先生年譜長編，第七冊，493頁。

日，羅斯福到達開羅，當天下午，蔣介石與蔣宋美齡對羅斯福進行禮節性拜訪。十一月二十三日（星期三）晚上，羅斯福為蔣介石和蔣宋美齡舉行宴會，二人談領土問題，蔣介石在當天的日記中寫：「東北四省與臺灣、澎湖群島應皆歸還中國，惟琉球可由國際機構委託中、美共管，此由余提議，（一）以安美國之心；（二）以琉球在甲午以前已屬日本；（三）此區由美國共管，比歸我專有為妥也。」[10] 蔣介石試圖以「中、美共管琉球」來交換羅斯福確認「臺澎歸還中國」。

根據國防最高委員會祕書長王寵惠的記錄：「委座與夫人與羅斯福總統僅口頭討論，並未提出書面。美方惟霍普金斯（Harry Hopkins）在座。會商經過，至為圓滿。中、美兩方一致同意於下列各點：（一）日本攫取中國之土地應歸還中國；（二）太平洋上日本所強占之島嶼應永久予以剝奪；（三）日本潰敗後，應使朝鮮獲得自由與獨立。」[11] 羅斯福命令霍普金斯根據討論的內容起草公報。

十一月二十四日下午四時，霍普金斯攜帶公報草案來見蔣夫人和王寵惠，當晚王將草案譯成中文，報告蔣介石。草案提到「日本由中國攫取之土地，例如滿洲，臺灣，小笠原等，當然應歸還中國」。王告訴蔣，文中所稱「小

10　國史館，蔣中正先生年譜長編，第七冊，502頁。

11　國史館，王寵惠呈蔣中正開羅會議日誌（附政治問題及軍事問題商談經過），數位典藏號：002-020300-00023-021，1943/11。

笠原島」恐係澎湖列島之誤,「經委座指示修改後核定全文」。當日,蔣介石記曰:「余完全同意,以其所言者完全照余昨晚所提議之要旨也,甚覺其對華之誠摯精神,決非泛泛之政治家所能及也。」[12]二十五日中午,王寵惠告訴霍普金斯,中方對草案文字略改後表示同意。[13]

十一月二十六日下午三時半,美國駐蘇聯大使哈立曼（Averell Harriman）、英國外交部次長賈德幹 (Alexander Cadogan) 與王寵惠就英國對公報的修改意見進行討論。賈德幹提出將「日本由中國攫取之土地,例如滿洲,臺灣與澎湖列島,當然應歸還中國」改為「當然必須由日本放棄」。賈德幹說:「英國國會或將質詢英國政府為何關於其他被占領地區並未說明歸還何國,獨於滿洲、臺灣等則聲明歸還中國,上述各地固屬中國,但殊不必明言耳。」王寵惠答「如此修改,不但中國不贊成,世界其他各國亦將發生懷疑」。王說:「日本放棄之後,歸屬何國,如不明言,轉滋疑惑。世界人士均知此次大戰,由日本侵略我東北而起,而吾人作戰之目的亦即在貫徹反侵略主義。苟其如此含糊,則中國人民乃至世界人民偕將疑惑不解。故中國方面對此段修改之文字,礙難接受。」賈德幹辯稱:「本句之上文已曾說明『日本由中國攫取之土地』,則日

---

12 國史館,蔣中正先生年譜長編,第七冊,502頁。

13 國史館,王寵惠呈蔣中正開羅會議日誌（附政治問題及軍事問題商談經過）,數位典藏號:002-020300-00023-021,1943/11。

本放棄後當然歸屬中國，不必明言。」

　　王寵惠抗議說：「措詞果如此含糊，則會議公報將毫無意義，且將完全喪失其價值。在閣下之意，固不言而喻應歸中國，但外國人士對於東北、臺灣等地，嘗有各種離奇之言論與主張，想閣下亦曾有所聞悉。故如不明言歸還中國，則吾聯合國共同作戰，反對侵略之目標，太不明顯，故主張維持原草案字句。」哈立曼表示贊成王的意見，主張維持原文。他說：「如措詞含糊，則世界各國對吾聯合國一向揭櫫之原則，將不置信。」討論結果，中美兩方主張不改，故維持原草案。最後，三人就草案全文達成共識後，去見三國領袖和蔣夫人，將草稿朗讀一次，三國領袖都贊成，遂作為定稿。[14] 一九四三年十二月三日，開羅會議新聞公報在重慶、華盛頓、倫敦同時公布，英文文件名稱中無「開羅」或「宣言」等用詞。

　　一九四三年十一月三十日，蔣介石在日記中寫道：「東三省與臺灣、澎湖島為已經失去五十年或十二年以上之領土，而能獲得美、英共同聲明，歸還我國，而且承認朝鮮於戰後獨立自由。此何等大事，此何等提案，何等希望，而今竟能發表於三國共同聲明之中，實為中外古今所未曾有之外交成功也。然今後若不自我努力奮勉，則一紙空

14　國史館，王寵惠呈蔣中正開羅會議日誌（附政治問題及軍事問題商談經過），數位典藏號：002-020300-00023-021，1943/11

文，仍未足為憑爾，其將如何自強，如何自勉。」[15] 十二月三日，蔣介石又記：「今後我國若不能奮發自強，則一紙空文有何足恃，故必須國人共同努力奮勉，方能確保外交勝利之成果也。」[16] 蔣介石擔心《開羅宣言》會成為一紙空文，幾乎不幸言中，開羅會議後幾年，東亞國際關係與中華民國國情發生巨變，導致一九五一年簽定的《舊金山和約》和一九五二年簽定的《中日和約》又將臺澎的歸屬按當年英國人的意思改回來。

　　不同於《開羅宣言》，《中日和約》第二條，依照《舊金山和約》的措詞，只寫明「日本國業已放棄對於臺灣及澎湖群島以及南沙郡島及西沙群島之一切權利、名義與要求」[17]，卻沒提「臺灣、澎湖列島等必須歸還中華民國」[18]。蔣介石接受《舊金山和約》和《中日和約》這種措詞，他對於當時美國鼓吹臺澎地位未定的目的一清二楚，也願意配合。其實，這兩個和約才是經過各國憲法程序批准的具有拘束力的國際條約，《舊金山和約》至今依然有效。戰後的《舊金山和約》不但有戰勝的同盟國參加，而且戰敗國日本也參與其中，因此《舊金山和約》在國際法上的法律位階遠高於其他國際文件。

15　國史館，蔣中正先生年譜長編，第七冊，507頁。
16　國史館，蔣中正先生年譜長編，第七冊，512頁。
17　國史館，一個中國論述史料彙編，史料文件（一），53頁。
18　國史館，一個中國論述史料彙編，史料文件（一），5頁。

有些學者認為，《開羅宣言》經《波茨坦公告》
（Potsdam Proclamation）和日本《降伏文書》（Japanese
Instrument of Surrender）援用，因此是具有法律實質拘束
力之條約協定。一九四五年七月二十六日，中華民國、美
國、英國、與蘇聯共同發布的《波茨坦公告》第八條明定：
「《開羅宣言》的條件，必須實施，而日本之主權將限於
本州、北海道、九州、四國，及吾人所決定之其他小島。」
一九四五年九月二日，日本天皇向盟軍統帥無條件投降
後，日本政府所簽署的日本《降伏文書》第一條及第六條
中，亦明白宣示接受《波茨坦公告》。

　　不過，《開羅宣言》的條約效力還是不斷被質疑。開
羅會談後發表的《開羅宣言》反映當時中、英、美三國領
袖對戰後處理日本與東亞問題的一些意向與共識，是一個
重要的國際關係文件。但是，如果說《開羅宣言》本身
是對各國具有拘束力的國際條約，則是值得商榷的。根據
美國國務院歷史文獻辦公室網站，《開羅宣言》的正式名
稱為會議「新聞公報」，該公報並非以蔣介石委員長、邱
吉爾首相、羅斯福總統的名義直接發表，三人也都沒有簽
名。而緊接著召開的德黑蘭會議，發表的公報叫《三強宣
言》（Declaration of the Three Powers），由羅斯福，邱
吉爾和史達林簽名。一九四五年七月的《波茨坦公告》
（Proclamation by the Heads of Governments, United States,
China and the United Kingdom），也是以三國領袖的名義

會後，中、美、英三國聯合發表新聞公報《開羅宣言》。前排左起為蔣介石、羅斯福、邱吉爾、宋美齡。（圖片來源：維基共享）

簽名後發表的，蔣介石未實際與會，只是同意由美國總統杜魯門（Harry Truman）代簽。沒人簽名的開羅會議新聞公報與有簽名的《波茨坦公告》，英文用詞是不同的，文件本身的國際法地位和約束力顯然也是不同的。

　　為什麼所謂《開羅宣言》只是一個新聞公報呢？根據美國國務院歷史文獻辦公室的說法，開羅會議主要是討論對日戰爭的軍事問題，所以美國國務院會前沒有專門為羅斯福準備討論政治問題的文件，也沒有派負責東亞事務的外交官和法律顧問參加會議。而中、美討論公報草案之

前，只有蔣介石、蔣宋美齡、王寵惠，與羅斯福及他的私人顧問霍普金斯五人進行了一次晚宴，談到了戰後臺、澎的歸屬和其它戰後的政治問題，可是，中、美雙方都沒有正式的會議記錄。[19] 兩人也沒有同邱吉爾就這些政治問題舉行三方正式會談。當時，三國領袖都是將這個文件看作提供給媒體的新聞公報，並不是一個有拘束力的國際條約，所以，他們既沒有簽字，也沒有徵求法律顧問意見，也沒報請內閣會議和立法機構批准。

《開羅宣言》的格式與正式的國際條約明顯不符，《開羅宣言》通篇文字非以法律模式，用語像戰時的宣傳文件，而非法律文件，如此一個精神喊話式的新聞公報，若要被拿來當成正式的國際條約勢必會衍生出許多問題。例如，「日本由中國攫取之土地，例如滿洲，當然應歸還中國」這一說法從國際法角度看是有問題的，因為日本從未宣稱擁有過滿洲主權，日本支持和承認滿洲國獨立，而一九四三年世界上有近三分之一的國家（包括蘇聯）在外交上承認滿洲國獨立，中、英、美怎麼能要求日本歸還它不曾擁有過的東西呢？所以，《舊金山和約》和《中日和約》都沒有再提《開羅宣言》關於日本歸還滿洲這一說法了。

---

19 FOREIGN RELATIONS OF THE UNITED STATES: DIPLOMATIC PAPERS, THE CONFERENCES AT CAIRO AND TEHRAN, 1943，Editorial Note。

二、二二八事件後，
蔣介石為何升級鎮壓？

　　二戰結束之初，美國在建構國際關係新秩序時，企圖扶持中華民國成為與美國友好的世界四強之一，因此美國協助國民政府軍事占領臺灣，以去除日本在亞洲的影響力。一九四六年十月二十七日，蔣介石第一次視察臺灣時，對記者說：「我們今日檢討臺灣復員工作的成就，對於盟邦美國於戰鬥初停之際，即協助我國遣送五十萬日本僑俘回國，使臺灣的社會秩序，得以迅速恢復，此種出於友誼的協助，實令我們深表感佩。」[1] 但是，根據臺大歷史系陳翠蓮教授的研究，「國府當局對臺灣主權另有盤算，在軍事占領的過程中一步步偷渡主權主張，並宣稱軍事占領臺灣後即擁有事實主權。對此，美國雖不贊同，但為顧及雙方的合作關係與中國政府的面子，並不堅持己見，模糊以對。」[2] 中華民國在臺灣的施政，在行政長官

1　國史館，蔣中正先生年譜長編，第八冊，521頁。
2　陳翠蓮，重構二二八，臺北：衛城出版，2017年2月，455頁。

陳儀的主持下，貪汙腐敗、問題叢生，臺灣人民處境艱難。儘管美國駐臺人員，特別是駐臺領事館副領事葛超智（George Kerr）再三警告，美國政府在二二八事件發生前並未採取任何有效措施，來逼迫國民政府改善管治。

一九四七年二月二十七日晚上，臺北菸酒公賣局屬員為查緝私菸，與民眾發生爭執，不幸誤斃一人。二十八日上午，民眾搗毀臺北公賣分局，擊斃官員，焚燒倉庫，一時社會秩序大亂。二十八日的陳抗後續擴及臺灣民眾大規模反抗政府與攻占官署，本省人對外省人報復攻擊，因此，國民政府派遣軍隊逮捕與鎮壓殺害臺灣民眾，最終造成臺灣民眾大量的傷亡。事件發生當時，臺灣約部署五千名兵力及中央警官學校一千多名師生。警備總司令部參謀長柯遠芬曾緊急調派高雄縣鳳山、基隆與花蓮的軍隊進駐，但北上部隊在新竹遇阻。

事件剛爆發後，陳儀於二月二十八日電告蔣介石：「臺北市昨感日因專賣局查禁私菸，奸黨匪徒及由日遣回臺僑勾結本地流氓乘機暴動。今日擾亂治安更甚，並煽動群眾，任意搗毀機關，間有縱火焚燒，毆打外省籍人員頗有死傷。本部為維持治安起見，於本儉日起於臺北市區宣布臨時戒嚴。」[3] 儘管陳儀將事件歸咎於奸黨匪徒煽動，但

3　國史館，陳儀電蔣中正臺北市昨因專賣局查禁私煙奸黨匪徒等勾結本地流氓乘機暴動為維持治安起見已於臺北市區宣布臨時戒嚴，典藏號：002-090300-00012-142，1947/02/28。

大批的抗議民眾圍聚在公賣局臺北分局前（位於今重慶南路）。（圖片來源：維基共享）

準備前往行政長官公署請願的群眾集結於臺北火車站前。（圖片來源：維基共享）

蔣介石並沒有全盤接受他的解釋。二月二十八日，蔣在日記中寫道：「臺灣暴民乘國軍離後，政府武力空虛之機，發動全省暴動，此實不測之禍亂，是亦人事不臧，公俠（陳儀）疏忽無智所致也。」[4] 蔣首先歸責陳儀，表達不滿。三月一日，蔣又記：「以軍隊調離臺灣是亦一重要原因也。」[5] 除了責怪陳儀，蔣自認當初視察臺灣時調離軍隊的決策有責任。三月一日至四日，蔣介石一直在處理各地國共內戰的情勢，特別是制定攻擊中共根據地延安的計畫，並沒有特別留意臺灣的情況，陳儀也沒有詳細匯報他處理事件的進展。

根據陳翠蓮的研究，「大體說來，在八日國軍增援部隊抵臺之前，各地情況已在恢復之中，同時，二二八事件處理委員會也提出政治改革要求，事件進入尾聲。」[6] 三月二日，陳儀公布四點處理辦法，承諾將寬大處理，暗中又電請國民政府調派「素質較好的步兵一旅或一團來臺」。[7] 三月三日，警備總司令部印發《告全體市民書》，同意處理委員會提出的禁止調派增援部隊等建議，然而在三月四日，臺北局勢緩和後，陳儀卻再次請求蔣介石增兵。陳在電報中說「臺北解除戒嚴後，秩序逐漸好轉」，

4　國史館，蔣中正先生年譜長編，第八冊，619頁。
5　國史館，蔣中正先生年譜長編，第八冊，621頁。
6　陳翠蓮，重構二二八，臺北：衛城出版，2017年2月，212頁。
7　陳翠蓮，重構二二八，臺北：衛城出版，2017年2月，336頁。

但「奸黨禍根欲為拔除，不使其遺禍將來，必須有相當兵力，俾資應用。」[8] 三月五日下午，蔣介石電告陳：「已派步兵一團並派憲兵一營，限本月七日由滬啟運，勿念。」[9] 當時，蔣以為臺灣秩序已恢復，增派少量軍隊只是為了加強今後的治安。而陳儀一方面繼續與處理委員會協商，宣布將改組省政府和舉辦縣市長民選；另一方面則以特務製造鎮壓民眾「叛亂」的藉口。

陳儀在二戰後擔任臺灣省行政長官兼臺灣省警備總司令，因領導無方而導致二二八事件。（圖片來源：維基共享）

三月六日晚上，美國大使司徒雷登（John Leighton Stuart）專門找蔣介石談臺灣情勢。在此之前，三月三日，美國駐臺領事館向司徒雷登提出：「唯一切實可行的解決辦法是美國本身或美國代表聯合國立即干預，以防止迫在眉睫的國軍部隊草菅人命的災難性屠殺。⋯不然，臺灣可能陷入內戰。」[10] 但

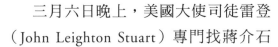

8　國史館，陳儀電蔣中正臺北解除戒嚴秩序好轉各縣市亦可望短期內恢復事件係因奸黨破壞及警察惑於排斥外省人之謬說以致無法合理對付暴徒請調步兵一旅或一團來臺，典藏號：002-090300-00012-144，1947/03/04

9　國史館，蔣中正電陳儀限本月七日由滬啟運步兵一團憲兵一營，典藏號：002-080200-00425-012，1947/03/05。

10　FOREIGN RELATIONS OF THE UNITED STATES, 1947, THE FAR EAST: CHINA, VOLUME VII, The Ambassador in China (Stuart) to the Secretary of State, Nanking, March 6, 1947.

是，司徒雷登並沒有直接向蔣提出聯合國干預的要求，他重點報告了總領事布雷克（Ralph Blake）急電要求其派飛機接眷屬離臺，表示局勢嚴重。蔣介石在當天日記中寫：「美國人員浮躁輕薄，好為反動派利用，使中國增加困難與恥辱，悲痛之極。」[11]不過，三月七日，蔣介石還是電告陳儀：「據美使館接其臺灣領事來電稱，請美使即派飛機到臺灣接其眷屬離臺，以為今後臺灣形勢恐更惡化云。美使以此息告余，一面緩派飛機，一面復電問其領事究竟如何云。」

司徒雷登於三月六日晚上的會面中還將一則電文交給蔣介石，這是蔣渭川得知陳儀已向中央請兵來臺鎮壓後，以「臺灣省政治建設協會」名義發出電文，委託美國領事館轉大使館，再轉致蔣介石，「懇請蔣主席萬勿派兵來臺以免再激民心」。蔣介石還在七日的電報中告訴陳儀：「接臺灣政治建設促進會由外國領事館轉余一電，其間有請勿派兵來臺，否則情勢必更嚴重云。余置之不理，此必反動分子在外國領館製造恐怖所演成，近情為何，盼立復。」[12]可見，司徒雷登的拜訪，反而讓蔣介石緊張了起來，對陳儀此前的「秩序好轉」報告起了疑心。

三月七日下午，蔣介石再致電陳儀：「二十一師師

11　國史館，蔣中正先生年譜長編，第八冊，625頁。

12　國史館，蔣中正電陳儀據報臺灣情勢惡化此必反動分子在外國領館製造恐怖等並詢近情如何，典藏號：002-080200-00315-007，1947/03/07。

部，直屬部隊，與第一個團，本日正午由滬出發，約十日晨可抵基隆。據報鐵路與電廠皆已為臺民盤據把占確否？果爾，則部隊到基隆登陸後之行動，應有切實之準備。近情究竟如何，應有最妥最後之方案。希立即詳報。」[13]陳儀立即回電說，目前奸匪搜繳武裝及交通工具煽動叛亂，「職因兵力太少，深恐一發難收。明知長此下去暴徒勢燄日盛，再不敢以強力即予制止。」所以，陳儀向蔣表示軍隊兵力不足，要求調派更多兵力支援鎮壓，「職意一團兵力不敷戡亂之用，擬請除二十一師全部開來外，再加開一師，至少一旅，並派湯恩伯來臺指揮在最短期間予以徹底肅清。」[14]

七日下午，蔣介石接見了陳儀派來南京的國民黨臺灣省黨部主委李翼中之後，在當天日記中責怪陳儀：「不事先預防又不實報，及至事態燎原，乃始求援，可嘆。」又怪：「臺民初附，久受日寇奴化，遺忘祖國，故皆畏威而不懷德也。」蔣反而認為「此時共匪組織尚未深入，或易為力」。[15]其實，一九四六年十月，蔣介石訪臺後，當時

13　國史館，蔣中正電陳儀第二十一師等約十日晨可抵基隆應先準備登陸後之行動鐵路與電力廠是否已為臺民占據並詳報近情及妥善方案，典藏號：002-080200-00315-009，1947/03/07。

14　國史館，陳儀電蔣中正蒙派二十八師師部與步兵一團憲兵一營來臺惟目前奸匪搜繳武裝及交通工具煽動叛亂等深恐一團兵力不敷戡亂請加派兵力並派湯恩伯來臺指揮，典藏號：002-090300-00012-145，1947/03/07。

15　國史館，蔣中正先生年譜長編，第八冊，625頁。

就認為「臺灣尚無共匪之細胞，可稱一片乾淨土，應診重建設，使之成為全國之模範省也。」[16] 可見，蔣一開始並不相信事件是由共黨煽動挑起，反而認為政府兵力不足，威嚴不夠是臺民敢造反的主因。

七日深夜，針對司徒雷登的談話，陳儀電復：「此次事件有美國人參與，反動分子與美領事館往來。美領事已發表種種無理的反對政府言論。…至美國大使館方面，請其通知臺灣領事館為顧及國際信義，勿為臺灣反動分子所惑。」陳重申：「臺灣目前情勢表面似係政治問題，實際是反動分子正在利用政府武力單薄之時機，加緊準備實力，一有機會，隨時暴發，造成恐怖局面。如無強大武力鎮壓制裁，事態之演變未可逆料。仍乞照前電所請，除第二十一師全部開來外，至少再加派一旅來臺。」[17] 陳儀的這番話對蔣很有說服力。

三月八日，蔣介石電告陳儀：「今日情勢如何，無時不念，望每日詳報。李主委昨已晤見，現正研究處理方案。茲已派海軍兩艘來基隆，約九、十各日分期到達，二十一師第二個團定明九日由滬出發，劉師長（雨卿）與李主

16　國史館，蔣中正先生年譜長編，第八冊，520頁。

17　國史館，陳儀電蔣中正事件有美國人參與且反動分子往來美領事館查反動分子正加緊準備恐爆發恐怖局面請二十一師全部外加派一旅來臺並請通知美領事勿為暴徒所惑，典藏號：002-090300-00012-146，1947/03/07。

委明日飛臺，面詳一切。」[18] 同日，蔣介石自記：「臺灣暴動形勢已擴張至全臺各城市，嚴重已極，公俠（陳儀）未能及時報告，粉飾太平，及至禍延燎原乃方求援，可痛。」[19] 可見，蔣介石是在聽了司徒雷登和李翼中的報告，又接到陳儀再三電報請求後，改變看法，認為形勢「嚴重已極」，又疑心陳儀「粉飾太平」，決定加派軍隊。

三月九日，蔣介石約見第二十一師師長劉雨卿，讓劉先飛臺北帶給陳儀手令，指示軍隊到臺灣後的方針與部署。蔣命令陳：「如果我軍隊運輸艦到基隆不能登陸，或登陸後在臺北仍有無理要脅或暴動，則可斷然戒嚴，制止動亂。惟其對於政治與經濟上有所要求，為能使軍隊順利集中，則應予開誠相見，不可吝惜。」蔣又告訴陳：「對美領事，務確實聯繫，勿生惡感。美大使已訓令其改變態度與方針，勿袒護暴徒矣。」[20] 蔣介石正確判斷司徒雷登與美駐臺領事館「態度與方針」存在差異。三月九日上午，陳儀根據蔣介石的電令，在第二十一師抵臺後，再次宣布戒嚴。軍警特以搜捕共匪之名，大開殺戒，武力平亂。

三月八日，國民政府國務會議決定對二二八事件處理

18　國史館，蔣中正電陳儀已派海軍兩艘赴基隆第二十一師第二團九日由滬出發劉雨卿李翼中明日飛臺，典藏號：002-080200-00315-018，1947/03/08。

19　國史館，蔣中正先生年譜長編，第八冊，626頁。

20　國史館，蔣中正致杜聿明胡宗南陳繼承等手令登記簿，39頁，典藏號：002-080200-00587-001，1947/03/09。

三原則：一，政府應派大員前往臺省宣慰。二，臺灣行政長官公署應依照省政府組織法改組為臺灣省政府。三，改組時應盡量容納當地優秀人士。九日，蔣介石接見國防部長白崇禧，指派他赴臺灣宣慰，「查明實際情形，權宜處理」[21]。十日，白崇禧呈報李翼中所擬的事件處理辦法，獲蔣批准。該辦法要點有：一，臺灣省長官公署改為省政府。二，臺灣警備總司令不由省主席兼任。三，省政府委員及各廳，處，局長盡量任用本省人士。四，臺灣省各縣市長提前民選。五，民生工業之公營範圍，應盡量縮小。[22]這些處理辦法相對開明，可惜白崇禧來臺後不久將它們改掉了。三月十六日晚上，臺灣局勢初步安定後，蔣介石已經決定要陳儀辭職。[23]

三月十七日下午，白崇禧與蔣經國飛抵臺北後廣播宣示蔣介石的「告全省同胞書」，提出：「參與此次事變有關之人員，除共黨煽惑暴動者外，一律從寬免究。」[24]但是，白崇禧去各縣市宣慰後，認為「此次臺灣事變，內容並不單純。共黨暴徒操縱煽動蔓延既廣，被害復大」。[25]

---

21 國史館，蔣中正先生年譜長編，第八冊，627頁。

22 國史館，蔣中正先生年譜長編，第八冊，630頁。

23 國史館，蔣中正先生年譜長編，第八冊，635頁。

24 國史館，蔣中正先生年譜長編，第八冊，635頁。

25 國史館，白崇禧電蔣中正此次臺灣事變不單純共黨暴徒操縱煽動蔓延既廣善後尚須審慎處理待宣慰工作完成報請鈞裁較為適當國內臺籍各團體人民代表提出要求請勿輕許諾，典藏號：002-090300-00012-409，1947/03/23。

三月二十四日，他自臺中給蔣發了一份詳細的電報，提出：「查此次臺灣事變之遠因，乃由臺胞青年過去受日本五十餘年狹隘褊激教育影響，致國家觀念、民族意識薄弱。其近因，即抗戰勝利後，中共假言論自由之名，恣意詆毀本黨及政府軍隊。臺省一般不正確之報章輿論亦同出一轍。醞釀既久，臺人有政治野心者乘機操縱，伺機爆發。故最近以臺專賣局緝私事件藉題發揮，因少數共黨分子及日軍投降後自海南島遣回之臺籍退伍軍人與地方莠民勾結煽惑叛亂，臺省青年學生妄動盲從，省縣市各級民意機關參議員等多盲從，起而附和，致叛亂擴大，全面暴動。…其企圖不僅如在京所聞係出於不滿現狀。自有關文件中獲悉，彼輩所謂高度自治及所提無理要求，則直欲奪取政權，已無疑義。」定性結論是：「臺灣事變係野心者有計畫的暴動，希圖奪取政權。非少數奸黨所能全面鼓惑，不過利用臺人排外心理，推波助瀾而已。」[26] 白崇禧的這份電報，對整個二二八事件的定性為「野心者有計畫的暴動」，比他離開南京前，蔣介石對事件的認知為「不幸事件」嚴重多了。

在這份電報中，白崇禧向蔣建議今後治理臺灣措施：一，經常保留一個師的兵力，並將二十一師充實，增編砲

26　國史館，白崇禧電蔣中正臺灣事變遠因乃由臺人民族意識薄弱近因中共恣意詆毀野心者乘機操縱及今後治臺宜採經常保留一師兵力及各級民代應分別保留及改選等措施，典藏號：002-090300-00012-410，1947/03/22。

兵營。二，馬公、基隆、高雄三要塞增加編制。三，經常派駐兩團憲兵部隊。四，今後臺灣保安警察幹部，由內地轉業軍官遴派，除戶籍交通警察可用臺籍外，其餘員警以外籍充任，以防患未然。五，臺省各級民意機關改選，將參加事變的人員淘汰。六，縣市長民選，應利用戒嚴時期，再斟酌情形。白崇禧的這份電報極其重要，它奠定了國民黨政府此後四十年對二二八事件定性的基礎。全電完全沒有提及陳儀當局的責任，卻把事件起因和責任波及幾乎所有的臺灣人，而不只是追究少數共黨分子。

三月二十七日，白崇禧在臺北再向全臺廣播，說：「臺灣此次發生不幸事件，遠因雖由於臺胞深受日本統治教育之影響，而近因則由於在臺『共諜』乘機惑眾搗亂，企圖使用暴力推翻政府，奪取政權而然。」[27] 白在三月二十七日與三月十七日的廣播中，對事件的定性已有很大不同。四月二日，結束宣慰工作的白崇禧返回南京市，提出人員獎懲名單。四月六日，白崇禧呈蔣介石《宣慰臺灣二二八事變報告書》，對今後治理臺灣的行政、經濟、教育、軍事保安等各方面政策提出詳細建議，特別提出「臺胞祖國化」教育。白崇禧說：「臺灣人民受

27　國史館：張繼于右任居正等聯名函呈蔣中正對政府改組暨慎選國民政府委員之有關意見，白崇禧對全國同胞及國外僑胞廣播臺灣事件主由臺共惑眾搗亂圖謀政權幸經敉平中央正妥擬治臺方…，典藏號：002-060100-00222-027，1947/03/27

日人五十年來之褊狹教育，養成對祖國文化隔絕、輕視之心理，但以平民教育及職業教育相當發達，尚有守法勤勞之習慣，其最大要求為社會之安定，與衣食之豐裕。至臺胞對國家之觀念，應使迅速增強，應請主管教育機關制定中心方案實施，以便養成忠孝、仁愛、信義、和平之精神，積極推進『臺胞祖國化』之教育。」[28]臺灣各地路名的更改可能也是由此而來。

受白崇禧的影響，蔣介石對二二八事件性質的判斷，在三月上旬和下旬之間發生了重大變化。事件初期，蔣介石並不認為共黨作亂是主因。在三月七日的日記中，蔣認為「此時共匪組織尚未深入，或易為力」。[29]三月十日，蔣公開講述「臺灣事件之經過及處理方針」時，雖然提到自南洋回臺人員中有一部分「共產黨員」，但對整個事件，他還是定性為「不幸事件」。[30]三月十三日，蔣介石還電令陳儀：「請兄負責嚴禁軍政人員施行報復，否則以抗令論罪。」[31]但是，白崇禧告訴蔣：「臺灣事變真相與在京

28 國史館：白崇禧呈蔣中正宣慰臺灣二二八事變報告書，典藏號：002-080200-00378-001，1947/04/06。

29 國史館，蔣中正先生年譜長編，第八冊，625頁。

30 國史館，蔣中正主持中樞擴大紀念週宣示現陳儀已宣布定期改組省政府並允實施縣長民選暴亂暫平未料二二八事件處理委員會要求取消臺灣警備司令部繳卸武器復又偷襲機關故已派軍隊赴…，典藏號：002-060100-00222-010，1947/03/10。

31 國史館，蔣中正電陳儀負責嚴禁軍政人員施行報復否則以抗令論罪，典藏號：002-080200-00315-035，1947/03/13。

彭孟緝於二二八事件期間擔任高雄要塞司令，指揮軍事單位鎮壓動亂，卻也有造成大量民眾傷亡之虞。（圖片來源：維基共享）

所聞者頗有出入。」[32] 在讀了白的連番報告之後，蔣愈來愈把事件看作是臺灣人與共匪聯手叛亂。三月二十六日，白崇禧致電蔣介石，稱讚：「此次事變鎮壓最為得力高雄要塞司令彭孟緝，獨斷應變，制敵機先，俘虜暴徒四百餘人。」[33] 蔣才對彭有了好印像。到了三月三十一日，蔣在日記中說：「臺灣全省各都市為暴徒共匪脅制，叛亂情勢嚴重已極，竟能如計處理，次第平服。」[34]

三月二十七日晚上，根據駐臺副領事葛超智的建議，司徒雷登再找蔣介石商談，建議可將臺灣設為特別經濟區，雇用大量美國技術顧問來協助開發臺灣的經濟資源。這將需要島民的衷心合作；並且臺灣的出口利潤可被用於償還或保證任何未來的美國貸款。會後，司徒雷登向國務卿馬歇爾（George Marshall）匯報說，蔣委員長強調他贊同這項建議，並要求大使著手擬訂具體方

---

32 國史館，白崇禧電蔣中正近旬赴臺宣慰對事變真相了解較切其處理方針及軍事政治經濟等應改善方案等正與陳儀商擬請轉主管機關前擬意見准修正並攜方案回京面呈，典藏號：002-090300-00012-411，1947/03/26。

33 國史館，白崇禧電蔣中正此次事變各要塞鎮壓最為得力高雄要塞司令彭孟緝制敵機先基隆史宏熹果敢沉著與馬公史文桂等均有功惟各地要塞編制一再縮小兵種不全難達任務等，典藏號：002-090300-00016-321，1947/03/26。

34 國史館，蔣中正先生年譜長編，第八冊，644頁。

案。[35]然而，蔣介石卻在當天日記中寫：「彼對臺灣與瓊州之經濟則特重視。甚欲余聘美國人為顧問，並乘此臺灣變亂之時有所染指乎。」[36]可見，蔣心中對司徒雷登的提議抱著懷疑態度。

四月十八日，司徒雷登又去找蔣介石，向他提交了一份由葛超智起草的備忘錄，從美國角度概述了二二八事件，並提供了改善局勢的建議。備忘錄提出「為了鼓勵和確保全心全意的努力，必須允許臺灣－中國人在各級政府中占有更大的分額。人員和行政結構的改革必須徹底；我們認為，半吊子措施和姑息只會導致將來更大的對省政府腐敗、低效和專制的抗議。臺灣可以通過迅速和根本的改革恢復到以前高水平的政治效忠和經濟生產。」[37]蔣介石表示他將親自閱讀中文文本。在美國壓力下，蔣於四月二十二日任命前駐美大使魏道明出任臺灣省主席，並讓魏道明根據備忘錄建議，著手各項改革。二二八事件後，中華民國政府在臺灣的初步改革，既是為了安撫當地民眾，也是為了回應美國的干涉。

---

35 FOREIGN RELATIONS OF THE UNITED STATES, 1947, THE FAR EAST: CHINA, VOLUME VII,The Ambassador in China (Stuart) to the Secretary of State,Nanking, March 29, 1947.

36 國史館，蔣中正先生年譜長編，第八冊，641頁。

37 FOREIGN RELATIONS OF THE UNITED STATES, 1947, THE FAR EAST: CHINA, VOLUME VII,The Ambassador in China (Stuart) to the Secretary of State,No. 659,Nanking, April 21, 1947.

七月十一日，美國政府宣布派二戰時曾任蔣介石參謀長的魏德邁（Albert Wedemeyer）將軍為杜魯門總統特別代表來中國考察。考察期間，他於八月十一日至十九日來了臺灣一週。八月十九日，蔣介石與魏德邁談話六小時，就中國局勢廣泛交換意見。當時，蔣介石研判美國動機「志在先倒我而後達其統治中國之目的」。[38] 會後，蔣托司徒雷登轉告魏德邁，他絕不能接受美國：「監督一切干涉內政之條件，甚望美國能以友邦平等相待。」[39] 但是，在回美後給杜魯門和國務卿馬歇爾的祕密報告中，魏德邁認為臺灣人「樂見美國託管」，無視蔣的不滿及疑慮。

　　臺灣局勢的不穩定讓蔣介石擔憂，並被迫接受美國的提議。十一月十五日，司徒雷登發現蔣介石改變態度：「來自臺灣的新聞繼續表明行政管理不善，而在有能力的領導下臺灣人煽動不滿和組織革命活動，目標是完全自治。蔣委員長了解情況，他表示原則上衷心地支持某種形式的中美共同管理臺灣幾年，重點是經濟復興。」[40] 二二八事件後九個月，蔣介石終於口頭上同意中華民國與美國「共同管理臺灣幾年」。

38　國史館，蔣中正先生年譜長編，第八冊，739頁。

39　國史館，蔣中正先生年譜長編，第八冊，742頁。

40　FOREIGN RELATIONS OF THE UNITED STATES, 1947, THE FAR EAST: CHINA, VOLUME VII, The Ambassador in China (Stuart) to the Secretary of State,Nanking, November 17, 1947.

二二八事件發生初期，蔣介石因為忙於華北內戰，並沒有對事件十分重視，也沒有將它看作為共匪叛亂。即使到了三月五日，他在陳儀請求下首次決定派兵，也只是為了增強今後治安。直到三月八日，蔣介石在見了司徒雷登和李翼中後，才改變看法，認為形勢「嚴重已極」，而陳儀「粉飾太平」。九日，蔣下令陳儀「斷然戒嚴，制止動亂」，同時，指派白崇禧宣慰，制定善後方針。但是，深受白崇禧報告的影響，蔣介石在三月末就把事件看作是臺灣人與共黨聯手叛國奪權暴動，以此來合理化全臺的白色

版畫家黃榮燦因同情二二八事件受害者而創作《恐怖的檢查》，呈現當時詭譎緊張的社會氛圍。（圖片來源：維基共享）

恐怖了。

　　二二八事件發生後，美國政府堅持不干涉的官方立場，副國務卿艾奇遜（Dean Acheson）指出：「因為開羅宣言中，我政府已同意將臺灣歸還中國。雖然主權移轉尚未正式完成，但中國之事實控制臺灣，是眾所承認的事，因此，我政府沒有立場就中國當局在臺灣動亂之鎮壓作為提出正式抗議。」[41] 雖然沒有提出正式抗議，美國政府還是透過各種非正式方式向蔣介石施壓，表達美國對臺灣局勢的嚴重關切。情勢穩定後，基於臺灣法律地位尚未經對日和約確定，美國向蔣介石提議，通過設立經濟特區，美國與中華民國共同管理臺灣幾年，而蔣介石竟然口頭上同意了。不過，形勢比人強，中、美雙方還沒討論如何共管臺灣，國軍就在內戰中兵敗如山倒了。

41　陳翠蓮，重構二二八，臺北：衛城出版，2017年2月，416頁。

三、臺灣獨立自保
還是交還美國？

　　從一九四九年初蔣介石下野至一九五〇年六月韓戰爆發，由於中國內戰快速發展，以及對中共抱有幻想，美國政府採取「等候塵埃落定」的對華政策，靜觀其變，不願在軍事上援助中華民國政府。但是，美國政府內部對臺灣政策存在嚴重的意見分歧，反反覆覆，決策和訊息都十分混亂。美國軍方擔心臺灣不保，將墜入蘇俄的勢力範圍，使西太平洋的海島防線出現缺口，甚至主張出兵接管臺灣，但遭到國務院的強烈反對。這段時期，蔣介石與美國各方面就臺灣情勢的交涉對臺灣的地位和前途有長遠的影響。

　　一九四八年十月，國共內戰局勢惡化，蔣介石就做了最壞打算，指示中央銀行總裁俞鴻鈞將國庫黃金轉移到臺灣。[1] 十一月二十三日，蔣介石私下與蔣經國商量，準備放棄在大陸的基業，到臺灣重起爐灶，建立反共基地，一方面因為臺灣地緣上靠近美日，遠離蘇俄，另一方面因為

1　國史館，蔣中正先生年譜長編，第九冊，243頁。

臺灣沒有本地軍閥，且臺共力量不強。[2]十二月二十八日，蔣電告親信陳誠，決定任命他為臺灣省政府主席。[3]但是，蔣介石擔心臺灣主權歸屬在法律上有爭議，美國可能企圖收回臺灣托管權，不讓他控制臺灣。一九四九年一月十二日，陳誠在記者會上主張「臺灣為剿共堡壘」。對於陳誠公開提到臺灣的地位，蔣介石覺得他表達的不精準，寫信給陳誠表示：「臺灣法律地位與主權，在對日和會未成以前，不過為我國一托管地之性質，何能明言作為剿共最後之堡壘與民族復興之根據也，豈不令中外稍有常識者之輕笑其為狂囈乎。」[4]蔣要陳誠在臺灣主權歸屬問題上低調，同時加強對臺灣的控制。

　　一九四九年春天，蔣介石下野後不久，國共和談破裂，解放軍跨越長江，攻占南京，直搗上海。解放軍攻占南京後，美國大使司徒雷登堅持留在南京，與中共代表黃華祕密接觸，商談美國承認中華人民共和國事宜。五月七日，蔣乘江靜輪逃離上海來臺灣。在船上，他獨自眺望海洋，「甚想專心建設臺灣為三民主義實現之省區也。」[5]但是，蔣介石認識到，大陸如果淪陷，臺灣要獨立自保非常困

2　國史館，蔣中正先生年譜長編，第九冊，192頁。

3　國史館：蔣中正電陳誠決任為臺灣省政府主席請速準備，典藏號：002-020400-00028-007，1948/12/28。

4　國史館：蔣中正電責陳誠記者會中臺灣為剿共堡壘發言失當應以中央政策為主張免人誤解，典藏號：002-070200-00024-058，1949/01/12。

5　國史館，蔣中正先生年譜長編，第九冊，275頁。

難，「實非有賴於美國之協助不可。」[6]正巧，五月十日，美國陸軍副參謀長，前中國戰區盟軍參謀長魏德邁將軍來信，對中國局勢和美中關係表示關切，特別對建設臺灣為「反共基地」，提出了具體的建議。[7]五月二十八日，蔣介石給魏德邁回信：「臺灣如欲樹立為復興反共之根據地，其有關軍事，經濟，政治各項人才，更非借助於美國不為

一九四七年六月二十四日，蔣介石會見美國大使司徒雷登（左）。除了擔任駐華大使，司徒雷登同時也是傳教士既燕京大學創辦人。（圖片來源：國史館）

6　國史館，蔣中正先生年譜長編，第九冊，287頁。
7　國史館：魏德邁函蔣中正美國友邦關切中國局勢惡化及臺灣建為反共基地等，典藏號：002-020400-00028-112，1949/05/10。

一九四七年七月二十三日，蔣介石、宋美齡會見美國總統特使魏德邁將軍（左二）。二戰期間，魏德邁於東亞服役，並在一九四四年年底接任史迪威為盟軍中國戰區參謀長。（圖片來源：國史館）

功，…如果閣下能來華助余，因彼此相知有素，無謂之隔膜自可消除，則余相信今後中美合作，必能融洽無間。」[8]通過魏德邁，蔣請求美國全面援助臺灣。

　　一九四九年五月二十日起，臺灣省主席陳誠下達戒嚴令，從此臺灣進入長達三十八年的戒嚴時期。當時，杜魯門總統和艾奇遜國務卿痛恨國民黨腐敗，不願意蔣介石這

8　國史館，蔣中正先生年譜長編，第九冊，287頁。魏德邁函蔣中正美國友邦關切中國局勢惡化及臺灣建為反共基地等，典藏號：002-020400-00028-112，1949/05/10。

個舊盟友綁架臺灣，把美國拖入國共內戰。一九四九年六月十五日，蔣介石收到蔣宋美齡從美國來信，告以美國政府對華態度。蔣在日記中寫道：「為美國外交及臺灣地位甚憂，以美國確有收回臺灣與承認共匪之可能，國際信義與世態炎涼，益難為懷矣。」[9] 六月十八日，蔣介石又自記：「臺灣主權與法律問題，英、美恐我不能固守臺灣，為共匪奪取，而入於俄國勢力範圍，使其南太平洋海島防線發生缺口，亟謀由我交還美國管理。」蔣說：「對此問題最足顧慮，故對美應有堅決表示，余必死守臺灣，確保領土，盡我國民天職，決不能交還盟國。如其願助我力量，共同防衛，則不拒絕，並示歡迎之意，料其絕不敢強力收回也。」[10] 蔣介石此時非常擔心臺灣的主權與法律地位問題，憂慮美國會收回臺灣，因為臺灣是他與國民黨最後的立足之地，要死守才能保命，不能交還美國，但又要拉攏美國與他共同防衛，真是兩難。

與此同時，中華民國駐日代表團團長朱世明電陳，盟軍總部對於臺灣軍事頗為顧慮，也有將臺灣移交美國的提議。六月二十日，蔣介石回電，讓朱告訴盟軍統帥麥克阿瑟（Douglas MacArthur）：「一，臺灣移交盟國或聯合國暫管之擬議，實際上為中國政府絕對無法接受之辦法，因

9　國史館，蔣中正先生年譜長編，第九冊，302頁。
10　國史館，蔣中正先生年譜長編，第九冊，304頁。

為此種辦法，違反中國國民心理，尤與中本人自開羅會議爭回臺、滿之一慣努力與立場，根本相反。二，中國政府無將都城或最高軍事統帥部遷至臺灣之意。三，臺灣很可能在短期內成為中國反共力量之新的政治希望，因為臺灣無共黨力量之滲入；而且其地理的位置，使今後『政治防疫』工作，亦較徹底成功。」所以，蔣盼望麥帥能向美國政府極力主張「採取積極態度，協助中國反共力量，並應協助我政府確保臺灣，使成為一種新的政治希望」。[11] 蔣介石希望能說服麥帥不收回臺灣，轉而協助他抗共保臺、「政治防疫」。七月八日，朱世明報告說，麥帥表示：「臺灣之屬於中國，已無問題。渠本人亦主張如此。」而他有機會也會「極力主張積極援華」。[12]

　　一九四九年六月，蔣介石剛到臺灣，就指導陳誠進行新臺幣改革和減租，實施軍事戒嚴和清除臺共。當時陳誠與蔣介石密切配合，在臺灣實行的措施都是蔣介石親自批准和指導的。六月十五日，臺灣省政府正式頒布〈臺灣省幣制改革方案〉、〈新臺幣發行辦法〉及〈新臺幣發行準備監理委員會組織規程〉，進行幣制改革，開始發行新臺幣取代舊臺幣，宣布割斷臺幣與中國大陸上金圓券之一切聯繫。一九四九年下半年，蔣介石指揮廣東、四川、雲貴

11 國史館，蔣中正先生年譜長編，第九冊，306頁。
12 國史館：蔣中正電朱世明與麥克阿瑟密談臺灣問題中國政府所持態度與期望，典藏號：002-020400-00029-005，1949/06/20。

反共內戰只是盡力而為，並不影響他對臺灣的戰略部署，也沒有試圖同時重起幾個爐灶。

　　一九四九年六月，美國駐瀋陽領事沃德和他的工作人員被人民解放軍軟禁了將近一年後，中共控告美國瀋陽領事館為間諜總部，但杜魯門政府表現出極大的克制。一九四九年八月，美國國務院發表《中美關係白皮書》，艾奇遜公開宣稱美國對中國局勢「袖手旁觀」，其實已經打算放棄蔣介石這個舊盟友，尋求與中共建立新關係。這份白皮書，正式名稱為《美國與中國的關係：特別著重一九四四年至一九四九年的階段》，它嚴詞批蔣，表示中華民國在國共內戰的失敗，是國民政府本身的領導問題，與美國無關。美國對戰後中國情勢已盡力而為，最後失敗應由國民黨負起全責。白皮書被認為是國共內戰中，杜魯門政府為自己對華政策失敗開脫。該書發表後，美國停止對中華民國軍事援助，嚴重打擊國軍戰鬥士氣。九月二十四日，美國駐華大使館一等祕書師樞安（Robert Strong）奉令告訴外交部美洲司司長陳岱礎：「美國政府在國際會談中未提及臺灣問題，亦決無意干涉臺灣。至將來臺灣之發展如何，此時自難逆料。」[13] 師樞安表示美國無意干涉臺灣情勢，打算放棄臺灣。

13　國史館：洪蘭友呈蔣中正美國駐華大使館祕書師樞安關於臺灣問題談話紀錄，典藏號：002-020400-00029-063，1949/09/24。

一九四九年十月一日，中華人民共和國成立。毛澤東刻意敵視美國，推行「一邊倒」的親蘇政策。蘇聯立即承認中華人民共和國政府，同時與中華民國政府斷絕外交關係。十月四日，蔣介石在臺北召集國民黨中央非常委員會會議，討論保衛臺灣和外交問題。蔣指出，蘇俄承認中共政權後，將給予更多援助，從而訂立同盟，公然以海、空軍攻臺，所以對保衛臺灣的戰略，要重新估計，重新策劃。[14] 蔣介石還判斷，外交形勢會大變，「英國必承認匪偽，美國即使暫不承認，但其必追隨英國政策，准由匪偽加入聯合國，以替代我政府代表之地位，果爾則我政府在國際上已無立足之地」。不過，他認為：「到此地步，反可自立自強，於事實上並無所損也，要在自強不息而已。」[15] 當時，蔣介石對英、美各國都撤銷承認中華民國並將它趕出聯合國是有心理準備的，他認為中華民國政府在國際上已無立足之地。

一九四九年十月二十四日晚上，解放軍渡海進攻大金門，結果國軍在島上戰鬥三個晝夜，登島解放軍全軍覆沒。十月二十五日，蔣介石獲知金門大捷，因國軍此前屢屢諱敗為勝，起初並不相信，於當日日記中寫道：「前方報告之不實，幾乎每每如此，可痛。」[16] 二十六日，蔣經

14　國史館，蔣中正先生年譜長編，第九冊，370頁。
15　國史館，蔣中正先生年譜長編，第九冊，371頁。
16　國史館，蔣中正先生年譜長編，第九冊，381頁。

國自金門視察回臺面報，蔣介石乃知確已肅清共軍，始得安心，寫道：「此種徹底之勝利實為兩年來之第一次也，而且對於臺灣防務更可堅固無慮，軍民皆可增加信心也。」[17] 他這時對臺灣的防務才有了些信心。

十一月三日，美國駐臺灣總領事奉艾奇遜的命令，向蔣介石呈送備忘錄，聲明美國並無軍事協防臺灣之意，但將在現行立法規定範圍內，繼續給予臺灣經濟援助。至於任何其他新援助，則將視中華民國當局是否採取有效行動而定。[18] 得到美國國務院這樣的訊息後，蔣介石不死心，他派遣國防部次長鄭介民去遊說美國軍方來推動美國軍援臺灣。十一月十七日，鄭介民在華府與前美國西太平洋海軍司令白吉爾（Oscar Badger）談話，白吉爾當時代表國防部出任國務院顧問，協調對華政策，是國防部內友蔣反共的將領。他向鄭介民提出條件，要蔣低頭認錯，以期說服杜魯門同意軍援臺灣。白吉爾要求蔣介石改革臺灣政治，「臺灣政府能代表各階層各黨派之利益，而非國民黨一黨專政」。他點名要曾留學美國的前上海市長吳國楨代替陳誠「主持臺政，應給於彼完全之權力，以任用良好之幹部」。如果蔣介石能接受這一改革方案，則美方可以「派

17　國史館：蔣中正電宋美齡本日在金門島完全消滅中共一個軍對臺灣軍民可增信心，典藏號：002-020400-00029-089，1949/10/26。

18　國史館：美國駐臺灣總領事致蔣中正備忘錄：美國無使用軍事力量防衛臺灣之意向，典藏號：002-020400-00029-103，1949/11/03。

遣政治經濟顧問團來臺，協助臺灣當局」。美方還可以「派
遣非現役之軍官，每軍別約二十至三十人來臺，協助臺灣
陸海空軍」。另外，美軍可「供給臺灣孫立人部防衛軍六
個師之裝備」；「供給海軍巡邏艦約十六艘」；「空軍供
給必要之零件材料及修理設備」；「供給少數之雷達站
及軍用通信器材」。白吉爾還要求蔣與美國顧問「竭誠合
作」。[19]白吉爾代表美國軍方提出的這個方案，目的是逼
蔣介石進行政治改革以換取美國軍事協助保衛臺灣。他建
議蔣介石將此方案通過顧維鈞大使向國務院提出，實質上
是要求蔣介石自己來請求美國在政治、軍事、經濟上「共
同管理臺灣」。

十二月十一日，蔣聽取了鄭介民報告與白吉爾的談
話，「乃知其政府已有覺悟，如援華必須援蔣，而且必須
統一整個援蔣。…余決將順其意而行，準備再作一次之受
欺與倒楣也。」[20]十二月十三日，為了取悅美國，蔣決定
按照白吉爾的要求，讓吳國楨代替陳誠出任臺灣省主席。
他以為美國政府在軍方的壓力下已改變政策，會繼續承認
中華民國政府，並援助臺灣抗共。十二月十五日，蔣決定
以中華民國政府的名議，向杜魯門總統求救，提出「白吉

19　國史館：鄭介民與白吉爾談話紀錄：防禦臺灣擬議，典藏號：002-020400-
　　00043-079，1949/11/17。
20　國史館，蔣中正先生年譜長編，第九冊，409頁。

爾方案」。[21] 十二月二十三日，顧維鈞奉命以「白吉爾方案」為基礎，向艾奇遜遞交了全面求救的備忘錄，表示蔣介石有決心對臺灣政治徹底改革：「國民政府謹向美國政府鄭重宣布，它將不遺餘力地保衛臺灣為抵抗共產主義侵略的行動基地，並將敦促臺灣省政府和人民充分合作，為該省的政治和經濟進步盡最大的努力，以便使島上的人民享有民主和穩定的生活，從而與中共控制的大陸地區奴役和悲慘狀況形成鮮明對比，以增強中國人民反對共產主義的意願。」備忘錄保證：「如果美國政府能夠按照以下提議批准其對中國提供技術和物質援助的請求，那麼中國政府將不會由於這種援助而忽略自己的責任或在任何程度上放鬆自己的努力。」備忘錄還說：「鑑於臺灣局勢的緊迫性，蔣委員長還真誠希望美國總統和國務卿將採取自己的方式，盡快對這些提議進行充分審議。」[22]

可是，蔣介石很快就失望了。在艾奇遜的勸說下，一九四九年十二月三十日的國家安全會議決定，「臺灣的戰略重要性不值得公然的軍事行動。」[23] 一九五〇年一月

21　國史館，蔣中正先生年譜長編，第九冊，410頁。

22　FOREIGN RELATIONS OF THE UNITED STATES, 1949, THE FAR EAST: CHINA, VOLUME IX, The Chinese Ambassador (Koo) to the Secretary of State,Washington, December 23, 1949.

23　FOREIGN RELATIONS OF THE UNITED STATES, 1949, THE FAR EAST AND AUSTRALASIA, VOLUME VII, PART 2,Executive Secretariat Files,Memorandum by the Executive Secretary of the National Security

五日，杜魯門發表《關於臺灣問題的聲明》，重申美國尊重中國領土完整，要求所有國家避免在中國領土內獲得勢力範圍或建立外力控制的政權，或謀求特權，並稱上述原則「在目前局勢下對臺灣特別適用」。他重申《開羅宣言》、《波茨坦公告》關於臺灣歸還中國的聲明，並說臺灣交給蔣委員長管轄後，美國尊重中華民國對該島行政管理已經四年，美國對臺將採取「三無二不」政策：一，美國對臺灣並無掠奪性的意圖；二，美國目前無意在臺灣獲取特權或建立基地；三，美國亦無意使用武裝力量干預現在局勢；四，美國政府將不對在臺灣的國軍提供軍事援助或軍事上的意見。[24] 這是杜魯門明確表示不干涉臺灣情勢，準備聽任解放軍奪取臺灣。一月十二日，艾奇遜又發表演講，指出蔣介石現在是「率領殘部守在中國外海小島的難民」。關於臺灣的法律地位問題，艾奇遜認為，「中國人已經行政管理臺灣四年，美國或其他任何盟國都不曾質疑

Council (Souers) to the National Security Council, Washington, December 30, 1949.

國史館：顧維鈞電外交部轉蔣中正查美國防會議對臺灣問題予我援助案仍無具體決定擬俟向外交委員會爭取意見再定及國務院恐援增加美外交困難影響美對亞洲防共政策等，典藏號：002-090103-00006-216，1950/01/01。

24　FOREIGN RELATIONS OF THE UNITED STATES, 1950, EAST ASIA AND THE PACIFIC, VOLUME VI,Editorial Note: On January 5, President Truman issued a statement regarding United States policy toward Formosa; for the text, see *Public Papers of the Presidents of the United States: Harry S. Truman, 1950*, page 11.

這項權威及這項占領」。艾奇遜以國家利益、而非意識型態為基礎，試圖引誘毛澤東，鋪陳美中新關係的前景：「我們必須採取我們一向的立場，任何人侵犯中國領土的完整，就是中國的敵人，它的行為違反美國本身利益。」[25]杜魯門和艾奇遜將臺灣和南韓劃在美國西太平洋的防衛周邊之外，給史達林和毛澤東發出了錯誤的訊息。

　　一九五〇年一月六日，英國外交承認中華人民共和國政府，同時撤銷對中華民國政府的承認。一九五〇年一月十日，英國承認中國才沒幾天，蘇聯駐聯合國大使馬立克就提議將中華民國趕出聯合國。表面上，美國繼續承認中華民國，支持它在聯合國的代表權，但美國不肯在安全理事會行使否決權，以封殺中華人民共和國的代表權，美國宣稱尊重聯合國安理會多數表決結果。杜魯門政府雖然決定暫不跟隨英國承認中華人民共和國，但為了與新中國發展關係，決定美國不會軍援臺灣抗共，也不挑戰中華民國政府對臺灣的事實主權和管理。對此，蔣介石評論道，「最近美國杜魯門且聲明臺灣為我國民政府所屬領土之一部，而其對我政府繼續承認，並明言臺灣非獨立國家，此語使

---

25 FOREIGN RELATIONS OF THE UNITED STATES, 1950, EAST ASIA AND THE PACIFIC, VOLUME VI,Editorial Note: On January 12, 1950, Secretary of State Acheson delivered an address before the National Press Club in Washington on United States policy in Asia; for the text, see Department of State *Bulletin*, January 23, 1950, page 111.

臺灣倡議獨立自治或托管之邪說者可以熄滅矣。」[26]但蔣又認為「美國國務院是仍固執其成見，不肯改變助共滅華之政策」。[27]一九五〇年一月九日，蔣介石記曰：「近日社會應受美國國務院反對援華之影響，及其聲明，尤其臺灣動搖與不安之現像正在發展未已。又以美國駐臺領事密勸其僑民，謂臺灣恐遭空襲，不如準備回國之消息，更使社會動盪。此皆美共操縱其國務院，而其使領多受美共之指使，故使其各地使領館，凡可動搖我社會與政府之陰謀與行為，無所不用其極也。中華民國完全為美國馬、艾等所斷送矣。」[28]

一九五〇年一月中旬，面對美國國務院「斷送中華民國」的政策，蔣介石認為「萬事皆在本身，尤其在臺灣能否站穩自立耳。」[29]但是，要如何「站穩自立」呢？一月十四日，蔣介石「深思現在危急紛亂無政府之狀態，以及美援絕望之際，如何統一事權，集中力量，以挽救危局於萬一。惟有親任陸海空軍總司令（而不復總統之位），以軍法治理臺灣為反共基地，澄清現局。惟此必為美國反蔣派藉口法西斯復活，然亦無所顧及矣。」[30]一月十五日，

26　國史館，蔣中正先生年譜長編，第九冊，421頁。
27　國史館，蔣中正先生年譜長編，第九冊，426頁。
28　國史館，蔣中正先生年譜長編，第九冊，430頁。
29　國史館，蔣中正先生年譜長編，第九冊，432頁。
30　國史館，蔣中正先生年譜長編，第九冊，432頁。

他又自記：「此時只可盡心保衛臺灣為自立自強之基點，首在社會經濟與軍費之解決；其次為社會民眾組訓與防空之準備；其三為海空軍用油之購備。至於美國之賣華與援華，則於革命之成敗實無關宏旨也。」[31] 當天，蔣還手書遺囑：「如果革命失敗，臺灣淪亡時，必以身殉國。」[32] 一月二十六日，蔣介石公開告訴國民黨中常會：「我今天只有兩條路，一條是如果本黨徹底失敗，臺灣淪陷，那我就犧牲在臺灣！」「另一條路是確保臺灣，反攻大陸。」[33] 可見，在杜魯門宣布不軍援臺灣後，蔣介石非常絕望，覺得「各國政府皆以倒蔣扶共，滅亡中華民國為其不二政策」，他只能不顧中華民國法統，實施軍事政變和管治，才能保衛臺灣，自立自強。當時，蔣介石並沒有中華民國的任何官方身分，他是以國民黨總裁身分實際控制臺灣的，而在美國國務院眼中，他是逃到臺灣的難民。

不過，被行政部門拒絕後，蔣介石並不完全死心，繼續遊說美國軍方和國會來改變杜魯門不軍援臺灣的政策。一月三十一日，蔣介石接見麥克阿瑟使者，請其轉告臺灣防禦之不足，要求美軍設法解決。[34] 一九五〇年春天，受美國軍方支持，許多不願意見到中華民國政府垮臺的美國

31　國史館，蔣中正先生年譜長編，第九冊，433頁。
32　國史館，蔣中正先生年譜長編，第九冊，433頁。
33　國史館，蔣中正先生年譜長編，第九冊，439頁。
34　國史館，蔣中正先生年譜長編，第九冊，441頁。

人士，以個人身分展開具體行動，協助蔣介石穩住局面，
特別是美國前第七艦隊司令柯克（Charles Cooke）為首的
「特種技術顧問團」，悄悄地在臺灣推展一系列非正式軍
事顧問計畫，協助訓練國軍部隊、替臺灣爭取武器裝備
物資，並成為臺北與駐日盟軍總司令麥克阿瑟之間最重
要的溝通橋梁。在杜魯門當局放棄蔣介石與中華民國政府
之際，柯克代表美國一部分的軍方勢力，讓當時臺美軍事
關係「私人化」與「地下化」。柯克來臺後，一度成為蔣
介石最信任的顧問，特別在棄守海南島與國軍撤退舟山群
島，以及韓戰爆發後繼續駐軍金門外島等，柯克都扮演至
為關鍵的角色。韓戰爆發前，一九五〇年四月十日、五月
二十四日、六月十六日，蔣介石三次派柯克去東京面見麥
克阿瑟，請求麥帥來共同保衛臺灣。蔣介石甚至在五月下
旬，通過朋友向杜魯門傳信，表示如果杜魯門能派麥帥來
管理和保衛臺灣，他自己願意讓位。[35]

因為擔憂美國的態度，一九五〇年二月中旬，蔣介石
改變主意，決定復行總統職權，而不是自任陸海空軍總司
令以軍法治理臺灣。[36] 三月一日，不顧代總統李宗仁的反
對，蔣介石在臺北總統府宣布復行視事，發表文告，痛罵
中共「擅改國號，憯立政權。」[37] 一九五〇年三月一日，

35 林孝庭：意外的國度，臺北：遠足文化，2017.03，205頁-235頁。
36 國史館，蔣中正先生年譜長編，第九冊，451頁。
37 國史館，蔣中正先生年譜長編，第九冊，457頁。

一九四七年十月一日，蔣介石會見美國第七艦隊司令柯克海軍上將。（圖片來源：國史館）

是改變臺灣命運的一天。國共內戰大敗而撤退臺灣、已經引退的蔣介石，不顧「中華民國」憲法程序，宣布「復行視事」，重新行使總統職權。這件事本質上是蔣介石通過軍事政變，借殼「中華民國」，奪取了臺灣的實際控制權。蔣介石復行視事是否合乎《中華民國憲法》第四章「總統」之章，極具爭議。主要在於《憲法》並無引退總統可復行視事之條文。《中華民國憲法》第四十九條規定：「總統缺位時，由副總統繼任，至總統任期屆滿為止。總統、副總統均缺位時，由行政院院長代行其職權，並依本憲法

第三十條之規定，召集國民大會臨時會，補選總統、副總統，其任期以補足原任總統未滿之任期為止。總統因故不能視事時，由副總統代行其職權。總統、副總統均不能視事時，由行政院院長代行其職權。」在美的李宗仁不甘「被解職」，發聲明表示：「我的任職時間為從上屆選舉到下屆選舉，它永遠不能被解釋為，代替即將離職的已不再做任何事情的前任總統。」李說：「在民主的歷史上，蔣介石的復職是最嚴重的違法行為。」[38] 根據憲法，蔣總統因故不能視事時，由李副總統代行其職權。蔣總統、李副總統均不能視事時，應由行政院院長閻錫山代行其職權。蔣自行復位，當然會引起違憲的質疑。不過，三月二日，白宮聲明，美國承認蔣介石是「中國政府首腦」。盡管前一天剛剛請李宗仁午餐，杜魯門總統還是無意決定「誰是中國總統」這一重要的外交問題。[39]

四月七日晚上，因為柯克將去東京，蔣介石同他商談對麥克阿瑟應談各事。蔣說：「第三國際諜探供詞，先攻臺灣，再逼美軍退出日本之策略，以及最近菲共聲言奪取菲島，與響應中共攻臺之聯合行動，是皆俄共對遠東之整個計畫，情勢嚴重，希望麥帥能回美報告，使其議會與政府對遠東政策能迅速改變，立取行動也。」蔣還讓柯克

38　林孝庭：意外的國度，臺北：遠足文化，2017.03，177頁。
39　顧維鈞：「顧維鈞回憶錄」7，北京：中華書局，1988，612頁。

攜帶他給麥帥的信，敦促麥帥「立即採取行動」。[40]四月下旬，不顧國軍高層的反對，蔣介石決定撤退海南島，放棄舟山群島，「集中全力在臺澎，以確保國家微弱之命根。」[41]五月十三日，蔣自記：「軍事計畫第一部，必須集中全力確保臺灣，鞏固此惟一反攻之基地，故必須放棄海南與定海各島，方能加強臺防，以免備多力分，重蹈過去之覆轍。」[42]

一九五〇年四月，史達林突然改變主意，同意金日成在中國成功占領臺灣之前就先入侵南韓。四月三十日，蔣介石在日記中判斷：「今後俄國在東方之行動，彼既以新式空軍與高射武器為共匪填防中國沿海之全線，勿使我空軍再在大陸自由活動，則其中國沿海岸既經確實掌握，而其第二步必將韓國海岸線全部占領，使遠東沿海岸皆高枕無憂，如此則亞洲大陸不難整個控制矣。美國無知蒙昧，一至於此，能不痛心？」[43]蔣還認為，是美國國務院，不斷聲言南韓不在其太平洋防線之內，喚起俄國侵韓之野心。他「預料俄國今夏在亞洲之行動，必先將南韓完全占領，使其在東亞海岸線之第一缺口補塞無隙，然後再西向越南、暹羅、緬甸各國海岸線占據完成，則其南向印尼，

40　國史館，蔣中正先生年譜長編，第九冊，472頁。
41　國史館，蔣中正先生年譜長編，第九冊，486頁。
42　國史館，蔣中正先生年譜長編，第九冊，494頁。
43　國史館，蔣中正先生年譜長編，第九冊，486頁。

西指印度，乃可左右逢緣，為所欲為」。[44]事後證明，蔣介石當時對史達林和毛澤東的戰略意圖判斷非常準確，而他撤退海南，放棄舟山，力保臺澎的行動，讓毛澤東意識到攻打臺灣很困難，促使毛改變主意，同意金日成在中共占領臺灣之前先入侵南韓，導致韓戰爆發。

但是，史、毛此一決策完全出乎美國政府的意料。當時，美國駐臺領事館估計解放軍會在七月渡海攻臺，所以已在準備撤僑。[45]五月三十日，蔣介石公開告訴記者，中共對臺大舉進攻，雖然可能，但非一定。保衛臺灣的武力，正在穩健增強中。[46]蔣私下認為：「美使館乘我放棄舟山之時，其又密令僑民回美，以刺激我人心之不安，其三年以來，一貫亡華之政策至今更劇，以期其最後之一逞，而其用意之惡劣，甚於俄共之滅華也。」[47]當時，蔣介石認定杜魯門政府一意孤行，要拋棄他和中華民國，實施「防華制我」的「毒謀拙策」。[48]六月十日，蔣介石指示政府高層，須做美國不會援助、最後全島被蘇聯潛艇封鎖之準備。[49]不過，他內心還在企盼美國軍方能「援華保臺」。[50]

44　國史館，蔣中正先生年譜長編，第九冊，485頁。
45　國史館，蔣中正先生年譜長編，第九冊，502頁。
46　國史館，蔣中正先生年譜長編，第九冊，502頁。
47　國史館，蔣中正先生年譜長編，第九冊，503頁。
48　國史館，蔣中正先生年譜長編，第九冊，503頁。
49　國史館，蔣中正先生年譜長編，第九冊，507頁。
50　國史館，蔣中正先生年譜長編，第九冊，508頁。

一九五〇年六月二十四日，韓戰爆發前一天，蔣自記：「據確報，美國在日本與菲律賓之高級將領，皆一致主張援助臺灣，麥帥之主張尤為堅定，詹生（Louis Johnson，美國防部長）對我私人代表之表示更為懇切，其軍事援我甚有決心，但其艾其生仍於其記者席上表示，其不軍事援臺之政策不變，而其宣傳方法則非蔣去臺，不能援臺。…以勢論，艾如不去職，則美國對華政策無轉變之可能，但以理論，為其國家安全，是其無法反對援臺也，未知結果究為如何。」[51] 六月二十四日那天，艾奇遜公開告訴一位記者，美國「不插手臺灣」，蔣日記指的就是這件事，而他獲得的美國軍方與國務院對臺政策爭論的情報非常精確。

　　韓戰爆發之前，美國政府內部對於要不要軍援臺灣，和要除蔣還是援蔣充滿爭議。不顧艱困處境，蔣介石一方面不斷加強對島內的獨裁統治，另一方面不斷遊說美國國會和軍方，企圖迫使杜魯門政府改變對臺政策。但是，誰也沒想到，蔣的救命援手來自莫斯科。史達林決定北韓先進攻南韓，迫使美國不得不馬上採取反制行動。韓戰爆發後，杜魯門召開緊急會議，討論韓國局勢。艾奇遜建議總統下令派海軍和空軍干涉，並將第七艦隊駛向臺灣海峽以防止中共從大陸進攻臺灣，也阻止國民黨從臺灣進攻大

51　國史館，蔣中正先生年譜長編，第九冊，513頁。

陸。他還說，臺灣地位應由聯合國決定。艾奇遜的意見得到了杜魯門及軍方支持。杜魯門補充了一句話：「臺灣地位也可能由對日和約決定。」[52] 六月二十七日，杜魯門公開宣布第七艦隊巡邏臺灣海峽，明確了美國阻止中華人民共和國武力奪取臺灣的政策。杜魯門指出「臺灣未來地位的決定必須等待太平洋安全的恢復，對日和約的簽訂或經由聯合國考慮」。杜魯門提出「臺海中立化政策」和「臺灣地位未定論」，修改了他自己於一九五〇年一月五日發表的關於尊重中華民國對臺灣行政管理的聲明。杜魯門對臺新政策的實際結果是美國與中華民國在政治、軍事、經濟、外交上全面「共同管理臺灣」。

52　張淑雅：韓戰救臺灣？解讀美國對臺政策，衛城出版，2011/10，84-88頁。

四、蔣介石
　運來臺灣的黃金去哪了？

　　長久以來，臺灣社會普遍認為蔣介石運來臺灣的黃金數量龐大，為臺灣未來發展「奠基」。例如，在國史館二〇一二年出版的《中華民國近六十年發展史》一書中，周琇環寫道：「至於國庫資金的遷運，包括黃金四百八十萬兩，其中八十萬兩耗於國共內戰；外匯、純銀（含內戰剩餘銀圓）各約兩百萬兩，全部相當黃金八百萬兩的資金運臺。在民國三十七年十二月至三十八年五月二十七日國軍放棄上海時，分三批由上海及國外運來，主要作為新臺幣準備金以穩定新臺幣、軍費及財政支出，使得隨政府遷臺的軍隊、公教人員及一般百姓，來臺後的生活得到安置。……遷移來臺後，黃金、外匯穩定了金融飭序，奠基了新臺幣的發行幣信。」[1]

　　不過，曾長期擔任蔣介石侍從官的周宏濤在回憶錄

1　國史館：中華民國近六十年發展史，呂芳上總纂，國史館印行，2012年9月出版， 18-20頁。周琇環採信吳興鏞的「黃金檔案：國府黃金運臺 一一九四九年」一書，時報出版社，2007年， 141-156頁。

《蔣公與我》中提到，一九五○年六月央行總裁向蔣報告，運至臺灣的國庫存金，共三百七十五萬多兩，至當年五月底，共耗掉三百二十一萬多兩，僅剩五十四萬兩。周宏濤說，政府遷臺初期，雖有來自大陸的黃金作為支撐，但當時因美援斷絕，加上六十萬大軍的龐大開支，讓原本已捉襟見肘的國庫存金迅速消耗。而消耗純金最大宗的就是「軍費」，平均每個月必須撥付近十八萬兩，「依這樣的速度，幾個月下來就要花掉兩百一十五萬餘兩，運臺純金僅夠再支撐三個多月。」周宏濤指出：「黃金消耗速度非常快。長久以來，國內外以為政府攜來臺灣的黃金數量龐大到花用不盡，可為臺灣未來發展『奠基』，其實不然！」[2] 這些互相矛盾的說法哪種更接近歷史事實呢？國史館新解密的「蔣中正總統文物/特交檔案」提供了確切的答案！

　　一九四八年底，蔣介石選擇臺灣為復興基地，一方面因為地緣政治上靠近美日，遠離蘇俄，另一方面因為臺灣沒有本地軍閥，且臺共力量不強。一九四八年十一月二十三日，蔣介石就與蔣經國商量，準備放棄大陸基業，重起爐灶，建立反共基地。[3] 十二月初，他讓蔣經國運送國庫的金、銀和外匯到臺灣，十二月二十八日又任命陳誠

2　周宏濤：蔣公與我-見證中華民國關鍵變局，周宏濤口述、汪士淳撰寫，臺北：天下遠見出版，2003年9月30日第一版，300-310頁。

3　國史館，蔣中正先生年譜長編，第九冊，191-192頁。

為臺灣省主席。一九四九年二月十日，蔣自記：「中央銀行存金已大部如期運廈、臺，存滬者僅二十萬兩黃金而已，此心略慰。」[4]五月二十四日，蔣介石來臺灣後，再與陳誠討論幣制改革方案。六月三日，蔣自記：「臺灣改革幣制基金已經撥定，今後應以臺灣防務為第一矣。」[5]六月十五日，臺灣省政府公布「幣制改革方案」，正式發行新臺幣，規定五元新臺幣折合一美元，以八十萬兩黃金作為發行準備金，使新臺幣有後盾，又限制發行總額為兩億元，以遏止通貨膨脹。[6]

一九四九年六月二十四日，中央銀行總裁劉攻芸向蔣保告，當時央行庫存（包括已運到臺灣的）黃金三百八十二萬兩，折一億九千萬美元；白銀和銀元折兩千萬美元；外匯頭寸三千三百萬美元，外幣現金兩百七十萬美元；總值兩億四千八百萬美元。[7]也就是說，當時蔣如果將國庫所有資金運來臺灣，也不過兩億四千多萬美元。此後，國軍節節敗退，不少金銀流失在大陸，而外匯在英美也遭損失（如毛邦初貪汙案）。一九五〇年二月七日，

4　國史館，蔣中正先生年譜長編，第九冊，244頁。

5　國史館，蔣中正先生年譜長編，第九冊，293頁。

6　國史館：臺灣省政紀要－穩定物價，數位典藏號：008-010804-00006-001，陳誠副總統文物/文件/臺灣省政府/臺灣省政紀要，1949/00/00。

7　國史館：劉攻芸呈蔣中正核查交卸中央銀行庫存金銀銀元外匯外幣明細表及金銀外匯外幣折合美金等表單，數位典藏號：002-080109-00004-007，蔣中正總統文物/特交檔案/分類資料/財政，1949/07/08。

陳誠，蔣介石心腹將領，曾任臺灣省主席、副總統、行政院長及參謀總長等職，在台灣主導多項改革政策。（圖片來源：維基共享）

中央銀行新總裁俞鴻鈞報告，央行來臺後控制的外匯非常少，只有四百餘萬美元加四百二十萬枚銀元。[8]而中國銀行總經理席德懋從美國報告，中國銀行紐約分行帳上只有兩千兩百萬美元，而且受美國監管，動用困難。[9]因此，蔣介石實際帶來的資金大約兩億一千萬美元，相當黃金四百五十萬兩。周琇環「相當黃金八百萬兩的資金運臺」一說，與國史館新解密的檔案不符。

根據俞鴻鈞向蔣提交的「中央銀行運臺保管黃金收付及存餘數量表（民國三十七年十二月四日至三十九年二

8　國史館：俞鴻鈞呈蔣中正簽報中央銀行資產及負債實際數字及銀元收支等表單，數位典藏號：002-080109-00004-027，蔣中正總統文物/特交檔案/分類資料/財政，1950/02/07。

9　國史館：蔣中正電席德懋勿使中國在美日外匯落入匪偽手中及席德懋回電中國現存美日外匯情形及紐約銀行監管甚嚴應照原辦法辦理為妥，數位典藏號：002-080109-00005-001，蔣中正總統文物/特交檔案/分類資料/財政，1950/04/14。

月十二日止）」，中央銀行黃金收入包括（1）第一批由滬運臺（三十七年十二月四日）：兩百點四萬；（2）第二批由滬運臺（三十八年二月七日）：五十五點四萬；（3）第三批由滬運臺（三十八年六月五日）：十九點二萬；（4）第一批由美運臺（三十八年八月二十三日）：九點九萬；（5）第二批由美運臺（三十八年八月三十日）：九點九萬；總計約兩百九十五萬純金市兩。

俞鴻鈞，財經專家，曾任行政院長、財政部長、中央銀行總裁等職務。（圖片來源：維基共享）

　　同期，中央銀行付出總計約兩百零二萬純金市兩，其中民國三十八年六月二十一日撥付臺灣銀行八十萬兩為新臺幣準備金，三十八年十二月三十一日再次撥付臺灣銀行十萬兩，三十九年一月二十日臺灣銀行借用十二點六萬兩，其它近一百萬兩主要為支付各地軍費。所以，截至一九五〇年二月十二日，中央銀行存餘九十二點八萬純金市兩。[10]

10　國史館：中央銀行彙報各地運臺黃金收付及存餘數量表及中央信託局十月份

到三月底，蔣介石在日記中評論道：「新臺幣雖未膨脹，但黃金售出之數，三個月來已有六十餘萬兩之多，現存黃金總數已不足一百五十萬兩，而米價已上漲至百元，殊為可慮，幸軍費確定，今後財政運用與收支已定有辦法，當不致如過去漫無管束與限制矣。」[11] 這時蔣恐怕過於樂觀了。

一九五〇年六月三日，俞鴻鈞再向蔣報告（即周宏濤回憶的那份報告）。俞說：「收入部分：甲，運臺部分，計純金兩百九十六萬九千餘市兩：一，自上海陸續分三批運臺，計純金兩百七十五萬餘市兩，二，自美國分兩批運來，計純金十九萬九千餘市兩，三，自日本運來賠償黃金，計純金一萬九千四百餘市兩。乙，由滬穗各地運廈門部分，計純金七十八萬六千五百四十市兩，以上甲乙兩項共計純金三百七十五萬五千五百四十餘市兩。」可見，周宏濤沒記錯，由滬穗各地先運廈門的七十八萬兩，可能這時也到了臺灣（或已在大陸各地被國軍花掉了）。

而支出部分，俞鴻鈞報告：「共支出純金三百二十一萬兩千五百四十市兩（內除撥付臺灣銀行發行準備金八十萬市兩，及撥借臺灣銀行二十六萬一千市兩），實際共付

初外匯與物資報告單，數位典藏號：002-080109-00004-002，蔣中正總統文物/特交檔案/分類資料/財政，1948/02/04～1948/02/04（這裡，國史館把日期標錯了）。

11　國史館，蔣中正先生年譜長編，第九冊，470頁。

軍政各費為純金兩百一十五萬一千餘市兩。自上年六月起平均每月撥付十七萬九千餘市兩。實在存金截至三十九年五月三十一日止,本行實存純金五十四萬兩千九百十一市兩。」[12] 難怪周宏濤著急,認為「純金僅夠再支撐三個多月」。當時如果毛澤東按原計畫秋天攻臺,臺灣可能會不攻自破,因為蔣介石很快就會沒有黃金支付軍餉了。

臺灣銀行不是還有一百多萬兩準備金嗎?六月六日,俞鴻鈞另報告,截至一九五〇年五月三十一日,新臺幣發行約一億九千萬元紙幣和三千萬輔幣。可是,臺銀在一九四九年十二月卻墊付二十萬兩軍費,準備金明顯不足。經臺灣省主席吳國禎向蔣介石求助,[13] 蔣批准央行於一九四九年十二月三十一日撥付臺銀十萬兩,一九五〇年一月二十日又借給臺銀十二點六萬兩,以充實準備金。

到一九五〇年五月三十一日,臺銀黃金準備只剩四十七萬三千餘兩,另加外匯折合抵充黃金共二十二萬餘兩,而這些外匯絕大多數屬管制美元,只能在日本易貨交易。發生了什麼事呢?原來臺銀為配合穩定新臺幣

---

12 國史館:俞鴻鈞呈蔣中正臺灣銀行發行準備外匯暨黃金儲蓄及收付各情形,數位典藏號:002-080109-00005-005,蔣中正總統文物/特交檔案/分類資料/財政,1950/06/03 ~ 1950/06/03。

13 國史館:吳國禎電蔣中飭中央銀行撥黃金十五萬兩補足準備金方可維持幣信,數位典藏號:002-020400-00037-080,蔣中正總統文物/革命文獻/戡亂時期,1949/12/29。

政策，自一九四九年六月起舉辦黃金儲蓄，民眾可拿新臺幣定存後兌換黃金。自一九四九年六月至一九五〇年五月，經由黃金儲蓄，臺銀兌出黃金近一百六十萬兩，這些黃金大部分流出臺灣。俞鴻鈞報告：「黃金外流加劇之主要原因有二：一為資金逃避。由於共軍之揚言進攻臺灣，準備赴港澳及國外逃難者，紛紛均以其資金移送省外。⋯⋯二為商人套匯。黃金套匯走私，雖經政府嚴查重懲，然而大利所在，刑罰難禁。目前美金市價既高至每元合新臺幣十二元以上，如商人以千元美金在臺灣售出，向臺銀購置黃金四十三／四十四兩，走私運港，可復購進美金一千七百元，故即以其三分之一作走私各項費用，仍有厚利可獲。以上兩種原因互相激盪，足使臺灣銀行現有之黃金準備，於一二月之內即可完全流出，而動搖臺幣之信用。」[14]

造成這種狀況的原因，俞鴻鈞認為是「金價、匯價與物價乃互相脫節，今物價與美金市價已漲至改幣時兩倍以上，黃金儲蓄仍維原價不變，外匯官價僅加百分之六十，徒予套購黃金走私者以厚利。」[15] 新臺幣發行一年，在發

14 國史館：財政金融黃金外流原因與補救之道與暢通進出口貿易廢止進口貨物自備外匯簽證制度及金融外匯方針補充原則草案，數位典藏號：002-080109-00005-004，蔣中正總統文物/特交檔案/分類資料/財政，1950/05/25。

15 國史館：俞鴻鈞呈蔣中正臺灣銀行發行準備外匯暨黃金儲蓄及收付各情形，數位典藏號：002-080109-00005-005，蔣中正總統文物/特交檔案/分類資料/財政，1950/06/03～1950/06/03。

行量不變的情況下，臺銀兌出黃金近一百六十萬兩後，物價與美金市價為什麼還漲至改幣時的兩倍以上呢？事後查出，原來從一九五○年二月起，臺銀一直以帳外定額本票方法向企業提供流動資金，常常高達八、九千萬臺幣，行政院長陳誠認為這就是違法祕密發行新臺幣，但省主席吳國禎不同意。[16] 其實，問題的本質在「臺省人口僅七百萬，全年國民所得估計不足新臺幣三十億元，欲其負擔戰時全部國庫支出（一九五○年全年預算總額約計新臺幣十億四千餘萬元），勢不可能。故在今日外援未增以前，政府支出不得不以黃金彌補一部分赤字。」[17]

　　六月十日，蔣介石召集陳誠、吳國禎、財政部長嚴家淦、央行總裁俞鴻鈞等開會商討黃金儲備問題。俞鴻鈞報告，中央銀行現存黃金約為五十四萬餘兩，臺灣銀行準備金實存四十五萬餘兩。「本年一至五月，本行付出軍費平均每月約十一萬餘兩，此外，軍事器材油料軍米等項外匯支出折合黃金平均約五萬兩。同時期內，臺銀辦理黃金儲蓄平均每月兌出二十萬兩。故以現存之黃金

16　陳誠呈蔣中正查核臺灣銀行新臺幣祕密發行及吳國禎面交舊臺幣發行定額本票與墊放款統計表等情附該案簽呈，數位典藏號：002-080109-00005-010，蔣中正總統文物/特交檔案/分類資料/財政，1951/03/03。

17　國史館：俞鴻鈞呈蔣中正臺灣銀行發行準備外匯暨黃金儲蓄及收付各情形，數位典藏號：002-080109-00005-005，蔣中正總統文物/特交檔案/分類資料/財政，1950/06/03～1950/06/03。

餘數，欲兼顧發行準備與財政之需要情形確甚困難。」[18]
對此，蔣指示，黃金須保存，黃金儲蓄辦法可變更，外
匯應調整。……須做美國不會援助，最後全島被蘇聯潛
艇封鎖之準備。[19]

　　所幸不久韓戰爆發，導致美國東亞政策急劇轉變。
一九五〇年六月二十七日，美國總統杜魯門發表聲明，提
出「臺海中立化政策」和「臺灣地位未定論」，救了中華
民國臺灣一命。七月二十七日，杜魯門批准從「共同防
禦互助法案」專款中撥出一千四百萬美元，緊急軍援臺
灣。[20] 但美國並未立即提供大量經援，臺灣的財政金融狀
況還在惡化。根據俞鴻鈞給蔣的新報告，截止十月三十一
日，中央銀行「黃金存額為純金三十七萬市兩」！一至十
月份國庫外匯收入累積才四百多萬美元，而同期外匯支出
一千四百多萬美元。[21] 另外，嚴家淦向蔣報告，一至十月
份國庫總收入新臺幣兩億六千餘萬元，支出六億一千餘萬
元，差額三億五千餘萬元，由央行庫存黃金外匯抵付。而

18　國史館：俞鴻鈞呈蔣中正臺灣銀行發行準備外匯暨黃金儲蓄及收付各情形，
　　數位典藏號：002-080109-00005-005，蔣中正總統文物/特交檔案/分類資料/
　　財政，1950/06/03～1950/06/03。

19　國史館，蔣中正先生年譜長編，第九冊，507頁。

20　國史館：中華民國近六十年發展史，呂芳上總纂，國史館印行，2012年9月
　　出版，33頁。

21　國史館：俞鴻鈞呈蔣中正十月份中央銀行庫存黃金暨經理外匯收支情形及臺
　　灣銀行發行準備及黃金儲蓄各情形，數位典藏號：002-080109-00010-001，
　　蔣中正總統文物/特交檔案/分類資料/財政，1950/11/11。

一至十月份國庫支出軍費占百分之七十三，政費占百分之十九，其他占百分之八（主要是撥付臺銀抵補上年度軍費挪用的準備金）！[22]

六月十日、七月七日、八月四日、十一月十五日，蔣介石連續召集財金會議，商討黃金、外匯儲備問題，批准臺灣省府自六月初起將黃金儲蓄搭配愛國公債，每市兩七十元至一百五十元，即提高金價百分之二十五至百分之五十，因此，六月份黃金儲蓄開始逐日減少。[23]十月三十日，臺銀將公定黃金價格每兩折合新臺幣從兩百八十元調整為四百一十元後，黃金儲蓄不再搭配愛國公債。十二月起，臺銀乾脆取消了黃金儲蓄。一九五〇年上半年，臺銀用官價每兩折合兩百八十元兌售黃金，卻對穩定新臺幣幫助不大，新臺幣兌美元還是從五比一貶為十二比一。臺銀反而遭受匯兌損失近六十萬兩黃金，庫存只剩四十七萬餘兩。一九五〇年十月底，蔣運來臺灣的三百七十五萬兩黃金只剩下八十四萬兩（央行三十七

22 國史館：嚴家淦呈蔣中正三十九年一至十月份國庫收支總數及各幣類各科目收支詳數情形，數位典藏號：002-080109-00010-002，蔣中正總統文物/特交檔案/分類資料/財政，1950/11/13。

23 國史館：俞鴻鈞等呈蔣中正臺灣省府自六月份起將黃金售價搭配儲蓄券或愛國公債辦理情形附臺灣省物資調節委員會承兌商業匯票輔助工礦產銷辦法等草案，數位典藏號：002-080109-00005-007，蔣中正總統文物/特交檔案/分類資料/財政，1950/06/19。

萬加上台銀四十七萬）。[24] 可見，蔣介石運來的黃金數量沒有外界想像的多，一年多下來，就已經花掉了百分之八十，既沒能真正穩定新臺幣，也沒錢為臺灣未來發展「奠基」了。

隨著美國第七艦隊來臺灣海峽，人心逐漸安定，加上臺銀將公定價格調整，黃金才不再外流。一九五〇年十月初，毛澤東派「志願軍」加入韓戰後，十月十日，美國國會通過「共同安全法案」，從經濟、技術及軍事多方面協助盟國抵抗共產主義擴張。一九五〇年代的臺灣相當貧窮且處於風雨飄搖之中，美援的到來堪稱是及時雨和救命丹，對臺灣社會經濟的發展發揮了舉足輕重的影響。美援直接增加當時的物資供給，平抑物價上漲的潛在壓力，促進了臺灣的整體經濟成長，減緩了外匯短缺的困境，並且促進中華民國政府的穩定。從一九五一年到一九六五年，中華民國每年自美國得到大約一億美元的貸款和援助，經濟支援總數達十四點八億美元。美援的內容包括民生物資與戰略物資，也包括基礎建設所需的物資，例如建築道路、橋梁、堤壩、電廠及天然資源的開發等。美方除實質上的物資援助中華民國之外，各種技術合作與開發亦廣泛進行，同時，美國亦鼓勵美國的大學與臺灣的大學進行學

24　國史館：俞鴻鈞呈蔣中正十月份中央銀行庫存黃金暨經理外匯收支情形及臺灣銀行發行準備及黃金儲蓄各情形，數位典藏號：002-080109-00010-001，蔣中正總統文物/特交檔案/分類資料/財政，1950/11/11。

術合作與人才交流，更以實際資金來協助中華民國的大學
興建校舍。另外，一九五一年至一九七四年期間，美國無
償軍事援助高達四十二點二億美元。[25] 按當時三十五美元
兌一盎司黃金的美國官價計，相當於二十四年內美國送了
臺灣約一億兩千兩百萬兩黃金，是蔣介石運來臺灣的三十
多倍！

25　參考「維基百科：美援」條目。

五、蔣介石如何應對
「臺灣海峽中立化」？

　　一九五〇年五月十六日，蔣介石為國軍主動撤守舟山與海南，發表告大陸同胞書，說：「政府為了整個國家和全國人民的前途關係，不得不忍痛一時，撤退海南和舟山的國軍。」而撤退的目的，是為了「集中一切兵力，鞏固臺灣及其衛星島嶼」。[1]同一天，蔣致函金門防衛司令官胡璉：「今後戰略決以全力固守金門，澎湖及臺灣本島，確保此反共之基地，免蹈已往備多力分，被匪各個擊破之覆轍。…惟金門必須固守不失，萬不可以定海撤退，而影響金門之士氣，千萬明告將士我軍之戰略，撤退定海即所以加強臺灣與金門之實力也，此一重大決心與我戰略之轉變，實為剿共戰事轉敗為勝，中華民國轉危為安最大之關鍵，望轉達全體將士為要。」[2]蔣介石說得信誓旦旦，將固守金門視為中華民國轉危為安的關鍵。可是，六月

1　國史館，蔣中正先生年譜長編，第九冊，497頁。
2　國史館，蔣中正先生年譜長編，第九冊，497頁

美國總統杜魯門簽署一份下令美軍投入韓戰的文件。（圖片來源：維基共享）

二十二日，就在韓戰爆發的前三天，蔣介石生平第一次飛赴金門視察，卻因雲霧籠罩而折返。他自記：「金門可謂與我太無緣矣，豈天父有意阻止，以免危險乎？」[3] 蔣似乎起了二心。

韓戰爆發後，一九五〇年六月二十七日，美國總統杜魯門擔心臺灣如果落入中共之手，將影響西太平洋地區的安全，因此命令「美國第七艦隊防止對臺灣的任何攻擊，並且本人已請求臺灣的中國政府停止對大陸的一切海空活動」[4]，杜魯門此舉雖不是直接協防臺灣，但已經徹底改變了他自己在一九五〇年一月對臺灣「袖手旁觀」的政策，使臺灣免於中華人民共和國的武力威脅。「臺灣海峽中立化」同時也阻止蔣介石反攻大陸而引起臺海戰爭，從而建起真正分隔兩岸的中立屏障。「臺灣海峽中立化」另外一個同等重要的目標是使包括日本、南韓、菲律賓以及澳洲在內的美國東亞盟邦感到安心，中國無法侵入「第一島鏈」（從中國的地緣戰略理論來看，這是北起阿留申群島往南經由千島群島、日本列島、琉球群島、臺灣以及菲律賓直至大巽他群島的島鏈）。[5]

一九五〇年六月二十七日晚上八點，美國駐臺北大使館代辦師樞安奉艾奇遜國務卿命令緊急求見蔣介石，提交

3　國史館，蔣中正先生年譜長編，第九冊，512頁

4　國史館，一個中國論述史料彙編，史料文件（一），16頁。

5　艾里曼：《看不見的屏障》，臺北：八旗文化，2017.02，42頁。

備忘錄說，因韓戰爆發，「美國第七艦隊已奉令阻止來自中國大陸以臺灣為目標之攻擊」，該備忘錄同時請求蔣介石命令國軍停止針對中國大陸的一切軍事活動。備忘錄表示：「美國政府此舉之動機，不但出於其對於太平洋區域之和平及安全之深切關懷，並基於其對中國及臺灣人民之未來自由與幸福之深切關懷。」[6] 蔣介石說，詳細研究後會盡快答覆。

第二天早上，蔣在閱報後才得知，杜魯門總統昨晚在華盛頓還宣布「臺灣未來地位的決定必須等待太平洋安全的恢復，對日和約的簽訂或經由聯合國考慮。」[7] 杜魯門將「臺灣地位未定論」與「臺灣海峽中立化」連結，卻沒有預先告知蔣介石，蔣對此甚為不滿，當天自記：「其對我臺灣主權地位無視，與使我海、空軍不能對我大陸領土匪區進攻，視我一如殖民地之不若，痛辱盡極！」[8]

可是，蔣介石與其決策高層經一整天研討後，轉而認為美國此舉為一臨時緊急措施，而根本辦法必須雙方協商再定。私底下，蔣介石認為：「美竟命令其海軍巡防臺灣海峽，以阻止任何方面對臺之攻擊，實亦俄史達林所不

6　國史館，王世杰呈蔣中正美駐華代辦師樞安訪晤葉公超面告中共攻擊臺澎以外島嶼美將不參與防衛及備忘錄等，數位典藏號：002-080106-00031-003，蔣中正總統文物，1950/07/25。

7　國史館，一個中國論述史料彙編，史料文件（一），16頁。

8　國史館，蔣中正先生年譜長編，第九冊，515頁

料，此乃美國政府內容之變化。艾其生（艾奇遜）扶共抱俄之政策，已為其杜魯門及其朝野所不容，故有此徹底改變之大舉。」蔣介石將美國對臺政策的改變「歸功於麥帥主張之正大與成功」，不過，他擔心「此策實為其不得已臨時之決策，絕非艾其生等所能甘心者。然而麥帥及其陸海軍之大部主張，皆不贊成彼艾卑汙之外交政策之所為，惟杜魯門並無一定之主張，難免他日不為彼艾所動搖，故危險仍在也。」[9]可見，蔣介石歡迎杜魯門將「臺灣海峽中立化」，並將此決策歸功於駐日盟軍統帥麥克阿瑟。整體而言，杜魯門的新政策，雖然增強了臺灣地位的不確定性，卻對中華民國臺灣的安全帶來了實際保護效果。

六月二十八日晚上，經蔣批准，外交部長葉公超正式以備忘錄回覆師樞安「中國政府鑒於美國政府來文之緊急性及其上項建議所涉中美兩國之共同利益，對此建議，在原則上表示接受；…中國政府已循美方請求，頒布必要命令，將上述海空軍事行動，暫予停止執行」。該備忘錄特別指出：「上述緊急部署，對於中國統治臺灣之權力，及其反抗國際共產主義侵略與維護中國領土完整之立場，並無任何影響。」[10]葉公超又聲明：「中國政府對於本月

9　國史館，蔣中正先生年譜長編，第九冊，517頁

10　國史館，王世杰呈蔣中正美駐華代辦師樞安訪晤葉公超面告中共攻擊臺澎以外島嶼美將不參與防衛及備忘錄等，數位典藏號：002-080106-00031-003，蔣中正總統文物，1950/07/25。

二十七日美國政府關於臺灣防衛之提議，在原則上已予接受，並已命令中國海空軍暫行停止攻擊行動。」在公開聲明中，葉接受「在對日和約未訂立前，美國政府對於臺灣之保衛，自可與中國政府共同負擔其責任」。不過，葉堅稱美國的提議「當不影響開羅會議關於臺灣未來地位之決定，亦不影響中國對臺灣之主權」。[11] 在此聲明中，葉公超似乎默認，在對日和約未訂立前，美國在法理上對臺灣負有某種責任，接受美國有權與中華民國共管臺灣。

　　六月二十八日晚上，葉公超還詢問師樞安：「中國現在廣州附近之伶仃及擔桿島，廈門附近之金門島，福州附近之馬祖，浙江省附近之上下大陳各島，均設有防地。上開各島，連同澎湖列島，實構成臺灣防衛體系之一部分。防守各該島防地之中國陸軍，尚有相當數量，並有中國海空軍協同防守。各該島防地，曾受中共不斷之攻擊。關於防止中共對各該島防地之進攻一節，美國第七艦隊所奉令擔任之任務，是否已予顧及，中國政府深願獲知。」[12] 葉公超建議兩國就此迅速協商，師樞安答應立即向國務院報告。七月三日，中華民國駐美大使顧維鈞求見助理國務卿魯斯克，再次提出第七艦隊保衛外島要求。魯斯克說國

11　國史館，一個中國論述史料彙編，史料文件（一），22頁。
12　國史館，王世杰呈蔣中正美駐華代辦師樞安訪晤葉公超面告中共攻擊臺澎以外島嶼美將不參與防衛及備忘錄等，數位典藏號：002-080106-00031-003，蔣中正總統文物，1950/07/25。

務院就此事正與國防部和東京盟軍總部緊急磋商，尚無決定。[13] 同一天，麥克阿瑟向國防部建議，第七艦隊保護區域可以包括澎湖，但不能包括其它外島。[14]

七月七日，蔣介石開始考慮金門撤守，他預料共軍會以美國第七艦隊為恫嚇與宣傳，而如果美國不協防外島，則共軍更會進攻。蔣命令參謀總長周至柔速做撤守金門的準備，同時加強臺灣本島的防衛。七月八日，美國第七艦隊司令史樞波（Arthur Struble）來臺北晉見蔣介石，史樞波表示他可能無法保護外島，但除非受到指令，他不會妨礙國軍在外島上的行動。蔣介石告訴史樞波，在對日和約簽訂前，當年他以盟軍中國戰區總司令的身分占領臺灣，就像麥克阿瑟將軍以盟軍最高統帥的身分占領日本；現在中國政府已遷徙臺灣，儘管如此，他希望史樞波來此不要覺得像在訪問外國。[15] 在此，蔣似乎默認，在對日和約簽訂前，臺灣還是盟軍共同占領區，對美軍來說，不是外國。

七月九日，蔣與美國第七艦隊前司令柯克討論金門防

---

13 FOREIGN RELATIONS OF THE UNITED STATES, 1950, KOREA, VOLUME VII，Memorandum of Conversation, by the Assistant Secretary of State for Far Eastern Affairs (Rusk)，[Washington,] July 3, 1950 [—3: 05 p. m.]。

14 FOREIGN RELATIONS OF THE UNITED STATES, 1950, KOREA, VOLUME VII，The Secretary of Defense (Johnson) to the Secretary of State，Washington, 17 July 1950.

15 FOREIGN RELATIONS OF THE UNITED STATES, 1950, EAST ASIA AND THE PACIFIC, VOLUME VI，The Chargé in China (Strong) to the Secretary of State，Taipei, July 10, 1950。

衛方針,柯克以為將金門兵力增防臺灣,其心理效果不如固守金門為大。[16] 一九五○年春,柯克以個人身分來臺協助蔣介石穩定局面,並成為蔣介石與麥克阿瑟盟軍總部之間最重要的溝通橋梁。柯克一度成為蔣介石在戰略決策上最信任的顧問,特別在韓戰爆發前決定棄守海南島與撤退舟山群島,以及韓戰爆發後決定固守金門,柯克都扮演至為關鍵的角色。

七月十日,蔣介石又與周至柔商討金門撤守問題,周認為第七艦隊司令史樞波剛來臺灣不久,如國軍隨之撤守金門,則中共必以為美國限制國軍範圍,不許國軍在大陸沿海立足,則共軍勢力更為囂張。十二日,蔣自記:「金門國軍決定撤退,但應商諸麥帥。」十三日,他又記:「各方之意見皆以美國心理影響,暫主不撤,余仍以為不然也。」但他還是決定暫緩撤守,繼續與美方溝通。[17]

七月十五日,蔣介石又自記:「金門防軍以勢以理,此時皆應撤退,但為美國與麥帥關係,未得其同意,故國防部與顧問乃多躊躇不決。余意此時以保全實力為主,始終主張速撤,此應為最近重要之大事也。」[18] 七月十六日,蔣接駐日代表團團長何世禮電,關於金門撤防問題,麥克阿瑟要與蔣面商後再定。對此,蔣自記:「不知要到幾時

---

16 國史館,蔣中正先生年譜長編,第九冊,522頁。
17 國史館,蔣中正先生年譜長編,第九冊,524頁。
18 國史館,蔣中正先生年譜長編,第九冊,525頁。

矣！美國國務院對我轟炸福州機場及扣留共匪船艦皆不同意，如此只有坐待匪軍圍攻金門，嗚呼可，故決撤防金門，全力固防臺澎，以待天下之變而已，美之喜怒好惡只有聽之。」七月十八日，再與周至柔和柯克商討金門，柯克以為保衛金門於臺灣利多而害少，蔣介石仍不以為然，自記：「金門問題不宜於此韓戰危急時，要求麥帥諒解，應先自我準備可也。」[19]

　　一九五〇年七月十九日，杜魯門總統向國會提出關於韓國局勢的特別報告。關於臺灣，杜魯門說，美國採取的行動是一個基本的安全問題，以防止韓國危機延伸到太平洋地區。他接著說，美國對臺灣沒有領土野心，也沒有任何特殊的地位和特權要求。他補充說，目前的軍事中立化不妨礙影響臺灣的政治問題。他表示希望，所有這些問題都可以按照《聯合國憲章》所設想的和平方式解決。[20] 與此同時，美國參謀長聯席會議研究了外島問題後認為，美國部隊不應該致力於保衛這些島嶼，建議通知中華民國，這些島嶼並不包括在杜魯門於六月二十七日聲明所提出的美國責任範圍內。此外，他們認為保衛這些島嶼的行動是中華民國政府的事情，但不能用基於臺澎的部隊經由這些島嶼進攻大陸。可是，美國政府不應該阻止國民政府捍衛

19　國史館，蔣中正先生年譜長編，第九冊，526頁。
20　*Public Papers of the Presidents of the United States: Harry S. Truman, 1950,* page 527.

這些島嶼，不應該阻撓從臺灣出發保衛這些外島的行動。[21]

一九五〇年七月二十三日正午，師樞安求見葉公超，奉命正式答覆：「倘中共向臺灣及澎湖列島以外之島嶼進攻，美國將不參加其防衛，但美國政府絕不妨礙中國政府在各該島上或由各該島出發之防衛作戰行動。」美方還認為：「倘中共軍隊由大陸方面向金門砲轟，中國政府自可還砲，此點美國政府當不反對。」但對國軍主動轟炸大陸上共軍集結地和機場，美方反對，威脅說：「中國政府如有違反此項命令（指杜魯門的命令）之行動，即係不執行其對美國之諾言。」葉公超當場回覆：「中國政府當繼續執行其對美國之諾言，即停止其由臺灣發出向大陸之軍事行動及對在公海上船舶之攻擊。」但是，葉公超提請美方注意，杜魯門於六月二十七日聲明之後，共軍曾多次襲擊外島，「中國政府因遵守其與美國之協定起見，已為環境所逼而放棄外伶仃與坡山兩島。」金門對於臺澎之防衛關係甚大，處境困難，「第七艦隊既不參加金門之防衛，中國政府自當採取有效自衛措施，或將被逼使用以該島為基地之海空武力以支援地面守軍。倘若將來中國守軍被逼撤出該島時，則海空軍之掩護撤運亦屬必需，尤其於共黨海

21　FOREIGN RELATIONS OF THE UNITED STATES, 1950, KOREA, VOLUME VII，The Secretary of Defense (Johnson) to the Secretary of State，Washington, 17 July 1950.

空軍襲擊我方船舶之際，我方不能不以海空武力還擊。」[22]
葉公超在此預留了撤守金門的可能。

七月二十六日，師樞安會見外交部美洲司司長陳岱
礎，師樞安說：「據本人所獲消息，中國政府擬於十日內
自金門撤退。…本人擬向國務院建議，萬一中國軍隊於不
得已時自金門撤退，美政府應發表聲明，說明金門撤守，
由於下列原因：（一）第七艦隊不能負責保衛金門各島。
（二）中國政府循美方之請，對大陸沿岸停止海空軍事行
動。」陳岱礎答：「倘我政府將來決定自金門撤退時，美
政府能作如上之聲明，對於一般國際觀感，自極有利。」
師樞安答：「本人擬於今晚即向國務院作此建議，諒國務
院當然採納。」[23]可見，此時外交部與美國大使館已開始
就金門撤守做具體安排。

七月三十一日，麥克阿瑟來臺訪問，麥帥認為他親自
訪問臺灣以評估解放軍入侵的風險是必要的。[24]麥克阿瑟
事後回憶說：「我負軍事責任的地區已經擴大到包括福爾
摩沙和澎湖列島，因此我感到有必要在月底前去訪問該

22　國史館，王世杰呈蔣中正美駐華代辦師樞安訪晤葉公超面告中共攻擊臺澎以
　　外島嶼美將不參與防衛及備忘錄等，數位典藏號：002-080106-00031-003，
　　蔣中正總統文物，1950/07/25。
23　國史館，王世杰呈蔣中正美駐華代辦師樞安訪晤葉公超面告中共攻擊臺澎以
　　外島嶼美將不參與防衛及備忘錄等，數位典藏號：002-080106-00031-003，
　　蔣中正總統文物，1950/07/25。
24　艾里曼：《看不見的屏障》，臺北：八旗文化，2017.02，66頁。

島，以便確定那裡的軍事防衛力量。在討論到的問題中有一個問題是國民黨中國迅速而慷慨地提出要派遣軍隊去參加朝鮮的聯合國部隊。然而，一切有關方面都認為，在這個時間採取這樣的行動可能會嚴重地危害福爾摩沙的防衛，因此這樣做是不妥當的。…見到了上次戰爭中我的老戰友，蔣介石委員長，我感到非常高興。他那抵制共產黨統治的不屈不撓的決心引起我由衷的欽佩。」[25]

　　在雙方兩天的會談中，對於金門防衛問題，周至柔指出國軍不能主動轟擊沿海機場、港口及共軍基地，處境危險，因此提議撤退金門。麥克阿瑟說國軍對大陸之活動，美國不久當有明確之表示。蔣介石當時以為「其意將變更杜魯門於六月二十七日之聲明，不限制我對大陸之攻擊也。」[26] 因此，八月五日，麥克阿瑟離臺後，蔣主持軍事會議，商討金門撤守問題，以共軍攻金門已經完成準備而決定固守不撤。[27] 蔣介石這樣決定有些唐突，不久，他便得知「杜（魯門）未同意麥帥變更其六月二十七日聲明，允我轟擊大陸之意見。」[28] 但是，蔣介石對杜魯門政策研究後，卻再也不提撤守金門了。也許，「共匪進犯金門以西之大擔島，被我全部殲滅」的消息給蔣打了一劑強心

25　《麥克阿瑟回憶錄》，第239頁，上海譯文出版社。

26　國史館，蔣中正先生年譜長編，第九冊，533頁。

27　國史館，蔣中正先生年譜長編，第九冊，534頁。

28　國史館，蔣中正先生年譜長編，第九冊，535頁。

針。[29] 國軍金門「古寧頭大捷」後，解放軍仍不放棄其攻打金門的野心。一九五〇年七月二十六日晚間，解放軍七百餘人利用黑夜乘船向大膽、二膽島進犯，國軍官兵嚴陣以待，恪守「兩短集火」與「殲敵水際」之原則，殲滅來犯敵軍。大膽、二膽保衛戰是國軍繼「古寧頭大捷」後，又一次以寡擊眾成功殲滅解放軍進犯的勝仗，為國軍在臺整軍備戰初期一個具有歷史、軍事及提振國人士氣之重要戰役。

歷史好像在開玩笑，一九五〇年七月蔣介石主張撤守金門但遭麥帥反對；一九五四到五五年臺海危機時，美國主張撤守金門但遭蔣介石的反對，他們雙方用的理由似乎對調了一下。一九五〇年七月，蔣介石撤守金門和其它外島的考慮完全是基於軍事戰略理由，根本沒有考慮到所謂放棄外島就切斷了臺灣與中國的歷史性聯繫。很久以後，才有中華民國官員提出這類政治考量。

韓戰初期，蔣介石如何應對美國「臺灣海峽中立化」新政策，對此後的臺美關係有重大而長遠的影響。蔣介石對於第七艦隊來保衛臺灣很歡迎，而對他因此不能進攻大陸，雖不樂意，但也能接受；對於第七艦隊不會保衛外島這點，蔣也很清楚；他並承諾在軍事行動前會與美國密切協商。臺美間的這些協議，後來都成為一九五四年《中美共同防禦條

29　國史館，蔣中正先生年譜長編，第九冊，530頁。

約》的實質內容。而對「臺灣地位未定論」，蔣介石則採取各說各話，擱置爭議的態度，他理解美國為什麼將「臺灣地位未定論」與「臺灣海峽中立化」聯結。一九五〇年八月五日，蔣介石得意地自記：「幸韓戰發生以後，國際局勢大變，美、英各國亦不能不改變其對華政策為我協助，此實中華民國轉危為安之動機，此中微妙消息，豈非上帝與基督聖靈在冥冥中有以主之乎？」[30] 蔣已經很久沒有這麼高興過了。

一九五〇年七月，蔣介石迎接駐日盟軍總司令麥克阿瑟。麥克阿瑟在太平洋戰爭期間功勳顯赫，獲晉升為美國五星上將。（圖片來源：國史館）

30　國史館，蔣中正先生年譜長編，第九冊，535頁

六、美國侵略了臺灣嗎？

　　韓戰爆發之前，美國政府謀求與中華人民共和國建立正常外交關係。一九五〇年一月十日，英國才承認中國沒幾天，蘇聯駐聯合國大使馬立克（Yakov Malik）就在安全理事會提議將中華民國趕出聯合國，認為應由中華人民共和國政府取得中華民國政府在聯合國大會與安理會的中國席次。一九五〇年一月，毛澤東宣布任命張聞天為中國駐聯合國首席代表。表面上，美國繼續承認中華民國，支持它在聯合國的代表權，但美國不肯在安全理事會行使否決權，以封殺中華人民共和國的代表權。當時，美國宣稱尊重安理會多數表決結果，一九五〇年夏天，中華民國在聯合國的代表權岌岌可危。

　　一九五〇年六月二十七日，美國總統杜魯門因韓戰爆發而命令美國第七艦隊將「臺灣海峽中立化」以阻止中華人民共和國武力奪取臺灣。同時，杜魯門還宣布「臺灣未來地位的決定必須等待太平洋安全的恢復，對日和約的簽訂或經由聯合國考慮。」[1] 杜魯門將「臺灣地位未定論」

韓戰被視為首次大規模使用直升機的戰爭（圖片來源：維基共享）

與「臺灣海峽中立化」聯結，為美方的行動提供法理根據。
蔣介石與其決策高層研討後，決定默認美國在法理上對臺
灣負有某種責任。外交部長葉公超於六月二十八日公開聲
明：「在對日和約未訂立前，美國政府對於臺灣之保衛，
自可與中國政府共同負擔其責任。」不過，葉堅持美國的
提議不影響中華民國對臺灣的主權。[2]

1　國史館，一個中國論述史料彙編，史料文件（一），16頁。
2　國史館，一個中國論述史料彙編，史料文件（一），22頁。

一九五〇年六月二十八日,針對杜魯門的宣布,中華人民共和國外長周恩來聲明:「美國的行動乃是對於中國領土的武裝侵略,對於《聯合國憲章》的徹底破壞。」[3] 七月六日,周恩來又聲明,安理會在蘇聯與中共代表缺席情況下通過的關於朝鮮問題的決議皆屬非法。美軍進入臺灣沿海的行為,是對中國領土的公開侵略行為,「臺灣是中國領土不可分割的一部分」。[4] 八月二十四日,周恩來向聯合國安理會提出「美國侵略臺灣」的控訴,控告美國干涉中國內政,侵犯中國主權,要求安理會「制裁美國政府武裝侵略中國領土的罪行,並應立即採取措施,使美國自臺灣及其他屬於中國的領土完全撤出它的武裝侵略部隊」。[5] 蘇聯大使馬立克於八月二十九日正式提請安理會將「關於臺灣遭受武裝侵犯的控訴」(簡稱「美國侵臺案」)列入議程。[6] 當時,馬立克輪值擔任安理會主席,中華人民共和國藉機提出「美國侵臺案」,希望透過聯合國的制裁,令美國再無干涉中國內戰的藉口,同時也宣傳自身,增加取得聯合國中國代表權的機會。[7]

3　國史館,一個中國論述史料彙編,史料文件(一),25頁。

4　國史館,一個中國論述史料彙編,史料文件(一),27頁。

5　國史館,一個中國論述史料彙編,史料文件(一),33頁。

6　1950年秋,安理會由十一個理事國組成:中華民國、法國、英國、美國、蘇聯五個常任理事國;古巴、厄瓜多爾、埃及、挪威、南斯拉夫、印度。其中,英蘇挪南印五國外交承認中華人民共和國。

7　蕭道中,〈聯合國中的交鋒:1950年中國控訴美國侵略臺灣案研究〉,《臺

韓戰爆發後，美國總統杜魯門宣告臺海中立化，派遣第七艦隊協防臺灣，阻嚇中國進犯臺灣的意圖。（圖片來源：國史館）

　　其實，中蘇的這一舉動正中美國下懷，當時美國正在考慮如何將臺灣問題國際化，使其單邊的「臺灣中立化」政策得到某種聯合國的認可；美國還認為，只要聯合國正在討論臺灣問題，中共就不太可能武力進攻臺灣。因此，美國將計就計，駐聯合國大使奧斯汀（Warren Austin）立即同意安理會將「美國侵臺案」列入議程，並公開聲明美國對臺灣並無領土或軍事野心，重申「臺灣地位未定」，歡迎聯合國考慮和充分調查臺灣的情況。

灣師大歷史學報》，第55期，頁139-184。

對此，葉公超曾指示駐聯合國大使蔣廷黻發言時強調中華民國政府為中國唯一合法政府，聯合國不應接受周恩來所提之抗議。如必要且經美方同意，蔣廷黻可聲明第七艦隊保衛臺灣係中美兩方同意之緊急措施。[8]在八月二十九日安理會上，蔣廷黻反對將「美國侵臺案」列入議程，因為這隱含承認中共政權代表全中國的意味，對臺灣問題的討論，更等同否決中華民國對臺灣的主權，這內外因素加總起來，都是對中華民國政府合法性的質疑。因此蔣廷黻聲稱中共政權僅是蘇聯的傀儡，不能代表中國人民，連向安理會提案的資格也沒有。他更強烈反對馬立克依循《聯合國憲章》條文邀請中共政權代表出席議事的建議，甚至揚言動用否決權，反駁邀請中共代表出席僅是程序問題，而非挑戰中國代表權的實質問題。對臺灣地位問題，蔣廷黻礙於美國壓力，僅能含糊的表示此時不適合討論這個法律問題，重申中華民國政府是中國的合法代表，對臺灣具合法權利。但是，多數國家支持「美國侵臺案」成案，蔣廷黻雖多次發言力阻但反對無效。[9]議程通過後，蘇聯立刻提議邀請中華人民共和國代表出席安理會參加本案的討論，但該提議表決未獲通過。[10]

8　〈外交部致蔣廷黻〉第283號電，1950.08.26，近史所藏《外交部檔案》，條法司〈對日宣戰布告〉，600/89019。

9　U.N. document S/PV.492

10　U.N. document S/PV.492.

八月三十日，蔣介石分析本案：「其議題為『美國對臺是否侵略』而非為臺灣地位問題，此於我國體雖無大傷，但俄、英皆以為臺灣問題由聯合國解決之張本，而美國艾其生（艾奇遜）亦將樂觀其成也。可痛，可憤，又增多一國恥矣。」[11] 九月一日，蔣介石自記：「對於聯合國內形勢之險惡，於我前途之黑暗，英國已揭破其面具。其目的：第一，臺灣地位必欲使之國際化。第二，必欲驅逐我於聯合國之外。此二者皆將使我政府徹底毀滅，不僅不許我存於國際之林，而印度尼赫魯挾中共為俄國脅誘美國，以玩弄杜（魯門）、艾（奇遜），而以中國為其犧牲，環境至此實非人力所能挽救。」[12] 可見，蔣介石當時反對臺灣問題國際化，他正確地判斷英國企圖犧牲中華民國來討好中共，但他沒有充分理解美國也希望將臺灣問題國際化，以避免美國與中共為臺灣開戰。而中共為了反美的政治宣傳和爭奪聯合國代表權，主動要求聯合國討論臺灣，弄巧成拙，反而推動了臺灣問題國際化。

八月末，在中華人民共和國提出關於美國侵略臺灣的申訴之後，美國國務院考慮建議安理會組成一個調查團，由當時全部十一個安理會理事國代表組成，在「維護國際和平與安全」的前提下調查臺灣局勢，並向安理會報告

11　國史館，蔣中正先生年譜長編，第九冊，543頁
12　國史館，蔣中正先生年譜長編，第九冊，546頁

調查結果。該委員會有權在其認為必要的地方進行調查，並與任何政府當局或其認為有利於執行其任務的人士進行磋商。八月二十九日，美國代表向蔣廷黻解釋，這麼做是為了避開有關中共代表出席安理會的問題。蔣表示，如果該委員會由全部十一個理事國組成，他會投反對票，但如果該委員會由六個非常任理事國組成，他會投棄權票。[13] 此後，葉公超在臺北兩度向美國駐臺代辦藍欽（Karl Rankin）表達反對組織調查團的意見。葉公超警告藍欽，安理會調查團如果由全部十一個代表組成，他擔心臺灣軍方可能會拒絕讓蘇俄或其他衛星國代表登陸臺灣。他說，大部分臺灣人民會將聯合國調查視為針對中華民國政府，而不是美國的侵略。[14] 駐美大使顧維鈞於八月三十一日先後拜訪美國國務卿艾奇遜與主管遠東事務助理國務卿魯斯克（Dean Rusk），遊說美國考慮中華民國的立場。[15]

　　九月二日，蔣介石召開外交問題會議，對聯合國可能派調查團來臺灣，主張使用否決權，言時悲憤激昂。[16] 九

13　FOREIGN RELATIONS OF THE UNITED STATES, 1950, EAST ASIA AND THE PACIFIC, VOLUME VI，The United States Representative at the United Nations（Austin）to the Secretary of State，New York, August 30, 1950。

14　FOREIGN RELATIONS OF THE UNITED STATES, 1950, EAST ASIA AND THE PACIFIC, VOLUME VI，The Chargé in China（Rankin）to the Secretary of State，Taipei , September 4, 1950。

15　〈外交部致蔣廷黻〉第301號電，1950.09.05，近史所檔案館藏《外交部檔案》，〈對日宣戰布告〉600/89019。

16　國史館，蔣中正先生年譜長編，第九冊，546頁

月四日，蔣又召集外交會談，葉公超報告與美國代辦談話經過，建議對聯合國調查臺灣之態度與對策。蔣自記：「公超等以為使用否決權，將得罪於美國，更為國際所不諒解為慮。此與俄國侵略他國者使用否決權，其意完全不同。我為自衛，如其不諒，自所不恤也，乃決令公超停止赴美出席聯大也。」[17] 他還在日記中痛罵葉：「可說無腦筋已極，此等人何能再任外長耶？痛憤之至！」[18] 九月五日，蔣介石讓總統府祕書長王世杰電告蔣廷黼，令他堅決反對調查團之議，必要時須行使否決權。[19] 但是，蔣廷黼和顧維鈞都不贊同對調查團之提議投否決票，擔心如此反招引中共列席安理會。他們建議，如美國力倡調查團，可考慮有條件地接受。[20] 蔣介石不以為然，認為：「美國如以我行使否決權，即准中共列席，則其志在引中共列席而驅逐我代表，是除非其此一政策已經決定，否則如其不願中共列席，則我行否決權，彼亦不允中共列席也。以中共能否列席聯合國機構，其權操諸美國也。」[21] 蔣介石當時對美

---

17 國史館，蔣中正先生年譜長編，第九冊，547頁

18 國史館，蔣中正先生年譜長編，第九冊，546頁

19 國史館，蔣中正先生年譜長編，第九冊，546頁。王世杰電蔣廷黼必須堅決反對遣派調查團之議及其原因，數位典藏號：002-090103-00001-250，蔣中正總統文物，1950/09/05。

20 〈蔣廷黼致外交部〉第332電，1950.09.06，近史所檔案館藏《外交部檔案》，〈對日宣戰布告〉600/89019。

21 國史館，蔣中正先生年譜長編，第九冊，547頁

國受英國壓力而會對中共和蘇俄妥協極其擔心,而他對美國不信任是很合理的。

八月三十一日,杜魯門在記者會上說:「如果韓國的事情得到解決,就不需要把第七艦隊留在臺灣海峽。」[22]九月一日,杜魯門又在廣播中表示,希望中國人民不會被誤導或被迫與聯合國或美國人作戰。他接著說,臺灣的未來應該由國際行動和平解決,而不是由美國或任何其他國家單獨決定。他說,美國自己並不想要臺灣,而第七艦隊的使命就是要把臺灣從韓國的衝突中隔離開來。[23]聽了這些言論,蔣介石擔心,美國為了避免與中共開戰,妥協求和,「將為害整個世界前途,無可估量」。[24]

九月九日晚上,蔣介石召集外交會談,再次商討對調查團之應對,決策高層都認為不可使用否決權得罪美國,決定與美商討妥協辦法,蔣雖勉從眾意,但於心不安,反覆考慮很久。當時蔣介石剛得知,美國國務院正計畫將臺灣問題提交聯合國大會處理。蔣逆向思考後自記:「如俄國視臺灣為其傀儡中共之物,則其不願發生國際關係,或對調查臺灣案亦投否決票之可能,果爾,則我不必使用否決權矣。」[25]至此,蔣才想通,原來美國若推動臺灣問題

---

22 *Public Papers of the Presidents of the United States: Harry S. Truman, 1950*, page 607

23 *P ublic Papers of the Presidents of the United States: Harry S. Truman, 1950*, page 609

24 國史館,蔣中正先生年譜長編,第九冊,545頁

25 國史館,蔣中正先生年譜長編,第九冊,549頁

國際化，則中共和蘇聯也會反對。九月十二日，蔣介石指示不否決安理會派調查團來臺，並決定葉公超仍將出席聯合國大會。[26]

經過長時間的思考，九月十六日，蔣介石在日記中反省說：「艾其生將欲以調查美國侵臺案為鍥機，使臺灣置於聯合國之保衛，一以免俄共藉口認為中國之領土而攻占臺灣，一以減輕其美國單獨之責任，以免除其侵臺之嫌。此一陰謀於我利害參半，不如逆來順受，先杜決俄共侵臺之野心，暫為中立化之形態（但我絕不正式公認），以穩定內部軍民之心理，使之安心，整補內部，求其安定進步，以至健全鞏固，而後再待機而動，一舉恢復大陸。只要臺灣事實上統治權並不動搖，則我反攻大陸之準備未完成以前，率性讓其中立化，且使其性質（國際）更為複雜，以對付俄共與英印，未始非一中策也，此時應以沉機觀變處之。」[27] 這一段日記非常重要，蔣介石不愧是一個現實主義的領導人，他終於認清了形勢，兩害相權取其輕，接受美國讓臺灣中立化和國際化為中策，以杜決中共侵臺之野心。

與此同時，美國國務院已將注意力轉為在聯合國大會提議「臺灣問題案」及相關委員會，不再推動安理會組成

26　國史館，蔣中正先生年譜長編，第九冊，550頁
27　國史館，蔣中正先生年譜長編，第九冊，554頁

美國駐華大使藍欽在餞別宴上致詞。（圖片來源：國史館）

調查團來臺灣了。九月十九日，魯斯克在華府召見顧維
鈞，告訴他美國將向聯合國大會提案討論臺灣問題的長程
解決方案，美國需要國際支持其目前的臺灣中立化立場以
求得臺灣問題和平解決。魯斯克認為，這個問題只能通過
聯合國大會。在安理會，美案面臨著蘇聯否決權的威脅。
在聯合國大會可能會設立一個研究這個問題的委員會，目
的是拖延決定，維持臺海目前的狀態。[28] 同時，藍欽在臺

---

28 FOREIGN RELATIONS OF THE UNITED STATES, 1950, EAST ASIA AND
THE PACIFIC, VOLUME VI，Memorandum of Conversation, by the Director
of the Office of Chinese Affairs，Washington , September 19, 1950. 王世

北拜會葉公超，轉達美方預備向聯合國大會提議「臺灣問題案」。藍欽還說由安理會成立調查團的可能微乎其微，葉公超認為美方這項說法似乎在暗示蘇聯將否決調查團。[29] 這點與蔣介石幾天前的判斷相同。

一九五〇年九月二十三日，美國向聯合國大會提出「臺灣問題備忘錄」表示：「美國有關臺灣的諸種措施，不能左右臺灣的長期政治地位，美國無領土野心，亦不擬對臺灣謀取特殊地位或權利。美國且相信臺灣的未來以及安居該島的八百萬居民，應遵照聯合國憲章獲得和平解決辦法。北平政權對美國所控訴的有限度問題現仍待安理會解決，美國認為聯合國大會如以草擬適當建設為著眼點來研究臺灣的一般情勢，則必能對在太平洋地區推行聯合國的宗旨和原則，有莫大的貢獻。」[30] 美國國務院此時正式向聯合國大會提議「臺灣問題案」及相關委員會了。

一九五〇年九月二十九日，安理會討論邀請中華人民共和國政府代表於十一月十五日後，在討論「美國侵臺案」時列席會議，以幫助安理會調查和審議。表決九票贊

杰呈蔣中正抄顧維鈞致外交部電云勿行使否決權反對印尼申請入聯合國請我勿行使否決權及入聯合國及美國擬將臺灣問題提議加入聯合國大會議002-080106-00001-011，蔣中正總統文物，1950/09/23。

29 "Record of a Conversation between George Yeh and Mr. Rankin American Charge at 4:30 pm on September 20, 1950"，近史所檔案館藏《外交部檔案》，〈臺灣法律地位案〉602.1/89024。

30 國史館，一個中國論述史料彙編，史料文件（一），27頁。

成、三票反對（中華民國、古巴和美國反對）、一票棄權時，蔣廷黻高呼自身的反對票等同行使否決權，並爭論該案屬實質問題，結果引發論戰。安理會當月的輪值主席、英國代表賈柏（Gladwyn Jebb）斥責常任理事國，若任意施行否決權會妨礙聯合國運作。蔣廷黻出於無奈只能讓步，改提議將爭端交付國際法庭裁決，希望能拖就拖，但賈柏再以送交國際法院費時為由，直接宣布緩議。蔣廷黻憤而抗議，賈柏便又讓安理會表決一次，結果安理會又以九比一（中華民國）否決了蔣的提案，堅持邀請中共列席辯論是程序問題，中華民國代表不能否決。[31]九月三十日，蔣介石痛憤安理會通過中共列席辯論，自記：「此乃必然之事，無足為異。但共匪將乘機施技插足國際社會之開端，使我軍民心理受了打擊，自然是俄共初步之勝利，而為奪取我代表權之張本，將使我國際地位動搖。」[32]蔣又罵美國與英國「妄想其為狄托（Josip Broz Tito，南斯拉夫總統）以出賣中國」，促成中共列席。[33]

在安理會決議邀請中華人民共和國代表後不久，中國派出以外交部蘇聯東歐司司長伍修權為首的九人代表團飛抵紐約。可是，朝鮮戰場的局勢此時出現了巨大的轉變。中國人民志願軍於十月末大舉進入朝鮮半島與聯合國軍

31　U.N. document S/PV. 507

32　國史館，蔣中正先生年譜長編，第九冊，556頁.

33　國史館，蔣中正先生年譜長編，第九冊，556頁.

作戰，中共的軍事行動使它與聯合國的對立更形尖銳。雖然安理會於十一月二十八日起連續三天討論「美國侵臺案」，但該討論本身已淪為中美間口水戰，沒有實質意義。

　　一九五〇年十一月二十八日上午，美國大使奧斯汀長篇發言，指責中共侵略韓國，概述了美國在朝鮮和臺灣的政策，回顧了中美關係的歷史。下午，中華人民共和國代表伍修權做長時間發言，他痛批美國對臺灣與朝鮮的侵略、聯合國對「新中國」的排擠。他聲稱「臺灣根本不存在什麼地位問題」，並要求譴責和撤出美國在朝鮮與臺灣的軍隊，讓朝鮮問題由南北韓人民自行解決。伍修權還提交了「中華人民共和國控訴美國侵略臺灣」決議草案。而蔣廷黻在這三天討論中發言不多，主要強調美國協防臺灣，曾獲中華民國同意，並非侵略行為，而中共政權為蘇聯傀儡，不能代表中國。[34] 一九五〇年十一月三十日，安全理事會經過討論後表決，以九比一（蘇聯），否決了「美國侵臺案」。[35] 除印度棄權外，另外三個已承認中華人民共和國的英國、挪威、南斯拉夫也投了反對票。

　　在此之前，十一月十五日下午，在聯合國大會第一委員會上，美國代表杜勒斯（John Foster Dulles）要求展延「臺灣問題案」至議程最後項目；他表示自九月以來國際

34　U.N. document S/PV.527.

35　U.N. document S/PV.530.

情勢已有很大改變，中共出兵朝鮮、進軍西藏與支援越共的行為顯示東亞已成為侵略戰爭的戰場，此時討論臺灣未來地位是不切實際的行為。[36]該請求以五十三票對零票、五票棄權獲得聯合國大會通過。

韓戰爆發後，美國起初的政策只是保護臺灣不落入中共之手，並不特意支持中華民國政府。但志願軍入朝卻使蔣介石立即在政治上得到益處，難怪他在十月三十日自記：「本月國際對我情勢最為險惡。聯合國代表權自安理會七票贊成中共列席作証以後，我政府代表幾乎等於取消。⋯直至月末，共匪參加韓戰之陰謀漸露，加之其對越，對藏皆發動攻勢，周圍樹敵，陷於自殺之境，此實多行不義必自斃之明證，若非上帝祐華滅共，豈人力所能旋轉此危局乎。」[37]可是，中華民國政府未能阻止「美國侵臺案」的成立和中共政權代表出席安理會，讓聯合國變相承認中華人民共和國政府的存在，削弱中華民國政府在聯合國的代表性。不過，一九五〇年十二月三十一日，蔣介石年末自省：「最應感謝上帝者：（一）使我臺灣豐收無缺，免除經濟之崩潰。（二）使共匪參加韓戰，自投羅網。（三）使美國仗義抗共，不放棄遠東，以轉移整個局勢也。」[38]

36　聯合國大會第五屆會議正式紀錄，第一委員會，各次會議簡要紀錄，1950.11.14-1951.05.17。

37　國史館，蔣中正先生年譜長編，第九冊，571頁.

38　國史館，蔣中正先生年譜長編，第九冊，610頁.

其實，蔣介石最應感謝的是毛澤東，其愚蠢的抗美援朝，親蘇「一邊倒」的外交路線救了蔣介石和中華民國臺灣的命。韓戰就中華人民共和國而言，毛澤東藉由展現力抗美國的意志，替中國在共產主義運動中贏得領導地位，他也成功地運用這場戰爭從蘇聯贏得援助，建立了海軍和空軍，但卻錯失了垮越臺灣海峽的機會。蔣介石意外地被韓戰救了，韓戰提供中華民國在臺灣立足機會，整個一九五〇和六〇年代，在美國第七艦隊的保護下，國民黨增強對臺灣的控制，同時取得美國的軍事援助，重整軍力。毛澤東的錯誤外交路線導致了「兩個中國」的長期共存。

七、聯合國為什麼
不討論「臺灣問題」?

　　一九五〇年六月二十七日,韓戰爆發後,美國總統杜魯門下令第七艦隊將「臺灣海峽中立化」,並提出「臺灣未來地位的決定必須等待太平洋安全的恢復,對日和約的簽訂或經由聯合國考慮」。[1]但是,七十年過去了,對日和約沒能明確解決臺灣歸屬,聯合國也從未正式討論、考慮或決定過臺灣地位問題,這是為什麼呢?[2]

　　一九五〇年七月十九日,杜魯門向國會解釋說,目前的軍事中立化不妨礙影響臺灣的政治問題。他希望所有這些問題都可以按照《聯合國憲章》所設想的和平方式解決。[3]九月一日,杜魯門又表示,臺灣的未來應該由國際行動和平解決,而不是由美國或任何其他國家單獨決定。[4]一九五〇年秋天,根據杜魯門的聲明,在與英國密切協商

1　國史館,一個中國論述史料彙編,史料文件(一),16頁。
2　1971年的聯大2758號決議也未涉及臺灣的國際法地位問題。
3　*Public Papers of the Presidents of the United States: Harry S. Truman, 1950*, page 527.
4　*Public Papers of the Presidents of the United States: Harry S. Truman, 1950*, page 609

後，美國國務院起草了「臺灣問題」決議草案，提及《開羅宣言》將臺澎交還中華民國的意圖，指出臺海兩岸政權皆主張臺灣主權，臺海危機可能增加國際緊張情勢，危及區域和平與臺灣人民利益。草案建議聯合國大會成立委員會，在考慮前述問題和諮詢有關各方後，向大會提出一份臺澎未來處置的報告。[5] 但是，美國最後沒有提交聯合國大會討論和表決該草案。[6]

當時，英國正式承認中華人民共和國不久，但兩國建交談判毫無進展。有些英國官員很擔心杜魯門的臺灣政策會導致美中為臺灣開戰，因此為討好中共，英國外交部主張依照《開羅宣言》將臺灣歸還中國。一九五〇年七月二十八日，針對英國的批評，美國國務卿艾奇遜表明，由於世局已經發生許多變化，實非開羅會議時所能預見，使得美國不能以《開羅宣言》作為臺灣地位的定論。艾奇遜指出：第一、蘇聯對《開羅宣言》及《波茨坦宣言》的有關承諾，如朝鮮獨立，及支持國民黨政府等，皆已棄置不顧；第二、在日本投降後接下管理臺灣之責任的國民政府，不夠稱職；第三、把臺灣交給《開羅宣言》時期的中華民

5　FOREIGN RELATIONS OF THE UNITED STATES, 1950, EAST ASIA AND THE PACIFIC, VOLUME VI，The Secretary of State to the Secretary of Defense (Marshall)，Washington, November 11, 1950.

6　蕭道中:美國與臺灣地位問題的起源：1950年聯合國《臺灣問題案》研究。「中外關係與近現代中國的形塑」學術研討會，臺北：國立政治大學人文中心，2017年1月20日。

國是一回事，把它交給支持莫斯科以及與自由國家為敵的北京政權是另一回事；第四、因為中國政局劇烈改變，滿懷敵意的專制政權在北京建立，難道民主國家不能質問：「為什麼不與臺灣人民協商，或不採用適用於殖民地人民的《聯合國憲章》原則，便把臺灣交給這樣的專制政權？」[7] 不過，面對中華人民共和國威脅解放臺灣，國務院同意與英國外交部討論臺灣問題。八月末，雙方官員達成了一些共識，並決定由美、英、法三國外長會議討論聯合國行動的目標與步驟。

九月十四日，美、英、法三國外長會議決定向聯合國大會提案臺灣問題：一、應根據「聯合國憲章」盡快在聯合國大會上提出臺灣問題。二、然後，聯合國大會應任命一個專門委員會研究該問題，並向下屆大會提出建議。三、大會應呼籲所有各方在該委員會研究時不要採取任何敵對行動。[8]

九月初，蔣介石經過長時間思考後，理解到美國希

7　FOREIGN RELATIONS OF THE UNITED STATES, 1950, EAST ASIA AND THE PACIFIC, VOLUME VI,The Secretary of State to the Embassy in the United Kingdom,Washington , July 28, 1950.

8　FOREIGN RELATIONS OF THE UNITED STATES, 1950, EAST ASIA AND THE PACIFIC, VOLUME VI，United States Delegation Minutes of the Fourth Meeting of the Foreign Ministers of France, the United Kingdom, and the United States，New York , September 14, 1950。

望將臺灣問題國際化，以避免與中共為臺灣開戰。[9]九月十六日，蔣介石寫道：「艾奇遜使臺灣置於聯合國之保衛，一以免俄共藉口認為中國之領土而攻占臺灣，一以減輕其美國單獨之責任，以免除其侵臺之嫌。此一陰謀於我利害參半，不如逆來順受，先杜決俄共侵臺之野心，暫為中立化之形態（但我決不正式公認），以穩定內部軍民之心理，使之安心，整補內部，求其安定進步，以至健全鞏固，而後再待機而動，一舉恢復大陸。只要臺灣事實上統治權並不動搖，則我反攻大陸之準備未完成以前，率性讓其中立化，且使其性質（國際）更為複雜，以對付俄共與英印，未始非一中策也，此時應以沉機觀變處之。」[10]這段日記非常重要，它顯示蔣介石終於認清形勢，兩害相權取其輕，接受臺灣問題國際化的中策，以杜決中共侵臺之野心。

九月十九日，美國向聯合國大會提案前一天，助理國務卿魯斯克才在華府召見駐美大使顧維鈞，告訴他美國將向聯合國大會提「臺灣問題案」，美國需要國際支持其目前的臺灣中立化立場以求得臺灣問題和平解決。魯斯克認為，這個問題只能通過聯合國大會。在安理會，美案面臨著蘇聯否決權的威脅。聯合國大會會設立一個研究委員

9　國史館，蔣中正先生年譜長編，第九冊，546頁
10　國史館，蔣中正先生年譜長編，第九冊，554頁

會，並派調查團赴臺調查，於明年報告大會。顧維鈞答：
「我對派調查團原則上礙難同意。臺灣問題不應由聯合國
討論，且調查團人選亦無把握。」魯斯克表示：「美並不
願臺灣之重要而複雜問題目前非即解決不可。」顧維鈞問：
「然則美之真意在爭取時間，以待國際情況之變遷？」魯
斯克答：「然」。[11]

　　九月二十日，美國在聯合國提議將「臺灣問題」列入
大會議程。艾奇遜詳述提案原因：「臺灣正式移轉給中國
尚須等待對日和約之締結，或其他適當的正式動作…美國
還認為，臺灣及其將近八百萬居民的未來，應該依《聯合
國憲章》之規定，和平解決。」[12]艾奇遜還委託國務院顧
問杜勒斯主導聯合國大會對美國提案的討論。中華民國代
表蔣廷黻指美方提案侵害中華民國領土主權、違反盟國戰
時協議，因此反對列入議程。蘇聯代表馬立克則指美國的
意圖是將臺灣變為美軍的戰略基地。[13]儘管中華民國和蘇
聯反對，「臺灣問題」仍被列入大會議程，並被提交給第
一委員會。國務院不與中華民國政府事先充分溝通，導致
中華民國和蘇聯在聯合國共同反對美國提案這種罕見現

11　王世杰呈蔣中正抄顧維鈞致外交部電云勿行使否決權反對印尼申請入聯合國
　　及美國擬將臺灣問題提議加入聯合國大會，002-080106-00001-011，蔣中正
　　總統文物，1950/09/23。

12　Department of State *Bulletin*, October 2, 1950, p. 523.

13　聯合國大會第五屆會正式紀錄，總務委員會，一九五〇年各次會議簡要紀錄，
　　1950.09.21-12.05

一九五四年九月，蔣介石接見時任美國國務卿的杜勒斯。杜勒斯是強硬的反共主義者，冷戰期間堅決對抗蘇聯。（圖片來源：國史館）

像。

　　一九五〇年九月二十三日，美國向聯合國大會提出「臺灣問題備忘錄」表示：「美國有關臺灣的諸種措施，不能左右臺灣的長期政治地位，美國無領土野心，亦不擬對臺灣謀取特殊地位或權利。美國且相信臺灣的未來以及安居該島的八百萬居民，應遵照《聯合國憲章》獲得和平解決辦法。北京政權對美國所控訴的有限度問題現仍待安理會解決，美國認為聯合國大會如以草擬適當建設為著眼點來研究臺灣的一般情勢，則必能對在太平洋地區推行聯

合國的宗旨和原則，有莫大的貢獻。」[14] 美國國務院此時正式向聯合國大會提議「臺灣問題案」及相關委員會了。

　　九月二十九日，安理會通過中共列席辯論「美國侵臺案」，而對於安理會討論中國代表權，美國又表明不行使否決權。十月七日，「臺灣問題案」正式列入聯大議事日程。對這些情況，蔣介石認定：「美艾遵奉英國意旨，實現其毀蔣賣華做最後之一擊。國際之道義掃地，美艾之拙劣如此，不能不令人刺激痛憤，是其明知其徒為侮辱中國，而無補於美國之利益也。惟俄國亦投票反對此案，更足証明美之為私耳。但此並不能動搖吾國在臺灣統治之地位，即使聯大通過其案，我不執行，做最後之準備可也。惟天祐之，何憂何懼。」[15] 這時期，蔣介石反復思考國際危機，他認為英美為了阻止解放軍進入朝鮮，企圖通過犧牲中華民國政府來與中共妥協。在這種情況下，他決定「甲，如何確保臺灣復興基地，使之鞏固不搖。乙，如何使中共不能參加聯合國，以保持我政府代表權，不退出聯合國。丙，如甲，乙二者不能兼顧，則以確保臺灣基地為第一。與其為保持聯合國會員名議，而使臺灣被攻，不能安定，則寧放棄會員之虛名，暫時退出國際社會，雖在國際上失去地位而力求自立自主，確保臺灣主權，實為利多

14　國史館，一個中國論述史料彙編，史料文件（一），27頁。
15　國史館，蔣中正先生年譜長編，第九冊，560頁。

而害少。而且乙者，其權全操之於英法，非我所能主動，而甲者則我尚有主動領地，此為永久根本計，比較在不得已時，未始非計之得者也。」[16]這段話，其實點出此後幾十年中華民國外交政策的核心，即如果在聯合國代表中國與確保臺灣不能兼顧時，應該棄中國之名而保臺灣之實，自立自主。

一九五〇年十月十四日，艾奇遜提出美方的聯合國大會決議草案，在考慮「兩個中國」各自對臺灣主權主張的同時，也考慮「臺灣人民利益」與「維持太平洋區域和平」。艾奇遜同時提出，未來的研究委員會成員最好能涵蓋承認不同中國政府的國家，美國也要參加該委員會，在事態複雜的情況下，委員會報告最快大概也要到一九五一年的第六屆大會才能處理。[17]十月十七日，周恩來致電聯合國大會主席，抗議聯合國大會將「臺灣問題案」列入議程。周恩來說：「關於臺灣，今天存在的只有美國侵略中國領土臺灣的事實，並不存在關於臺灣的地位或前途的所謂『福爾摩沙問題』。」[18]中華人民共和國堅決反對聯合國討論「臺灣問題」。

16　國史館，蔣中正先生年譜長編，第九冊，563頁。

17　FOREIGN RELATIONS OF THE UNITED STATES, 1950, EAST ASIA AND THE PACIFIC, VOLUME VI，The Secretary of State to the United States Mission at the United Nations，Washington , October 14, 1950。

18　國史館，一個中國論述史料彙編，史料文件（一），42頁。

十月二十日，杜勒斯會晤顧維鈞，討論對日和約草案。在雙方就領土問題交換意見時，顧維鈞問：「所謂臺灣問題，美已提交聯合國大會討論，究竟美方用意及希望如何？」杜勒斯答：「須待余下星期一與艾卿商談後方能作答。但美之用意，欲將臺灣地位暫付凍結，因美雖切望世界大戰不再爆發，但並無把握；深不願臺灣落入仇視美國者之手，尤不願為蘇俄利用。美國人力不足，對太平洋防衛，只能利用海軍、空軍樹立強固防線。倘一朝有事，美能控制亞洲沿海大陸，而臺灣島正在此防線之內。凍結臺灣島地位，即是維持中國國民政府地位。故深盼貴國代表不在聯合國會議席上積極反對美國對臺立場。如貴國政府為表明貴國立場，而聲明臺灣為貴國領土，美可了解。但如貴國在會議席上堅決反對美國對臺立場，力與爭辯，未免增加美國困難，使美不能貫徹保持臺灣、維持貴國政府國際地位之宗旨。蓋如美亦認臺灣已純為中國領土，不特貴國政府代表權問題即須解決，而美之派遣第七艦隊保臺，及自取領導地位，出為主持此案，亦將失卻根據。」[19]為確保美國協防臺灣有法理根據，他勸中華民國政府與美合作，不要在聯合國大會搗亂。杜勒斯的這番談話很重要，他實際上向顧維鈞披露了美國運作臺灣問題國際化的

19　國史館，顧維鈞電蔣中正與杜勒斯商談對日和約事，數位典藏號：002-020400-00053-020，蔣中正總統文物，1950/10/21。

思考邏輯，明確指出美國這麼做的目的，與中華民國政府的利益其實是一致的。

十月二十七日，杜勒斯又找蔣廷黻詳談「臺灣問題」決議草案，但還是無法說服蔣廷黻不公開反對。蔣廷黻認為，美國的方案對於中華民國國際地位，尤其是聯合國席位；以及國府光復大陸的希望，殊為不利。中華民國政府因此會成為沒有領土的「流亡政府」。杜勒斯對蔣的擔心深表了解，但表示不能變更美國的決定。[20]

同一天，顧維鈞致電總統府祕書長王世杰解釋：「美向聯合國提出臺灣問題，意欲保障臺灣安全不使仇者取得，尤不願為蘇聯利用危及美國在太平洋之防線。故採臺灣中立化政策，先令第七艦隊執行。繼因英國聲明不能贊助，印度傳達中共堅決反對之意，中共地大物博，萬一實施攻臺，不特遠東戰爭擴大，美單獨抵抗，犧牲必巨，勝券難操，不如以和平解決為口號，將此問題付諸聯大共同討論。既以表示美國對臺毫無野心，緩和中共，且期將保臺責任，由聯合國分擔。賴此一舉，解除目前軍略與外交上兩重困難。此舉原為美國本身利害計，並非有所愛好欲示我者。」顧維鈞指出：「美維持臺灣現狀政策，影響所及，不得不維持我政府之國際地位，以免其他種種糾紛。

20　王世杰呈蔣中正蔣廷黻與美國國務院杜勒斯顧問會談記錄關於美國政府對臺灣問題之最近決定，002-080106-00018-004，蔣中正總統文物，1950/11/15。

即杜顧問所謂凍結臺灣，即是維持中華民國政府地位云云。然美欲達此目的須有根據。故特別注重臺灣島雖經開羅會議決定、波茨坦追認、日本放棄，然尚未完全成為中華民國領土，仍須由和約正式規定。美惟採此立場，方能貫徹其保臺宗旨，而維持我政府地位。否則中共所堅持臺灣為中國領土，而視美對臺措施為干涉內政，按之《聯合國憲章》第二款規定，美亦將難辯護。職此之故，杜顧問深望我不堅決反對美之立場，以致損害美我兩方共同利益。」[21] 顧維鈞畢竟老道，他對美國將臺灣問題國際化的目的透徹理解，也看出了這樣做對蔣介石政權的好處。

經過杜勒斯與顧維鈞解釋，蔣介石才承認美國「用意並不太惡」，但仍然認為此舉「侮辱我政府，動搖我國際地位，是不能為其恕也。」[22] 十月三十一日，行政院長陳誠召集決策高層討論，主張接受杜勒斯對日和約草案所提由中、美、英、蘇四強協商臺灣歸屬，而「臺灣既由四強協商解決，非至無望時，聯大不應就此問題之實質部分從事審議，尤不應為此組派調查團」。[23] 可見，當時中華民國政府對聯合國來調查臺灣民意非常擔心與反對。

---

21 顧維鈞電王世杰陳析美國在聯合國提臺灣問題意在保台，002-090103-00001-252，蔣中正總統文物，1950/10/26。

22 國史館，蔣中正先生年譜長編，第九冊，563頁。

23 外交部呈蔣中正行院長陳誠在官邸召集會議討論對日合約問題及聯合國有關臺灣各案會議記錄，002-080106-00018-003，蔣中正總統文物，1950/11/02。

可是，聯合國來調查臺灣民意正是美國草案的重點。十月二十三日，艾奇遜與杜勒斯會商「臺灣問題案」的策略。杜勒斯提出，聯合國應考慮以下四個問題：一、調查臺灣人民的意願，了解他們現在對中國統治的看法，表達是否願意成為中國治下人民的意願。二、如果臺灣在政治上要成為中國的一部分，是否能夠將建立自治政府的條款納入政治協議中。三、臺、日間因為歷史因素在經濟上相互依賴，雙方經貿關係應有保障。四、鑒於臺灣對西太平洋安全穩定的重要性，聯合國可以考慮臺灣以某種方式永久中立化，聯合國可考慮派遣和平觀察團赴臺，協助維持現狀，防範可能破壞和平的軍事衝突。艾奇遜同意這些建議，他委托杜勒斯盡快向聯合國大會介紹決議草案。[24]

不久，朝鮮戰場的局勢出現了巨大的轉變。中國人民志願軍於十月末大舉進入朝鮮半島與聯合國軍隊作戰，中華人民共和國的軍事行動使它與聯合國的對立更形尖銳，但卻降低了臺海開戰的風險。於是，美國內部出現不急於處理臺灣問題，以拖待變、等待有利時機的呼聲。十一月十一日，艾奇遜向新任國防部長馬歇爾通報「臺灣問題案」，他表示，美國的目標是在臺灣問題得到和平處置前，

---

24 FOREIGN RELATIONS OF THE UNITED STATES, 1950, EAST ASIA AND THE PACIFIC, VOLUME VI，Memorandum of Conversation, by Mr. John M. Allison, Adviser to the United States Delegation to the United Nations General Assembly，New York , October 23, 1950.

確保臺海中立化。[25] 但國防部和參謀長聯席會議反對決議草案，認為中共如依決議得到國軍不攻擊大陸的保證，則可以移調其防範臺灣的兵力用於朝鮮半島，對聯合國軍隊不利。[26]

更為嚴重的是，在聯合國大會開議前夕，美國駐聯合國代表團內部於十一月十四、十五兩日連續開會商議「臺灣問題案」，對這份已得到英國同意的草案，代表團成員幾乎一致反對，認為過於傾向英國的意見，美國輿論不會接受將臺灣交給中共。代表團中許多代表是參議員，也抱括前總統羅斯福的夫人，他們的意見也代表了國會的主流意見。會後，團長奧斯丁建議將草案送回國務院，請其調整內容。杜勒斯緊急致電艾奇遜，報告兩次代表團會議的情況，指出：一、內政方面：在國會與政府間存在許多不同意見。二、軍事方面：在中國軍隊入朝作戰的情況下，美國需要第七艦隊繼續保衛朝鮮的側翼，可是目前的草案有可能對此帶來不利影響。三、外交方面：由於美國與盟友對臺灣未來地位的看法分歧，在聯合國的討論可能只會使歧見檯面化。杜勒斯建議將本案延後處置再做考慮，這

25 FOREIGN RELATIONS OF THE UNITED STATES, 1950, EAST ASIA AND THE PACIFIC, VOLUME VI，The Secretary of State to the Secretary of Defense (Marshall)，Washington, November 11, 1950.

26 FOREIGN RELATIONS OF THE UNITED STATES, 1950, EAST ASIA AND THE PACIFIC, VOLUME VI，The Secretary of Defense (Marshall) to the Secretary of State，Washington, 15 November 1950.

項建議立即獲得艾奇遜同意。[27] 十一月十五日下午三時，在聯合國大會第一委員會上，杜勒斯要求展延本案至議程最後項目；他表示自九月以來國際情勢已有很大改變，中共出兵朝鮮、進軍西藏與支援越共的行為顯示東亞已成為侵略戰爭的戰場，此時討論臺灣未來地位是不切實際的行為。[28] 該請求以五十三票對零票、五票棄權獲得通過。十一月十六日，蔣記曰：「美代表在聯大提出臺灣法律地位問題延期討論，又提先討論中國控俄侵華案，此二提議皆順利通過，此乃美國對我政策與態度之一轉折點也。」[29] 蔣介石在此提及的「控蘇案」於一九四九年九月二十二日，由中華民國向聯合國大會提出，全名《控告蘇聯違反中蘇條約與聯合國憲章，威脅中國政治獨立與領土完整及遠東和平案》。九月二十九日，聯合國大會以四十六票對五票批准程序委員會把蔣廷黻提出之控訴蘇聯案列入本屆大會議程建議。一九五〇年十二月，聯合國大會通過三八三號決議，決定繼續調查蘇聯違約狀況。

十二月八日，杜魯門與英國首相艾德禮（Clement Attlee）在華盛頓舉行會談，發表聯合聲明提到：「關於

---

27 FOREIGN RELATIONS OF THE UNITED STATES, 1950, EAST ASIA AND THE PACIFIC, VOLUME VI，The United States Representative at the United Nations (Austin) to the Secretary of State，New York, November 15, 1950。

28 聯合國大會第五屆會議正式紀錄，第一委員會，各次會議簡要紀錄，1950.11.14-1951.05.17。

29 國史館，蔣中正先生年譜長編，第九冊，581頁。

臺灣問題，我們已注意到兩個中國都主張《開羅宣言》具有效力且表示不願意讓聯合國關注此事。我們一致認為此問題應該以和平的方式解決，才能保障臺灣人民的權益及維持太平洋地區的安全與和平，聯合國的關注將有助於達成這個目標。」[30] 十二月十九日，顧維鈞與杜勒斯就對日和約問題會晤時表示：「關於臺灣等領土問題，我認為只須日本依照《波茨坦宣言》投降條件，聲明放棄對該項領土等一切主權，由協約國自行處理，毋須日本各別追認撥歸何國。」杜勒斯回答：「此亦是美之主張，但臺灣問題或仍須先由聯合國討論，且杜魯門、艾德禮會議之公告，亦曾提及此點。否則美之派艦保臺之舉，似無根據。同時為應付聯合國內主張臺灣應歸中共之若干會員國起見，亦不得不將該問題留在聯合國議程上。」[31] 不過，國務院已於十二月五日指示聯合國大會代表團，第一委員會如討論「臺灣問題案」，美方應建議延至下屆大會討論。[32] 一九五一年二月，「臺灣問題案」又進入第一委員會議程，英國代表以遠東局勢動盪未定為由，建議展延討論。這一

30　Department of State *Bulletin*, December 18, 1950, page 960

31　國史館，葉公超呈蔣中正對日和約顧維鈞答覆美國節略稿副本，數位典藏號：002-020400-00053-023，蔣中正總統文物，1951/01/24

32　FOREIGN RELATIONS OF THE UNITED STATES, 1950, EAST ASIA AND THE PACIFIC, VOLUME VI，The Secretary of State to the United States Mission at the United Nations，Washington, December 5, 1950。

一九五五年三月，蔣介石會見美國國務卿杜勒斯。（圖片來源：國史館）

建議經表決通過，委員會不設期限的展延本案。[33] 當時美、英都沒有預期到，這次展延竟達七十年，導致聯合國至今從未正式討論過臺灣問題。

　　一九五〇年秋天，美國國務院操作聯合國大會「臺灣問題案」有四大目標。首先，它希望說服聯合國支持美國單邊的「臺灣中立化」政策。其次，因為與盟國意見分歧，它希望避免在這個時候對臺灣問題的最終解決方案採取公

---

33 聯合國大會第五屆會正式紀錄，第一委員會，各次會議簡要紀錄，1950.11.14-1951.05.17。

開態度。第三，它希望建立一個更深入的研究臺灣問題的機制，並就解決方案交換意見。第四，它希望確保問題的最終解決應該是和平的。[34] 但是，國務院化了大量精力與英國外交部協調，卻沒有對內贏得軍方和國會的充分支持，它也基本上忽視中華民國政府的意見，這造成「臺灣問題案」出師不利；而中共出兵朝鮮，降低了美國處理臺灣問題的急迫性，也迫使美國放棄推動臺灣人民自決或託管，從而損害中華民國國際地位，所以「臺灣問題案」最後不了了之。不過，對美國國務院來說，只要該案繫於聯合國，臺灣問題隨時有國際化的可能。

34　FOREIGN RELATIONS OF THE UNITED STATES, 1950, EAST ASIA AND THE PACIFIC, VOLUME VI，Minutes of the 39th Meeting of the United States Delegation to the United Nations General Assembly，New York, November 14, 1950。

八、蔣介石為什麼接受 「臺灣地位未定」？

　　《舊金山和約》是第二次世界大戰的大部分同盟國成員與日本簽訂的和平條約，和約的起草人為日後擔任美國國務卿的杜勒斯。《舊金山和約》於一九五一年九月八日在美國舊金山的戰爭紀念歌劇院簽訂，美國代表艾奇遜以國務卿身分簽署條約。一九五二年四月二十八日正式生效，共有四十六個國家簽署並批准了《舊金山和約》。《舊金山和約》的目的是解決日本戰敗投降後的政治地位、以及釐清戰爭責任所衍生的國際法律問題。和約第二條聲明日本承認朝鮮獨立，放棄臺灣、澎湖、千島群島、庫頁島南部、南沙群島、西沙群島等地之主權。和約第三條中，日本同意美國對於琉球群島等島嶼交付聯合國託管。這些規定造成後來南千島群島、以及臺灣法律歸屬的主權爭議。由於中華人民共和國與中華民國爭奪代表權，導致雙方都沒有被邀請簽署《舊金山和約》，因此該和約特別針對中國的相關權益與受益權以條文明訂之。對此，中華民國政府在《中日和約》中承認《舊金山和約》有關中國的

相關權益；中華人民共和國政府則是全面否定《舊金山和約》，也包括《舊金山和約》架構下所規範衍生的《中日和約》。

《舊金山和約》第二條規定：「日本國放棄對於臺灣及澎湖群島以及南沙群島及西沙群島之一切權利、權利名義與要求。」一九五二年四月二十八日簽署的《中華民國與日本國間和平條約》第二條規定：「茲承認依照公曆一千九百五十一年九月八日在美利堅合眾國金山市簽訂之對日和平條約第二條，日本國業已放棄對於臺灣及澎湖群島以及南沙群島及西沙群島之一切權利、權利名義與要求。」[1]《舊金山和約》和《中日和約》沒有明確規定日本歸還臺澎給中華民國，與《開羅宣言》對臺澎歸屬措詞明顯不同，造成後來臺澎地位未定的爭議。

其實，《舊金山和約》主要發起國之一的英國對於臺灣歸屬立場搖擺。一九五〇年一月六日，英國外交承認中華人民共和國政府，同時撤銷對中華民國政府的承認。但是，同年二月十五日，英國外長貝文（Ernest Bevin）強調：「一九四三年，臺灣是日本帝國的一部分領土；英王政府認為臺灣法理上仍是該領土的一部分。……目前，島上實際行政由吳國楨負責，就英國政府了解，他並未否認

1　國史館，一個中國論述史料彙編，史料文件（一），53頁。

國民政府的統治權威。」[2] 這項聲明發表在英國承認中華人民共和國政府之後。一九五〇年六月二十六日,韓戰爆發後,英國副外長楊格(Kenneth Younger)告訴英國議會:「福爾摩沙法理上仍是日本領土。……福爾摩沙的處理將與對日和約一併決定」。楊格的這項聲明發表在六月二十七日美國總統杜魯門提出「臺灣地位未定論」之前。事實上,楊格的說法事先並未與美國諮商,卻吻合杜魯門的新主張。[3]

問題是,蔣介石為什麼同意《舊金山和約》和《中日和約》裡的措詞呢?國史館最近公布的蔣檔,首次披露中華民國政府內部對此重大問題的考慮及對美交涉過程,對於今人了解「臺灣地位未定論」的起源有很大幫助。一九五〇年六月二十七日,韓戰爆發後,美國總統杜魯門下令第七艦隊將「臺灣海峽中立化」,阻止中華人民共和國武力奪取臺灣。杜魯門宣布「臺灣未來地位的決定必須等待太平洋安全的恢復,對日和約的簽訂或經由聯合國考慮」[4],正式提出「臺灣地位未定論」。一九五〇年九月,國務院顧問杜勒斯開始與各國討論對日和約。一九五一年一月,杜魯門正式任命杜勒斯為總統特別代表,專責對日和約談判。

2　汪浩:《冷戰中的兩面派》,臺北,有鹿文化,2014.04, 18頁。
3　汪浩:《冷戰中的兩面派》,臺北,有鹿文化,2014.04, 19頁。
4　國史館,一個中國論述史料彙編,史料文件(一),16頁。

一九五〇年九月十六日，杜勒斯與中華民國駐美大使顧維鈞交談和約有關問題。九月十七日，蔣介石自記:「我對日和約唯一問題，就是日本遵照《波茨坦協定》及其降書所接受的臺灣交還中國而已。如果美國主張臺灣交由聯合國解決，則彼儘可照此聲明，但日本則已交還中國，事實上已歸我統治。一面我再另作聲明，不反對聯合國協助我臺灣，鞏固太平洋共同防務也。」[5] 蔣介石理解「臺灣地位未定論」的法理邏輯和政治目的，不過他當然要強調中華民國對臺灣的事實統治。當時，外交部長葉公超勸蔣:「關於日本領土問題，我自應主張在和約內確定我對臺灣之主權，惟鑑於美英似不願即確定臺灣之法律地位，我似可俟時機成熟再行設法解決，目前宜暫守緘默。」[6]

十月二十日，杜勒斯再見顧維鈞，提出對日和約七原則的節略:「將臺灣、澎湖與南庫頁島、千島群島，同列為尚待解決之地區。其將來地位須另經中、美、蘇、英四國協商決定；如在和約生效後一年之內，尚未獲致協議，則交由聯合國大會予以決定。」[7] 顧維鈞報告蔣介石，杜勒斯坦白說:「美之意欲將臺灣地位暫付凍結，因美雖切

5　國史館，蔣中正先生年譜長編，第九冊，553頁

6　國史館，外交部電蔣中正檢送對日和約事上陳院長代電之副本，數位典藏號:002-020400-00053-019，蔣中正總統文物，1950/09/16

7　國史館，王世杰呈蔣中正美國所提對日和約節略之因應方案說明書，數位典藏號:002-020400-00053-021，蔣中正總統文物，1950/11/04

150　借殼上市

望世界大戰不爆發，並無把握，深不願臺灣落入仇視美國者之手，尤不願為蘇聯利用。美國人力不足，對太平洋防衛只能利用海軍、空軍樹立強固防線。倘一朝有事，美能控制亞洲沿海大陸而臺灣島正在此防線之內。」杜勒斯勸說：「凍結臺灣歸屬地位，即是維持國民政府地位，故深盼我國代表不在聯合國會議上積極反對。…蓋如美承認臺灣已純為中國領土，不特我政府代表權問題即須解決，而美之派遣第七艦隊保臺及自取領導地位出面主持此案亦將失卻根據。」[8]

對此節略，外交部經研究後，十一月四日，葉公超報告蔣介石，美方提議：「與我方所持臺灣、澎湖已為我國領土之主張，

顧維鈞，曾任國民政府駐法、英、美大使，並於一九一九年巴黎和會上力抗日本，維護中國對山東的主權，被譽為中國現代史上最卓越的外交家之一。
（圖片來源：維基共享）

8　國史館，顧維鈞電蔣中正與杜勒斯商談對日和約事，數位典藏號：002-020400-00053-020，蔣中正總統文物，1950/10/21

適相背馳。美方堅持此議，係其目前處境及現行政策所致，自非我方所能變更；然為維護我方民心士氣起見，我於美方主張，自亦未便竟於苟同，換言之，即惟有各持己見，而在其他方面，另謀合作。關於臺灣、澎湖之最終解決，自以盡量拖延為上策。…似此我對該項程序，自不妨在原則上予以接受，而另附以如下意見：（一）所定一年期限，應酌予延長，改為兩年或不作時間上之硬性規定，均屬相宜；（二）臺灣、澎湖，應與南庫頁島、千島群島同時同樣解決，俾更能曲盡拖延之能事。」[9]總之，葉公超提議「將最後解決盡量拖延」，實質上主張接受美方「臺灣地位未定」的處理。

經過政府內部再三討論和蔣介石深思，決定勉予接受。目的為確保美國協防臺灣有法律上之根據，並通過與美國合作，爭取和約簽約權。十二月一日，蔣介石自記：「美國提出對日和約條款徵求我同意，其對臺灣問題與千島、庫頁南半島皆列為懸案，以待和約成立後一年內，由四國共同解決。余諒其苦心，勉允其請。」[10]十二月十九日，顧維鈞根據外交部指令，向杜勒斯提出初步答覆，兩人討論了用總條款的方式，由日本聲明放棄對臺灣、南庫頁島、千島群島的主權，而對其處理不做具體規定。

9　國史館，王世杰呈蔣中正美國所提對日和約節略之因應方案說明書，數位典藏號：002-020400-00053-021，蔣中正總統文物，1950/11/04。

10　國史館，蔣中正先生年譜長編，第九冊，587頁。

一九五一年一月二十三日，顧維鈞再接外交部指令，對美國正式答覆：「臺灣及澎湖列島在法律事實及歷史上均應為我領土，然為太平洋區域目前一般安全記，我亦不反對此四郡島地位取決於英、美、蘇、中之會商，但不願他國以我政府對臺灣、澎湖列島係屬我領土之基本意見有所更改。又認此項決定，應在和約締結後至少二年或二年以上為之。」顧維鈞特別提出：「就日本而言，只須在和約內放棄其對於各該領土之主權即為已足。」[11] 由此可見，對臺澎主權，日本只放棄而不明定歸還中華民國的方式，蔣介石很早就同意了。

可是，英國外交部對杜勒斯的七原則節略不同意，英國主張中共參加和約，甚至臺灣最終應交還中國，美國答覆說，它只承認中華民國，無意邀請中共商談。杜勒斯面告英大使，臺灣照《開羅宣言》應交還國府，若明文規定還中國，則美保臺即失根據。[12] 但經英美交涉後，三月二十日，杜勒斯通知顧維鈞，美國「前提之解決領土特別程序已修改。日本只須於約內放棄對臺、韓等地之一切權利，日本不必過問其處置」。[13] 同時，美國正式提出對日

11　國史館，葉公超呈蔣中正對日和約顧維鈞答覆美國節略稿副本，數位典藏號：002-020400-00053-023，蔣中正總統文物，1951/01/24

12　國史館，外交部呈蔣中正對日和約稿之中國復文顧維鈞已面交杜勒斯，數位典藏號：002-020400-00053-033，蔣中正總統文物，1951/04/27

13　國史館，顧維鈞電蔣中正二十日與杜勒斯商談對日和約格式程序內容，數位典藏號：002-020400-00053-026，蔣中正總統文物，1951/03/20

和約草案給各國討論，徵求意見。草案第三條規定：「日本茲放棄其對於高麗、臺灣及澎湖群島之一切權利、權利名義、與要求。」[14]

一九五一年四月十日，蔣介石組織對日和約研究小組，包括陳誠、王寵惠、張羣、黃少谷、葉公超、王世杰等，由張羣召集。當時，蔣介石認為「照美最近所提約稿，對南庫頁與千島明定歸俄，而臺、澎則只日本放棄，並不明定歸我，此與其最初約稿對俄完全不同，可知其對俄力求妥協，並以臺、澎地位不定以誘共匪，且將以此為停止韓戰之餌物。英國之陰，美國之昧，可謂險矣。」[15]

接著，對日和約研究小組經討論後向蔣報告，認為：

張羣，國民黨元老之一，曾參與國共談判。（圖片來源：維基共享）

「目前美方所提約稿，並未規定將臺灣、澎湖歸還於我，致使臺灣地位問題，懸而不決。如將來我方就此問題所提對案，不獲美方接受，其於臺灣民心士氣，自有影響。」不過，小組建議的對案是：「一，美放棄將臺灣、澎湖問題交由四國協商解決原議一節，我深表贊同，並望美方不再重提此議。二，請求美方將千島、南庫頁

14　國史館，顧維鈞電蔣中正今晨杜勒斯邀往續談對日和約問題並面交節略及和約稿，數位典藏號：002-020400-00053-027，蔣中正總統文物，1951/03/28
15　國史館，蔣中正先生年譜長編，第九冊，654頁。

島問題仍依原來主張與臺灣、澎湖問題同樣看待。此點如美方未能接受或雖經美方接受而仍未能取得其他盟國之同意，則我方可就約稿中所載規定勉予接受；惟我方屆時將發表一聲明，略謂『臺灣、澎湖原係我國領土，嗣為日本所據，抗戰勝利後，日本依照投降條款將臺灣、澎湖歸還於我。現日本復於和約內予以放棄，故各該領土歸還於我之最後手續，業已完成』等語。此項發表宣言之建議，應於事前告知美國，望能予以諒解，並予支持或至少不做相反之聲明。」[16] 由此可見，對日和約研究小組清楚地認知，草案的規定會「使臺灣地位問題，懸而不決」，但也只能「勉予接受」，只求美國不反對中華民國政府發個單方面聲明，在臺灣人民眼前，保全面子。

　　四月十七日，蔣介石手諭「對日和約之方針」，包括「一，簽訂日本和約之盟國，對我為盟國之一員，不喪失我盟國之地位；二，不損害我在臺灣之統治權，不干涉我臺灣內政；三，臺灣、澎湖不受任何軍事干涉或侵犯，俾得鞏固我反攻大陸之基地。四，依照以上三項原則，進行簽訂對日之和約。至於臺澎地位問題，事實上今已由我國收回實行統治，則名義之爭執似無必要也。」[17] 蔣介石顯

16 國史館，行政院呈蔣中正對日和約研究小組會議研討之結論，數位典藏號：002-020400-00053-030，蔣中正總統文物，1951/04/00。

17 國史館，蔣中正條諭對日和約之方針，數位典藏號：002-020400-00053-029，蔣中正總統文物，1951/04/17。

然認為，反正中華民國已經有效占領和控制臺澎，他可以不在乎臺澎歸屬的名義之爭。四月十九日，蔣親自召集對日和約研究小組開會，研商對美方和約草案的答覆。他在日記中自問：「如臺灣地位不在約中明定，則將來我對臺灣地位是否補充修訂，抑從此確定，不必重訂乎？」[18]可見，蔣介石心中對臺灣地位未定還是有很大擔憂的。

根據對日和約研究小組建議，蔣介石簽批了外交部對美正式答覆，四月二十四日由顧維鈞交給杜勒斯。答覆指出：「中國政府向主張臺灣、澎湖在歷史上，種族上，法律上，均為中國領土之一部分，今草案僅規定各該島應由日本放棄，此外不作任何規定，較諸美國原提『七項原則綱要』中所載，交由中、美、英、蘇四國協商解決之方式，與中國政府上項主張，自較接近。」顧告訴杜：「我對領土問題尤為重視，而美方約稿處理臺灣、澎湖與其他兩島（指南庫頁島與千島群島）措詞不同，未免歧視，故我方復文提議修正」。杜勒斯答：「理論固當一律，但曾考慮，實有困難。」杜又警告顧：「國民政府堅持臺灣為中國領土之一部分，與中共主張相同，均已認為中國內部問題，今若明文交還，則美派第七艦隊保障臺灣，將失卻根據，而徒使中共與蘇聯對美使加干涉之譴責。故在此階段，美不得不將臺灣問題留為懸案，俾易應付

18　國史館，蔣中正先生年譜長編，第九冊，658頁。

云。」杜勒斯提醒顧維鈞：「此點極機密，盼我嚴為保守不洩云」。葉公超對此評論說：「美對臺灣、澎湖地位之立場，似與我方立場，更見接近」。[19] 至此，中華民國政府原則上接受了《舊金山和約》對臺澎歸屬的處理方式和措辭了。

　　一九五一年八月三十一日，在《舊金山和約》簽字前幾天，蔣介石聽取對日和約研究小組的討論結果，指示「接受雙邊和約與多邊和約性質無異之內容」。[20] 之後，在與日本談判時，中華民國政府堅持雙邊和約的內容及文字均以多邊和約為準，所以才有「《中日和約》第二條」這樣的措詞。由於國史館蔣介石檔案的解密，臺灣民眾才第一次了解到《舊金山和約》和《中日和約》造成臺澎地位未定的措辭是怎麼來的。從上述檔案可以看到，蔣介石及其政府對於美國操作臺澎地位未定的目的一清二楚，也是接受與配合的。生死關頭，只有如此才有助於第七艦隊留在臺灣海峽幫中華民國政府保命，其它都是假的。

　　由於舊金山和約簽訂之時，中華人民共和國剛剛成立並積極參與朝鮮戰爭與以美國為首的諸國對抗。雖然有蘇聯支持，然而在國際間缺乏正式承認與美國的強力排斥之下，被排除參加當時對日和約商議和簽署的機會，因此

19　國史館，外交部呈蔣中正對日和約稿之中國復文顧維鈞已面交杜勒斯，數位典藏號：002-020400-00053-033，蔣中正總統文物，1951/04/27。

20　國史館，蔣中正先生年譜長編，第九冊，709頁。

中華人民共和國政府於一九五一年八月十五日和九月十八日兩次發表聲明，指該和約是非法的、無效的與絕對不能承認的。長期以來，日本的許多官員和學者主張，日本並未承認臺灣是中國領土的一部分，只是在《舊金山和約》中，日本政府放棄對臺灣的所有權利。有關臺灣的法定地位，日本政府沒有加以認定的立場。《舊金山和約》簽署後，英國作為和約的主要發起國，針對臺澎，承認「和約並未預先判定該島嶼的未來，它仍將由聯合國討論，但未來如何解決是開放的。」[21] 一九五二年一月十八日，重新執政的邱吉爾首相告訴美國國會：「我很高興……你們不讓福爾摩沙的中國反共政府遭到大陸的入侵和屠殺。」[22] 一九五四年七月十四日，邱吉爾向英國議會表示，他看不出有任何理由，在未來某一天為什麼臺灣不應置於聯合國的代管之下。[23] 一九五五年四月二十七日，第一次外島危機時，外相麥米倫（Harold Macmillan）強調，英國政府的政策是看到臺灣及外島問題以談判去解決。[24] 由此可見，一九五〇年代英國對臺政策確立了若干要素：雖然英國撤銷承認中華民國政府，但臺灣法律地位未定，臺灣並不屬於中華人民共和國所有；未來臺灣問題應該和平解決，考

---

21 汪浩：《冷戰中的兩面派》，臺北，有鹿文化，2014.04，20頁。
22 汪浩：《冷戰中的兩面派》，臺北，有鹿文化，2014.04，22頁。
23 汪浩：《冷戰中的兩面派》，臺北，有鹿文化，2014.04，21頁。
24 汪浩：《冷戰中的兩面派》，臺北，有鹿文化，2014.04，21頁。

慮到臺灣人民的利益。英國一再努力尋求和平解決臺灣問題，想把它提交聯合國討論及管轄，但當時「兩個中國政府」都反對這種方式。

九、蔣介石承認中華民國 領土不及於大陸嗎？

一九五二年四月二十八日，簽署《中日和約》時，外交部長葉公超和日本特使河田烈互換照會確認：「本約各條款，關於中華民國之一方，應適用於現在中華民國政府控制下或將來在其控制下之全部領土。」[1] 一九四七年十二月施行的《中華民國憲法》規定：「中華民國領土，依其固有之疆域，非經國民大會之決議，不得變更之。」對於中華民國領土的定義，《中日和約》與《中華民國憲法》似乎有所抵觸。中華民國政府不是宣稱其「法統」遍及大陸，那為什麼同意《中日和約》限制其領土主權範圍呢？蔣介石不經國民大會，將中華民國疆域變更了嗎？國史館最近解密的檔案，披露了中華民國政府內部對此重大問題的考慮及與美日交涉過程。

一九五一年一月，美國總統杜魯門正式任命杜勒斯為總統特別代表，主持對日《舊金山和約》起草和談判。當

1 　國史館，一個中國論述史料彙編，史料文件（一），中日和約，58頁。

時，作為二戰主要盟國的美英將共同發起舊金山和會。英國強烈主張邀請其承認的中華人民共和國參加和會，但美國承認中華民國，無意邀請中共參與，而希望邀請中華民國參加和會。美英再三交涉後，一九五一年六月中，杜勒斯與英國外相莫理森（Herbert Morrison）達成折衷方案：在實質問題上，日本將放棄對臺灣的主權，但卻不明確讓渡給誰；在程序問題上，美英同意不邀請兩個中國參加和會，但日本可「依其主權及獨立地位決定」要與哪個中國簽署雙邊和約。[2]

　　一九五一年七月三日，為了幫助中華民國與日本早日簽約，杜勒斯主動找駐美大使顧維鈞，提出中華民國政府「簽約之權力問題」。杜勒斯說：「今承認其對日簽訂和約終止戰爭狀態之權尚屬合理。然欲認其為對整個大陸或對華北仍有權代表簽約並有力執行和約，似屬虛想。」顧維鈞回答：「此為事實問題，與我公法上簽訂和約之權為兩事。」他建議：「此問題日本可待至將來雙方批准後發生效力時，斟酌情形而做適當聲明。我國民政府不便，當亦不願發表任何聲明。」[3]顧維鈞是個老練的外交家，想用拖延來迴避問題，但精明的杜勒斯當然不會放過他。七

2　汪浩：冷戰中的兩面派，有鹿出版，2014，147-152頁。本文也參考王景弘，強權政治與臺灣，玉山社，2008.

3　國史館：顧維鈞電蔣中正應杜勒斯邀續談對日和約問題，數位典藏號：002-020400-00053-051，蔣中正總統文物/革命文獻/戡亂時期，1951/07/03。

月七日，杜勒斯又找顧維鈞，提出由國府聲明「本條約適用於它有效控制下的領土」。對此，顧維鈞強烈反對，認為國府不應該，也不會發表如此聲明。他建議如果美國或日本認為有必要，可以在批准條約時發表聲明，措詞由三方事先商定。[4] 根據顧維鈞的分析，美方提此問題的原因在於：「一，恐刺激中共，影響韓戰和平解決之希望。二，將來謀與中共樹立關係預留地步。」顧告訴蔣介石，美國可能「承認我與大陸兩政權可並存，美方朝野迄今均有意援助臺灣成為一獨立國者」。[5]

七月九日，美國駐臺代辦藍欽按國務院指令正式通知葉公超，美國將在十二日公布《舊金山和約》全文，不會邀請中華民國簽署多邊和約，但美國有意推動中日雙邊和約。藍欽問：「國府於簽訂和約時，可否就其約束全部中國之能力一節，接受若干限制？」藍欽接著說：「貴國如能接受此類限制，自足便利貴方與日締結雙邊和約，但中國政府在聯合國中之地位恐將因此發生困難。」藍欽不講外交辭令，直搗問題本質。中華民國政府如果不接受其管轄範圍的限制，將無法與日本簽署雙邊和平條約；而中華

4　顧維鈞回憶錄第九分冊，167頁。事後，雙方簽約時照會措詞與美方這個提議很相似。

5　國史館：顧維鈞電蔣中正美杜勒斯將對日多邊和約稿送交，數位典藏號：002-020400-00054-001，蔣中正總統文物/革命文獻/戡亂時期，1951/07/06～1951/07/06。

民國政府如果接受這種限制，那它在聯合國中宣稱代表中國會發生困難。葉公超答應：「對此事細加研究，」但他也表示：「如欲我政府做一聲明限制其自身之管轄範圍，實屬極端困難之事。」[6]

七月十日，行政院長陳誠和葉公超向蔣介石報告對日和約的效力問題。蔣介石才知道美國「要求我不參加多邊和約，只在其正式簽字後，再由我與日簽訂雙邊和約，其理由為我在大陸上和約有關部分不能行使主權也，余囑其研究利害後再呈核」。[7]當天，根據蔣介石的指示，「對日和約研究小組」要求顧維鈞向美方建議：「甲：簽約時暫勿涉及條約範圍問題。乙：和約互換批准文件時，如我方尚未光復大陸，可於議定書內記錄中國代表之聲明，略謂『該和約應對中國全境生效；中國之管轄此時雖未及于中國全境，但決將和約適用於其隨時擴展管轄之一切地區。』」[8]可見，「研究小組」沒有堅持由美日在批准條約時聲明的提議，反而提議由國府單方面聲明。但是，杜勒斯明確回答顧維鈞：「效力範圍問題如無解決方案，美

6　國史館：黃少谷呈蔣中正有關藍欽與葉公超談話紀錄建議暫緩公布對日和約稿，數位典藏號：002-020400-00054-002，蔣中正總統文物/革命文獻/戡亂時期，1951/07/09。

7　國史館，蔣中正先生年譜長編，第九冊，691頁。

8　國史館：顧維鈞電葉公超請美方暫緩公布中日雙邊和約稿及商談經過與葉公超轉呈王寵惠王世杰張羣蔣中正鑑核，數位典藏號：002-080200-00346-039，蔣中正總統文物/特交檔案/一般資料，1951/07/10。

方勸告日本與我訂約難期收效。」[9]七月十一日，美方告訴外交部，美國與日本討論雙邊條約的先決條件為中華民國政府是否願意在條約中承認效力範圍限制。[10]

至此，蔣介石意識到問題的嚴重性，認為「美國要求我如與日訂雙邊和約，必須聲明我國府權力未及於全國時，則日本不因此受有約束云。此何如是，美國侮華至此，直欲墜我於九淵之下，惟恐其復活矣，悲傷何如！」[11]當時，蔣正在為中華民國被排除在《舊金山和約》之外生悶氣，外交部不敢提報和約適用範圍的解決方案。

美國人卻等不及了，七月二十三日，藍欽又來找葉公超。受蔣介石的影響，葉公超變得強硬起來，表示在未獲美方保證日本會立即與國府訂約前，他不願討論和約適用問題。葉公超擔心，杜勒斯已同意日本在《舊金山和約》生效後，才與中華民國談和約，這是不能接受的。[12]七月三十日，藍欽正式回覆：「美國政府在與日方討論此事之

9　國史館：顧維鈞電蔣中正美杜勒斯將對日多邊和約稿送交，數位典藏號：002-020400-00054-001，蔣中正總統文物/革命文獻/戡亂時期，1951/07/06。這件檔案內有臺美交涉來往文件的摘錄 1951/7-1952/4.

10　國史館：顧維鈞電蔣中正美杜勒斯將對日多邊和約稿送交，數位典藏號：002-020400-00054-001，蔣中正總統文物/革命文獻/戡亂時期，1951/07/06。這件檔案內有臺美交涉來往文件的摘錄 1951/7-1952/4.

11　國史館，蔣中正先生年譜長編，第九冊，691頁。

12　國史館：葉公超與藍欽談話紀錄：留越國軍遣臺太平洋公約及對日和約三事，數位典藏號：002-020400-00054-008，蔣中正總統文物/革命文獻/戡亂時期，1951/07/23。

前，必須自中國政府預先獲得保證，即該項條約僅拘束現在中國政府實際控制之領土，並得及於中國政府此後所控制之領土。」[13] 美國明確提出了「現在及此後實際控制領土」的概念，要求中華民國政府接受，又把球踢回臺北。

八月二日，葉公超就此事向蔣介石報告，蔣批示「此事我不能有任何聲明」。出於無奈，葉公超告訴顧維鈞，依照總統批示及臺北朝野一般反應觀察，關於對日和約適用範圍，無論所採方式如何，均鮮予以考量餘地。請杜勒斯先將此點擱置不談，而逕行勸令日方即在美方協助之下進行和約談判。[14] 八月六日，葉公超要求藍欽提供正式保證，日本會與國府而不與中共簽訂雙邊和約。不過，葉不再堅持雙邊和約與多邊和約同時簽字，而改為於多邊和約生效前簽訂。[15]

八月十四日，蔣介石在審閱顧維鈞與杜勒斯的談話紀錄後，罵顧：「卑恭遷就，不顧國家地位，必欲急求商談

13　國史館：葉公超與藍欽談話紀錄：對日和約問題美國國務院已覆電，數位典藏號：002-020400-00054-009，蔣中正總統文物/革命文獻/戡亂時期，1951/07/30。

14　國史館：外交部電顧維鈞蔣中正批示逕行勸日本政府在美國協助下與中國進行和約談判，數位典藏號：002-020400-00054-010，蔣中正總統文物/革命文獻/戡亂時期，1951/08/02。外交部草擬措詞為「關於中華民國部分，本約適用於現在其控制下或將來在其控制下之全部領土。」

15　國史館：藍欽訪葉公超談話紀錄：美國促使日本與中國政府進行洽商雙邊和約事，數位典藏號：002-020400-00054-011，蔣中正總統文物/革命文獻/戡亂時期，1951/08/08。

和約。彼認為遷延不決於我不利，所以不惜如此卑歉，殊為可痛。」蔣認為美國：「不願我與多邊和約同時簽訂，則我求速訂，究有何益，不如暫置不理，以觀美之態度。蓋中日和約不成，其責全在美國也，我急無益，何求之有，應召顧回國為宜。」[16] 蔣介石對美國的態度有所誤解，其實日本吉田茂政府因為英國和國內與論的強烈反對，不願意同國府正式展開談判，而杜勒斯卻在努力推動日本、抗拒英國。

當時，日本間接向蔣提議聘前財相河田烈為國府財政顧問，然後派河田來臺商談雙邊和約，蔣介石拒絕了。他認為：「對於雙邊和約，如美國不負責令日正式來談議訂，則更應拒絕，勿使其含混責任，蔑視我地位也。」[17] 蔣不願與日本直接談判，而要美國命令日本來簽約，這樣中華民國才能保住戰勝國的面子，而不是聽任日本選擇與哪個中國簽約。

經過美、英、日三方的反覆交涉，八月二十三日，藍欽奉令來找葉公超，提出美方願促成中日和約的五點主張，其中包括在多邊和約簽字後，即由雙方正式開始談判。不過，藍欽表示：「日本政府或將堅持中國政府承認其在此時實施和約條款將無力拘束整個中國，甚至將此點

---

16 國史館，蔣中正先生年譜長編，第九冊，703頁。
17 國史館，蔣中正先生年譜長編，第九冊，705頁。

作為談判之先決條件。」所以，美國「能影響日本政府進行與貴方談判雙邊和約之程度，將取決於中國政府研擬或接受某一承認該項限制方案之意願」。[18] 話說到這分上，就等於是最後通牒了。

會後，葉公超向蔣介石和陳誠報告，美政府與英日似已完成必要之商洽。因此，他提議即做一簡單聲明，對美方所提問題予以解答，但不損害中華民國國際威望與地位。行政院祕書長黃少谷提醒蔣：「我政府關於對日和約問題已臨決策階段。」[19] 對此，蔣介石大罵葉：「以為於我國體無傷，殊不知該約如一有條件或限制，將成為我國之致命傷也。……乃決堅拒，不容其所請，即使今後美援斷絕，或對日雙邊協定亦不能簽訂，坐失機會，亦所不恤也。」[20] 蔣介石將此事看的如此嚴重，認為傷害國體，是有道理的，因為美日實質上是要逼他公開承認中華民國領土主權不及於大陸，只及於臺、澎、金、馬。

八月三十一日，陳誠向蔣介石報告「對日和約研究小組」的討論結果，勸說道：「此一問題之能否獲得適當解

18　國史館：葉公超呈蔣中正與日本簽訂雙邊和約擬具一項聲明為解決方案，數位典藏號：002-020400-00054-014，蔣中正總統文物/革命文獻/戡亂時期，1951/08/25。

19　國史館：葉公超呈蔣中正與日本簽訂雙邊和約擬具一項聲明為解決方案，數位典藏號：002-020400-00054-014，蔣中正總統文物/革命文獻/戡亂時期，1951/08/25。

20　國史館，蔣中正先生年譜長編，第九冊，708頁。

決，實為全案成敗之所繫。因此，如我方拒絕討論，勢將使中美間關於對日和約之商談陷於停頓。衡諸國內外現勢，似非所宜。」蔣不為所動，指示：「絕不能有範圍限制之條件。」[21]

當晚，陳誠再召集「研究小組」詳加研討，獲致四點結論「一，絕對不接受以解決和約實施範圍問題，為商訂中日雙邊和約之先決條件。二，絕對不同意將有關和約實施範圍之任何規定，載入中日雙邊和約條文之內。三，關於此問題可先議定一諒解。俟中日雙方交換批准雙邊和約，而我國尚未收復大陸時，將其載入雙方同意之紀錄。四，中日雙邊和約之內容及有關此問題之諒解，應先行議定，始由中日雙方作形式上之簡短商談，藉以完成簽約程序。」[22] 表面上，這四點態度強硬，實質上卻接受了範圍限制，幫蔣介石找了個台階下。

九月一日，美國國務卿艾奇遜對記者公開說，日本如選擇中共為其對中國和約對手，則美國不能干涉。[23] 這話顯然在威脅蔣介石，敦促他速與日本進行談判，不要再擺高姿態了。九月四日，蔣介石被迫再召集相關人士商談，

---

21 國史館，蔣中正先生年譜長編，第九冊，709頁。

22 國史館：陳誠呈蔣中正謂葉公超擬中日雙邊和約適用範圍問題解決方案，數位典藏號：002-020400-00054-016，蔣中正總統文物/革命文獻/戡亂時期，1951/09/03。

23 國史館，蔣中正先生年譜長編，第九冊，711頁。

不得不指示讓步：「甲，須美國負責居間作證；乙，須與多邊和約同時生效；丙，實施程序只能在談話紀錄中，不能涉及於大陸領土主權絲毫損礙之語意也。」[24] 蔣為了面子，要求不將實施範圍寫入和約條文，而由談話紀錄來確認。

後經外交部反覆研究，提出方案和措辭為「關於中華民國部分，本約適用於現在其控制下或將來在其控制下之全部領土」。蔣介石最終核可了這項措辭，但將「或」（or）字改為「及」（and）字。[25] 後來，在和約談判時，葉公超與河田烈為用「或」字還是「及」字爭執不下，雙方最終同意此兩字意思一樣。[26]

一九五一年九月八日，對日多邊和約在美國舊金山簽字。九月二十六日，蔣介石聞中共廣播提議召開美、英、蘇、中四強會議，協調中日和約。蔣驚覺：「此乃英國之陰謀，其所以必欲排除我於舊金山和約者，即在其中做這一筆買賣，即待和約生效後，日本與共匪訂立雙邊和約也，其機甚危矣。」[27] 九月三十日，蔣介石又記：「英美

24　國史館，蔣中正先生年譜長編，第九冊，712頁。
25　國史館：陳誠呈蔣中正謂葉公超擬中日雙邊和約適用範圍問題解決方案，數位典藏號：002-020400-00054-016，蔣中正總統文物/革命文獻/戡亂時期，1951/09/03。
26　劉維開：蔣中正與中日和約，黃克武主編：遷臺初期的蔣中正，國立中正紀念堂管理處，2011年11月，196-198頁。
27　國史館，蔣中正先生年譜長編，第九冊，721頁。

艾奇遜，美國國務卿，在其任內主導編寫了《中美關係白皮書》，發表了對於國共內戰以及中國問題的看法。（圖片來源：維基共享）

一九五一年，二戰期間的同盟國成員與日本在舊金山簽訂《對日和平條約》，艾奇遜以美國國務卿身分簽署合約。（圖片來源：維基共享）

既排除我對日多邊和約之外，其必為共匪與日本簽訂雙邊和約之地步，此著即為英俄共妥協之先著，亦預為共匪參加聯合國之先聲，危險極矣！美國議會態度對我如此冷淡，更足證明艾奸（艾奇遜）對此胸有成竹矣。」[28] 至此，蔣介石才認清韓戰停戰談判開始後臺灣處境危險，不能再為面子擺姿態，而應趕快讓步，促使美國逼迫日本簽約。

28　國史館，蔣中正先生年譜長編，第九冊，722頁。

在外交部與國務院反覆交涉後，十月二十三日，蔣介石正式批准了和約「實施範圍」修正案：「本約應適用於現在締約國雙方任何一方實際控制下及將來在其實際控制下之全部領土。」[29]

舊金山和會之後，由於英國和國內反對黨壓力，日本首相吉田茂遲遲不肯對與哪個中國簽約明確表態。在與國府就「實施範圍」達成協議後，杜勒斯決定加強對日本施壓。十二月十八日，他在東京與吉田茂的會談中，單刀直入，取出一份他替吉田起草的信，要吉田簽字後盡快寄給自己。他威脅吉田，如果日本不早日解決與國府的關係問題，美國參議院批准和約將面臨困難。幾經交涉，一九五一年十二月二十四日，吉田茂在日美同意的《吉田書簡》修正稿上簽字。這個修正稿將杜勒斯原稿中條約適用範圍措詞從對締約雙方的限制，改回只對中華民國一方的限制。一九五二年一月十六日，美日同時公布了《吉田書簡》，其中提到：「該項雙邊條約之條款，關於中國國民政府之一方，應適用於現在在中華民國政府或將來在其控制下之全部領土。」[30] 葉公超為此與藍欽交涉對等限制，但不得要領。一月十七日，蔣介石接見藍欽，得閱《吉田書簡》副本，「聞之為慰」，以為「此乃半年來之奮鬥所

29　國史館，蔣中正先生年譜長編，第九冊，733頁。
30　國史館，一個中國論述史料彙編，史料文件（一），中日和約，49頁。

致」。[31]一月十八日，蔣介石召集「對日和約研究小組」
會議，「決定發表正式談話，表示對日速訂和約之意」。[32]

綜上所述，蔣介石充分了解美日實質上是要逼他公開
承認中華民國領土主權不及於大陸，他認為這種「適用範
圍」的限制對國體的傷害是致命的，但最後在中共的挑戰
下，他還是不得不放低姿態，接受美日的要求。當時，中
華民國能否與日本簽訂雙邊和約，對它與中華人民共和國
競爭國際地位有重大影響。中華民國政府急需以和約來鞏
固其對內、對外的合法性，所以被迫接受限制「法統」範
圍，以換取增強國際地位的實質利益。蔣介石是個現實主
義政治家，關鍵時刻，他還是會犧牲面子來保裡子，只不
過國民黨對臺灣內部進行宣傳時，常常迴避這些真相。

31　國史館，蔣中正先生年譜長編，第十冊，006頁。
32　國史館，蔣中正先生年譜長編，第十冊，007頁。

十、「共同防禦」就是
「共同管理」嗎？

　　一九五四年十二月二日，外交部長葉公超與美國國務卿杜勒斯簽署《中美共同防禦條約》。條約第二條規定：「締約國將個別並聯合以自助及互助之方式，維持並發展其個別及集體之能力，以抵抗武裝攻擊，及由國外指揮之危害其領土完整與政治安定之共產顛覆活動。」條約第三條規定：「締約國承允加強其自由制度，彼此合作，以發展其經濟進步與社會福利，並為達到此等目的，而增加其個別與集體之努力。」條約第五條規定：「每一締約國承認對在西太平洋區域內任一締約國領土之武裝攻擊，即將危及其本身之和平與安全。茲並宣告將依其憲法程序採取行動，以對付此共同危險。」[1] 從這些條款可以看出，這個條約本質上是將由國共內戰延伸的臺海危機國際化，從此，中華人民共和國對中華民國臺灣的武裝攻擊，就被美國視為危害國際和平和西太平洋安全的國際侵略行為，將

1　國史館，一個中國論述史料彙編，史料文件（一），72-74頁。

遭遇臺美聯合抵抗。這個條約的基本精神反共，美國不僅在軍事上協防臺澎，也在政治上防止中華人民共和國對臺灣的「共產顛覆活動」。《中美共同防禦條約》成功地阻止了毛澤東攻取臺、澎、金、馬，從法律上確保美國與中華民國共同管理臺灣，固化了海峽兩岸「一邊一國」的國際政治格局。

韓戰後期，美國艾森豪 (Dwight Eisenhower) 政府為了對抗中蘇聯盟的威脅，與中國周邊的國家建立軍事同盟。一九五一至一九五三年，美國陸續與日本、菲律賓、澳大利亞、紐西蘭和南韓簽訂共同防禦條約，還發起「東南亞公約組織會議」來對付共產黨的威脅。當時美國圍堵中國的條約防線，臺灣是一個重大缺口。一九五四年四月，中華民國向美國提出加入「東南亞公約組織會議」，遭英國反對。中華民國轉而向美國提出簽訂《中美共同防禦條約》，但美國國務卿杜勒斯 (John Foster Dulles) 也不肯，因為他試圖保持與中共關係的靈活性。[2] 一九五四年五月二十八日，蔣介石接見美國總統艾森豪的特使符立德（Van Fleet）時，談及杜勒斯對顧維鈞大使表示對雙邊條約或將使美國捲入反攻大陸的戰爭而擔憂，[3] 蔣強調中華民國政

---

2 FOREIGN RELATIONS OF THE UNITED STATES, 1952–1954, CHINA AND JAPAN, VOLUME XIV, PART 1,The Secretary of State to the Embassy in the Republic of China, April 8, 1954.

3 FOREIGN RELATIONS OF THE UNITED STATES, 1952–1954, CHINA AND

府之反攻大陸所求於美國者，以政治、經濟援助為主，至於軍事方面，絕不需要美國地面部隊參與。[4]一九五四年九月，毛澤東發動第一次臺海危機，企圖阻止美國與臺灣簽訂《中美共同防禦條約》。杜勒斯原本對簽約非常猶豫，毛澤東的武力威脅適得其反，迫使美國改變立場，同意與臺灣簽約。

　　一九五四年九月三日，解放軍對金門進行大規模砲擊，造成國軍重大傷亡，開啟了第一次臺海危機。九月七日，經美軍顧問團的同意後，國軍對廈門的共軍陣地大舉報復。[5]九月六日，「東南亞公約組織會議」於菲律賓馬尼拉首次會議時，英國、法國、菲律賓等國反對中華民國加入，杜勒斯被迫放棄將臺澎納入公約適用範圍。九月九日，會議結束後，杜勒斯回美途中在臺北稍作停留。[6]杜勒斯告訴蔣介石：「最近在自由中國外島方面，美國海軍會有更為積極之表示。余信中共必知美國業已抱定決心，如彼再以武力侵略，則美國必將以武力對其武力也。」對此，蔣介石要求立即締結《中美共同防禦條約》，並明確

　　JAPAN, VOLUME XIV, PART 1,Memorandum of Conversation, by the Director of the Office of Chinese Affairs (McConaughy),May 19, 1954.

4　國史館，蔣中正先生年譜長編，第十冊，325頁。

5　國史館，蔣中正先生年譜長編，第十冊，364頁。

6　FOREIGN RELATIONS OF THE UNITED STATES, 1952–1954, CHINA AND JAPAN, VOLUME XIV, PART 1,The Secretary of State to the Department of State,Manila, September 5, 1954.

表示：「雙邊條約，為防守性質而非攻擊性，為政治性而非軍事性者。…我國軍事之任何行動，例如對大陸突擊反攻等，均須事前徵求美方之同意。此為口頭協定，我已完全做到，可見我國決不會違背美國意思而輕舉妄動，尤其不會牽累美國，加入戰爭。…總之，無美國之同意，我國即不能反攻。」[7] 杜勒斯表示確定該條約適用範圍很困難，但他願意討論。[8] 杜勒斯還公開聲明：「今日中華民國地位已不孤立，美國艦隊正奉命協防臺灣。」[9]

九月十二日，在美國丹佛的國家安全會議上，與會官員對臺海危機的觀點不一，不願意美軍因為外島而與中共開戰。剛從臺灣回來的杜勒斯提議，先與英國討論在聯合國安理會經第三國提出「臺灣海峽停火案」來穩定外島局勢。這個提議得到艾森豪的批准。[10] 九月十七日，杜勒斯在倫敦說服英國外相艾登（Antony Eden）同意，由大英國協成員紐西蘭向安理會提出「臺灣海峽停火案」（簡

7　國史館：蔣中正接見美國國務卿杜勒斯關於美國政府在遠東已有過三項成就為韓境停戰不介入越戰及東南亞防衛公約之簽訂等談話紀錄，典藏號：005-010205-00071-004，1954/09/09。

8　FOREIGN RELATIONS OF THE UNITED STATES, 1952–1954, CHINA AND JAPAN, VOLUME XIV, PART 1,The Ambassador in the Republic of China (Rankin) to the Department of State,Taipei, September 9, 1954.

9　國史館，蔣中正先生年譜長編，第十冊，365頁。

10　FOREIGN RELATIONS OF THE UNITED STATES, 1952–1954, CHINA AND JAPAN, VOLUME XIV, PART 1,Memorandum of Discussion at the 214th Meeting of the National Security Council, Denver, September 12, 1954.

稱「紐案」），並由英國去說服中共來參加安理會的討論，此為「神諭行動」。[11] 九月三十日，並不了解美英溝通情況的蔣介石在日記中寫道：「美在丹佛所開安全會議，對我所提中美互助協定似已否決，而對我外衛島嶼之協防，尚不肯宣言，可知其行動猶豫莫定耳。」[12] 其實，國務院內部，負責東亞事務的助理國務卿勞伯森 (Walter Robertson) 接受駐臺大使藍欽的建議，於十月七日說服杜勒斯，需要以簽署雙邊條約，來抵消「紐案」可能對中華民國的負面影響。[13] 當天，艾森豪與杜勒斯決定，如果蔣介石準備採取防禦姿態，「美國可以並且應該與他訂立一項安全條約。顯然，這並不排除我們出於共同利益共同商定的行動。」[14]

一九五四年十月十二日，羅伯遜助理國務卿奉令突然飛抵臺北。他開門見山地告訴蔣介石，紐西蘭將向安理會

---

11 汪浩：《冷戰中的兩面派》，臺北，有鹿文化，2014.04， 195-196頁。

12 國史館，蔣中正先生年譜長編，第十冊，369頁。

13 FOREIGN RELATIONS OF THE UNITED STATES, 1952–1954, CHINA AND JAPAN, VOLUME XIV, PART 1,Memorandum by the Assistant Secretary of State for Far Eastern Affairs (Robertson) to the Secretary of State,Washington, October 7, 1954.

14 FOREIGN RELATIONS OF THE UNITED STATES, 1952–1954, CHINA AND JAPAN, VOLUME XIV, PART 1，Memorandum by the Secretary of State to the Assistant Secretary of State for Far Eastern Affairs (Robertson)1，[Washington,] October 7, 1954.

提出外島停火案，美國準備予以支持。[15] 他說，美國認為
外島重要，應由中華民國政府繼續保有，但美國軍方認
為，如共軍全力來攻，除非美國願意冒全面戰爭之危險，
否則國軍無法扼守外島。羅伯遜解釋說，艾森豪總統認
為，沒有國會許可，他無權擴大第七艦隊協防臺澎範圍至
外島。艾森豪還認為，美國如為保衛臺澎而不惜一戰，國
會可以支持，但如為外島而捲入全面戰爭，則不會得到國
會支持。「惟美國當然不願共方獲悉此種真實情況，故對
于外島防衛問題，美方目前之策略為不作肯定之聲明，而
是讓共匪去猜測。」

羅伯遜又說：「紐案提出以後，如獲通過，而共方亦
表示接受，外島雙方停火，則外島當然仍留在貴方控制之
下，此即暫時使外島之防衛問題，獲得解決。如果紐案提
出以後，為蘇聯否決，或通過而為共匪所拒絕，則于貴方
無損，而蘇聯共匪，即為和平罪人，將來一切戰爭之責任，
皆需由彼等擔負。」對此，蔣介石認為，紐案有造成中共
進入聯合國之虞，對中華民國有百害而無一利。他明確指
出紐案的後果：「即第一步首先外島停火，第二步在聯合
國停火談判會議，必引起臺灣問題，第三步英印等國提出
共匪加入聯合國，第四步臺灣托管，最後第五步則共匪加
入聯合國後，臺灣劃歸共匪所有，此乃必然之步驟及其必

---

15 國史館，蔣中正先生年譜長編，第十冊，372頁。

然之結果。」可見，蔣介石內心中對他統治臺灣的合法性一直擔心，生怕聯合國將臺灣托管，最後將臺灣劃歸中共。

不過，蔣介石說：「除非美國用此案，作為訂立中美雙邊條約之理由。」那麼他願意對「紐案」重新加以審慎評估。因此，蔣要求在「紐案」向安理會提出前，美國能先宣布正在談判雙邊條約。羅伯遜認為，雙邊條約的主要困難，也在外島方面。「美國不能承諾協防外島之責任，故雙邊條約內只能明言其適用範圍，限於臺澎，當然亦不必明白指出不適用於外島，或可亦適用於為保衛臺澎所必需之其他中國領土一語，含糊其辭，讓共匪繼續猜摸為宜。」他還提出，雙邊條約，應有一諒解：「除非在雙方互相同意之情形之下，不得採取攻勢行動。」

經過與蔣介石一整天的討論後，羅伯遜總結，如紐案必須提出，則在提出之前，或至少在提出之同時，美國宣布與中華民國商訂雙邊條約，臺方則對紐案不立即予以公開反對。蔣介石回答：「大體如此。」蔣接著提出《中美共同防禦條約》的細節：「約文內對於包括外島與否，似可不做明確之規定，當可在條約之外另有兩個諒解，互為保證。第一個諒解，如共匪來攻外島，美方願予我方以全力之支持。第二個諒解，我方在決定反攻大陸以前，同意與美方洽商。」至此，蔣介石把他對《中美共同防禦條約》的底牌揭開了，即他願意承諾，未得美國同意他不會發動

軍事行動反攻大陸。對此，羅伯遜堅持美國對外島「不能做任何承諾」。[16]會後，雖然蔣介石「懷疑美國根本對余無訂立雙邊協定之意」，但他還是指定正在美國的外交部長葉公超和駐美大使顧維鈞為全權代表，在華府談判條約細節。同時，指示他們竭力勸阻「紐案」。[17]羅伯遜這次對臺北的訪問實際上開啟了雙方對《中美共同防禦條約》的正式談判，蔣介石對「條約適用範圍」和「共同協議使用武力」這兩大難點都亮出了底牌。

十月十五日，蔣介石接到杜勒斯電報，保證雙邊協定必可簽署，再次解釋紐案的必要性，說明雙邊協議不能在紐西蘭提案時同時發表。[18]十月十八日，蔣介石得知蘇俄在聯合國提出「對侵略中華人民共和國之行為和美國海軍應對此行為負責的控訴」，他立即電令葉公超和顧維鈞：「對美交涉，打消紐國之停火案，並速訂中美雙邊協定以絕俄共巇誣美國之口，未知果能使美醒悟否。」[19]十月三十一日，蔣介石自記本月反省錄：「本月以來，益可斷

16　國史館：外交—蔣中正接見美方代表談話紀錄（十五），典藏號：005-010205-00077-001，1954/10/13。

17　國史館：蔣中正函葉公超顧維鈞有關紐西蘭提案對中美雙邊協定影響之指示，典藏號：002-010400-00023-031，1954/10/14。

18　國史館：美國國務卿杜勒斯電蔣中正紐西蘭於聯合國安理會提案要求立即停止金門武裝衝突美國決不同意於聯合國提出中共統治臺灣之權利問題附紐西蘭決議草案全文，典藏號：005-010205-00035-009，1954/10/14。

19　國史館：蔣中正電示葉公超顧維鈞請美力勸紐西蘭打消金門停火之提案，典藏號：002-010400-00023-032，1954/10/18。

定美國對遠東政策之茫然，而且其對匪有准美商貿易之可能，所謂聯合國承認共匪有兩個中國之妄誕，不久將有實現之舉，此乃最惡劣之現狀，不能不做最後之準備也。」蔣介石認定英美要通過「紐案」在聯合國推動「兩個中國」，所以他決心：「積極建立本身實力，埋頭忍痛，加強基地，使之鞏固不拔，以待乘機反攻也。」[20]

　　蔣介石擔心英美在聯合國推動「兩個中國」，卻沒想到美國也要利用《中美共同防禦條約》來確保「一邊一國」。一九五四年十月二十一日，杜勒斯在巴黎告訴艾登，美國打算先訂美臺條約。他說，《中美共同防禦條約》會使臺灣不再是騷擾大陸的「特殊庇護所」，會把臺灣和大陸分開來，隨著時間進展，會使雙方可以接受「兩個中國」，而且兩者都可能成為聯合國成員。[21]因此，英國決定擱置「神諭行動」，讓美臺先談判條約。十月二十八日，在美國國家安全會議上，不顧軍方的反對，艾森豪總統採納了杜勒斯提議，決定推進美臺條約談判。艾森豪指出：「如果美國認為臺灣對其安全利益至關重要，因此必須捍衛該島，我們就必須締結這樣一項條約。」[22]

20　國史館，蔣中正先生年譜長編，第十冊，381頁。

21　Eden: Paris to FO,21/10/54, FO 371/110235.
FOREIGN RELATIONS OF THE UNITED STATES, 1952–1954, CHINA AND JAPAN, VOLUME XIV, PART 1，The Secretary of State to the Department of State，Paris, October 21, 1954。

22　FOREIGN RELATIONS OF THE UNITED STATES, 1952–1954, CHINA AND

十一月一日，解放軍轟炸大陳島和砲擊周邊各島。十一月二日，臺美開始在華府談判《中美共同防禦條約》的細節。十一月五日，蔣介石電示葉公超和顧維鈞：「一，棠案美方如其必欲提出為臺澎範圍的字樣，則我方亦必須堅持協防臺澎之下附加『以及其協防臺澎有關問題共同協商決定之』等類文字，如此則不明提外衛島嶼字句亦可。二，日韓協定之期限，只以任何一方不願繼續協定時應以先一年通知對方，則其期限實際只有一年。此次中美協定關於期限文，最好援用美日協定之例，即以雙方協商方式，而不由單方廢止也，此點望特加注意。三，紐案此時再無提出之必要，務告杜卿設法打消，否則必須待中美互助協定簽訂以後再作計議，如此則對美或有意義也。」[23]

在華府談判中，葉公超和顧維鈞主張條約適用範圍應包括臺、澎、金、馬在內，杜勒斯和羅伯遜則堅持只包括臺灣及澎湖，美國不願為保衛外島而戰，但也不願看到中共以武力攻取外島；臺方再三保證，除有限的自衛外，國軍對中國大陸採取軍事行動必先取得美國同意，雙方對大原則很快達成協議。[24] 雙方對條約終止方式，也同意「任

　　JAPAN, VOLUME XIV, PART 1，Memorandum of Discussion at the 220th
　　Meeting of the National Security Council, Washington, October 28, 1954.

23　國史館：蔣中正電示葉公超在美各項協定注意要點，典藏號：002-010400-
　　00023-041，1954/11/05。

24　FOREIGN RELATIONS OF THE UNITED STATES, 1952–1954, CHINA
　　AND JAPAN, VOLUME XIV, PART 1，Memorandum of Conversation,

一締約國得於廢約之通知送達另一締約國一年後予以終止」。[25] 十一月六日，蔣介石自記：「晚接葉電，詳述與美商談雙邊互助協定，由美提出之稿件，大要處皆照余意，殊為欣慰，故即核准，覆電照辦，或於日內可先發共同聲明。此約如果訂成，則對俄共又一打擊也。」[26] 十一月七日，蔣再記：「余認為此稿超越於預想以上者甚多，而其作用對俄共之打擊，比之其他意義更為重要，此一協定如果美國會能夠通過，則對內、對外增加無比之安定力也。」[27] 此時此際，蔣介石似乎高興得太早了。

　　十一月六日，在華府的第三輪會談中，為防止簽約後美軍被國軍拖入反攻大陸的軍事行動，美方提出，在條約正文之外，附加議定書，限制國軍所控制各地區的軍事部署和軍事行動。美方堅持，依據條約，未來美方對國軍的部署與調動擁有發言權，反對臺方自行將大量國軍從臺澎抽調到外島，從而對美國防衛臺澎的義務帶來極大壓力。[28] 十一月十一日，蔣介石召集副總統陳誠、行政院長

　　by the Director of the Office of Chinese Affairs (McConaughy)，Washington,November 4, 1954.

25　國史館，一個中國論述史料彙編，史料文件（一），74頁。

26　國史館：蔣中正電示葉公超同意與美商定棠案內容並可全權處理聯合聲明，典藏號：002-010400-00023-042，1954/11/06。

27　國史館，蔣中正先生年譜長編，第十冊，383頁。

28　FOREIGN RELATIONS OF THE UNITED STATES, 1952–1954, CHINA AND JAPAN, VOLUME XIV, PART 1，Memorandum of Conversation, by the Director of the Office of Chinese Affairs (McConaughy)，

俞鴻鈞、總統府祕書長張羣、外交部次長沈昌煥等人，商討應對美方提議的方針。蔣介石指出：「如此則雖細小的軍事調防等，亦將受其控制，而對大陸軍事行動更須以協商決定字句，其實一切軍事皆非得其同意不可。」蔣說：「此種苛刻之無理要求，無法忍受，但此協定又不能不速訂立，故顧大使提議改為換文，不在條約之內，而以雙方平等義務出之，不以對中國單方面限制之形式為原則，而且對軍事只以出擊大陸須以協商同意為限之精神，與之力爭，未知果能有成否。弱國被侮如此，能不自強求存乎。」[29] 顧大使的提議換湯不換藥，只是爭回一點面子而已，蔣介石還是得同意，從今以後，美國與中華民國政府共同控制國軍的軍事部署和調動。

　　十一月十三日晚上，國軍太平艦於大陳島海域遭解放軍魚雷快艦伏擊而沉沒。十八日，解放軍開始轟炸大陳島、一江山島和馬祖，試探美國對外島協防的態度。面對毛澤東的威脅，美國加速與臺灣談判防禦條約。十一月二十三日，蔣介石召集副總統陳誠、行政院長俞鴻鈞、總統府祕書長張羣、外交部次長沈昌煥等人，商討《中美共同防禦條約》換文中「臺澎駐軍在實質上如減低此等防守可能性之程度，須經雙方共同協議定之」一節，表示贊同。

Washington, November 6, 1954。

29　國史館，蔣中正先生年譜長編，第十冊，385頁。

186　借殼上市

蔣自記：「此一最後爭執，乃可獲得最後之解決乎？」[30]
十一月二十五日，蔣接葉公超電告，《中美共同防禦條約》
已經祕密草簽。[31] 蔣回電：「盼續洽美方，儘速正式簽約。
紐案最好能打消，如美堅持提出，則我應促美同意在紐案
提出前正式簽約。」[32]

　　一九五四年十二月二日，杜勒斯和葉公超在華府簽署
談判已久的《中美共同防禦條約》。條約第六條規定：「所
有『領土』等詞，就中華民國而言，應指臺灣與澎湖」。
這點指出條約適用範圍僅涉臺灣及澎湖，但對遭受中華
人民共和國攻擊的外島，在極端狀況下，美軍協防的範圍
也「將適用於經共同協議所決定之其他領土」。條約簽訂
後，雙方附加換文，參照《中日和約》的說法，中華民國
「對其現在與將來所控制之一切領土，具有固有之自衛權
利」。該條約給予中華民國迫切需要的軍事和外交支持，
但也嚴格限制了蔣介石的反攻大陸行動。換文特別規定：
「茲同意此項使用武力將為共同協議之事項，但顯屬行使
自衛權利之緊急性行動不在此限。」另外還規定：「凡由

30　國史館，蔣中正先生年譜長編，第十冊，390頁。
31　國史館：葉公超電蔣中正俞鴻鈞稱與杜勒斯就中美共同防禦條約英文本草
　　簽並洽商簽換文與發表日期等及聲明內容定義等相關事項，典藏號：002-
　　090103-00002-254，1954/11/23。
32　國史館：蔣中正電葉公超若聯合聲明末段美要求恢復仍盼盡力交涉刪除另
　　紐案若美堅持提出應促美在正式提出前簽約，典藏號：002-090103-00007-
　　327，1954/11/25。

兩締約雙方共同努力與貢獻所產生之軍事單位，未經共同協議，不將其調離第六條所述各領土（指臺澎），至足以實際減低此等領土可能保衛之程度。」[33] 可見，本條約從法律上確保美國與中華民國共同管理臺、澎、金、馬的國防和軍隊調度。

十二月四日，蔣介石致電艾森豪總統：「茲所締結之條約不僅使貴我兩國人民在其反抗共產侵略之鬥爭中，益見密切團結，且使千百萬崇尚自由之亞洲人民，更增信心。」[34] 當晚，蔣介石自記：「此乃十年蒙恥忍辱、五年苦撐奮鬥之結果，從此我臺灣反攻基地始得確定，大陸民心乃克振奮。此誠黑暗中一線曙光，難怪共匪之叫囂咒罵，可知其心理之恐怖為何矣。天父賜我如此之厚，能不勉旃。」[35] 這可能是蔣介石十年來最高興的一天，贏得美國條約承諾來保衛臺灣的安全，就不用為毛澤東的大砲擔驚受怕了。[36]

《中美共同防禦條約》簽署後，毛澤東企圖阻止美國參議院批准條約。一九五五年一月十日，解放軍炮轟大陳島。一月十一日，蔣介石電葉公超：「務希美國對大陳方

---

33 國史館，一個中國論述史料彙編，史料文件（一），72-74頁。

34 國史館：蔣中正電艾森豪致賀中美共同防禦條約簽訂加強反共團結有助世界和平，典藏號：002-090103-00002-258，1954/12/04。

35 國史館，蔣中正先生年譜長編，第十冊，395頁。

36 國史館：蔣中正電示葉公超代向艾森豪表示中美協定成立之重要意義，典藏號：002-010400-00023-052，1954/12/10。

針做最後決定，俾我可照其方針有所準備。在我而言，大陳實無單獨防衛之可能，而且違反我戰略之原則也。」[37]一月十八日，解放軍攻占一江山島，國軍司令官王生明和幾百名守軍殉職，蔣介石悲痛不已。一月十九日，杜勒斯向艾森豪提議，要求國會授權總統可以動用美軍保衛金馬以換取蔣介石同意撤出大陳島，但要取得國會這項授權，必須向國會承諾美英支持紐西蘭在聯合國提案討論臺海爭端，這需要英國的同意。[38]當天，杜勒斯會見葉公超，告訴他美國認為金門安全為防衛臺澎必要條件，若中華民國政府接受建議撤退大陳，美國即可做協防聲明。大陳撤退後，美國可向聯合國提出停火；而美國認為，金門以北外島，包括馬祖，並無戰略價值，中華民國亦無力防守，宜在美國掩護下撤退。[39]

一月二十日，蔣介石接到葉公超來電報告杜勒斯的建

37 國史館：蔣中正電葉公超詢雷德福對大陳固守有否戰略上決定俾我方有所準備，典藏號：002-010400-00024-012，1955/01/11。

38 FOREIGN RELATIONS OF THE UNITED STATES, 1955–1957, CHINA, VOLUME II，Memorandum of a Conversation, The White House, January 19, 1955, 1:15 p.m.

39 國史館：葉公超電蔣中正美認為金門安全為防衛臺澎必要條件若政府接受建議撤退大陳即可作協防聲明，典藏號：002-090103-00002-260，1955/01/19。

FOREIGN RELATIONS OF THE UNITED STATES, 1955–1957, CHINA, VOLUME II，Memorandum of a Conversation, Department of State, Washington, January 19, 1955.

議。一月二十一日,蔣介石自記:「美願以協防金門以換取大陳之撤退建議,此乃合於情理者,不能不加以考慮。」[40] 當天,蔣介石回電葉公超同意自大陳撤軍,但要求美國協助降低政治與軍事上之不良影響。蔣特別關照「切望美方能迅速促參院通過條約,以澄清各方疑慮」。[41] 一月二十一日上午,儘管英國反對,艾森豪仍決定向蔣介石承諾要協防金門和馬祖,交換國軍撤出大陳島。[42] 當天中午,杜勒斯告訴葉公超:「總統現在已經決定,美國預備協防金門和馬祖。可是目前不會就此事有公開聲明。」[43] 一月二十二日,蔣介石自記:「愛克(艾森豪)建議我撤防大陳,而彼願以海空軍掩護,且允協防金門、馬祖。此事在軍事上甚合情理,惟其後果與事實,思之不勝痛苦,乃之可允其善意建議,否則中美協定其國會將擱置不理矣,故決定接受其意見。」[44] 可見,蔣介石決策大陳撤退

40　國史館,蔣中正先生年譜長編,第十冊,411頁。

41　國史館:蔣中正電葉公超同意撤退大陳與協防金門同時聲明以減低影響等建議並請轉知美方將影響戰略士氣並須支援運輸工具嚴守祕密及反對停火案等相關條件,典藏號:002-090103-00002-276,1955/01/21。

42　FOREIGN RELATIONS OF THE UNITED STATES, 1955–1957, CHINA, VOLUME II,Memorandum of Discussion at the 233d Meeting of the National Security Council, Washington, January 21, 1955.

43　FOREIGN RELATIONS OF THE UNITED STATES, 1955–1957, CHINA, VOLUME II,Memorandum of a Conversation, Department of State, Washington, January 21, 1955。

44　國史館,蔣中正先生年譜長編,第十冊,414頁。

時最重要的考慮是確保美國參議院批准《中美共同防禦條約》。

一九五五年一月二十四日,艾森豪向美國國會提出「特別諮文」,要求國會授權總統於其認為必要時「得使用美國武裝部隊專事確保臺灣與澎湖列島」。[45] 一月二十七日,蔣介石電葉公超,向美國嚴正反對「紐案」,擔心它導致「兩個中國」。[46] 一月二十八日,不顧中華民國反對,在英美支持下,紐西蘭向安理會重新提案,呼籲臺海停火。[47] 同日,美國國會通過「臺灣決議案」,授權總統動用美軍防衛臺灣、澎湖及臺灣海峽「相關陣地及領域」。一月三十日,蔣介石接葉公超來電,得知艾森豪只同意給私下承諾,不願意公開聲明協防金馬。蔣非常憤怒,三次召見美國大使藍欽談話,重申美國公開發表協防聲明為大陳撤軍之先決要件。[48] 二月三日,根據毛澤東的指示,不顧英國的邀請,周恩來正式拒絕參加安理會討

---

45 FOREIGN RELATIONS OF THE UNITED STATES, 1955–1957, CHINA, VOLUME II,Message From the President to the Congress, Washington, January 24, 1955。

46 國史館:蔣中正電葉公超臺海停火案係英出賣中國企圖使共匪入聯合國形成兩個中國我應向美表示反對紐案及停火之嚴正立場,典藏號:002-090103-00008-087,1955/01/27。

47 FOREIGN RELATIONS OF THE UNITED STATES, 1955–1957, CHINA, VOLUME II,Report of New Zealand–United Kingdom–United States Working Party,Washington,January 27, 1955.

48 國史館,蔣中正先生年譜長編,第十冊,419-420頁。

論。[49] 因此，艾登決定停止「神諭行動」。而杜勒斯認為，只要外島問題被列在聯合國議程上，中共就不太可能進攻。而且，艾森豪已經得到國會的「臺灣決議案」授權動用美軍保衛臺澎及「相關陣地及領域」。[50] 二月二日，臺美再三交涉後蔣介石妥協，接受艾森豪私下的、非公開的承諾協防金馬。二月三日，蔣介石電葉公超敦促《中美共同防禦條約》宜速通過。[51] 二月五日，艾森豪下令美軍第七艦隊協助撤退大陳島守軍及居民三萬多人。[52] 二月八日，在美軍協助下，國軍正式從大陳島撤軍，十日完成撤軍。

一九五五年二月九日，美國參議院正式批准《中美共同防禦條約》。參議院外交委員會在批准該條約時，特別聲明條約並不影響或改變其適用地域的法律地位，說明條約並未對臺灣、澎湖群島的主權歸屬做最後的處分。[53] 二月十日，蔣介石自記：「此事自去年十月十二日，勞勃

---

49 FOREIGN RELATIONS OF THE UNITED STATES, 1955–1957, CHINA, VOLUME II，77. Editorial Note。

50 FOREIGN RELATIONS OF THE UNITED STATES, 1955–1957, CHINA, VOLUME II，Memorandum of a Conversation, Department of State, Washington, February 7, 1955。

51 國史館：蔣中正電葉公超促中美互助協定最好在英國邦聯會未閉幕前通過，典藏號：002-010400-00024-025，1955/02/03。

52 FOREIGN RELATIONS OF THE UNITED STATES, 1955–1957, CHINA, VOLUME II，Memorandum of a Conversation With the President, Washington, February 5, 1955, 12:30 p.m.

53 「中美共同防禦條約」，維基百科，自由的百科全書。

二戰期間,艾森豪擔任盟軍在歐洲的最高指揮官,並晉升為五星上將。戰後投入政界,當選為美國總統,並於一九六○年訪問臺灣,與蔣介石搭車前往圓山大飯店的途中受到群眾熱烈歡迎。(圖片來源:維基共享)

森來談紐案起,至今已將四個月,終能得到一結果,不可謂非逢凶化吉之大事,此非上帝賜我國家轉危為安之徵兆乎。」[54] 三月三日,杜勒斯再次訪臺,蔣介石對他強調「死守金馬絕不停戰」。《中美共同防禦條約》協定書交換典禮於臺北完成,條約於該日生效。三月五日,蔣介石自記:「不論其事實效果如何,惟此為我反共抗俄之第一步計畫已得告一段落矣,不知受過其幾多之忍辱與周折,乃得有此完成之一日耳。」[55] 當天,蔣介石正式同意臺灣本

54 國史館,蔣中正先生年譜長編,第十冊,425頁。
55 國史館,蔣中正先生年譜長編,第十冊,434頁。

島空防於戰時歸美軍指揮。[56]一九五五年四月二十五日，在印尼萬隆出席亞非不結盟國家會議的周恩來公開呼籲與美國直接談判：「中國政府願意坐下來，與美國政府談判，討論遠東鬆弛緊張的問題，尤其是臺灣地區鬆弛緊張的問題。」美國政府立刻響應，[57]一週後，中華人民共和國停止對金馬的砲戰。

林孝庭的《意外的國度》認為，一九五○年代初，國民黨政府與日本、美國所簽訂的兩項條約，一方面在國際上強化了其代表中華民國的正當性，但另一方面卻也進一步深化了「中華民國在臺灣」的事實；一九五二年的《中日和約》，結束兩國戰爭狀態並恢復邦交，一九五四年的《中美共同防禦條約》使雙方結為正式的軍事盟邦，這兩個重要條約讓蔣介石在臺灣，獲得了堅實的安全與外交基礎，然而無論國民黨人士喜歡與否，此兩約的內容、精神與適用範圍，讓國民黨所宣稱代表的中華民國僅局限於臺灣一隅的格局，逐步永久化與固定化。[58]

毛澤東發動一九五四年臺海危機導致了美國與臺灣簽訂《中美共同防禦條約》，該條約的基本精神反共，不僅在軍事上協防中華民國，亦防止共產主義從內部滲透臺

56　國史館，蔣中正先生年譜長編，第十冊，434頁。

57　FOREIGN RELATIONS OF THE UNITED STATES, 1955–1957, CHINA, VOLUME II，222. Editorial Note。

58　林孝庭：意外的國度，臺北：遠足文化，2017.03，30頁。

灣。《中美共同防禦條約》從法律上將由國共內戰而延伸的臺海危機國際化，同時，確保了美國與中華民國實質上共同管理臺灣的國防和經濟。在《中美共同防禦條約》中，美國實際上承認的中華民國領土只涉及臺澎，對遭受中華人民共和國攻擊的外島，美國的承諾含含糊糊，美國也不承認大陸是中華民國領土的一部分。不過，《中美共同防禦條約》對保障海峽兩岸「一邊一國」的長期並存作用很大。蔣介石在國防、外交和經濟上向美國轉讓一部分對臺灣的管理權，是為了臺灣安全而不得不付出的代價。

十一、第二次臺海危機時，蔣介石為何要堅守金馬？

　　一九五八年八月二十三日至十月二十五日之間，毛澤東發動第二次臺海危機。中國人民解放軍對駐守金門和馬祖的中華民國國軍發動榴彈炮突擊，在四十四天內向金門發射砲彈近五十萬發，並封鎖海運線，圍困金門。在砲戰初期，國軍猝不及防，傷亡慘重，但隨著戰事持續，逐漸恢復戰力，雙方多次戰鬥，互有勝負。九月二十二日，美國所支援的八吋大口徑巨炮運抵金門，國軍反擊力量大增。美國還緊急運送 AIM-9 響尾蛇飛彈給中華民國空軍，擊退中國空軍的進攻，導致解放軍封鎖金門的企圖失敗。十月初，解放軍宣布放棄封鎖，改為「單打雙停」（單日砲擊，雙日不砲擊），逐漸減少攻勢。中華人民共和國對金門和馬祖的砲擊，維持到一九七九年一月一日，中美建交後，才正式結束。

　　一九五八年夏，中國加強對臺、澎、金、馬宣示主權，但蔣介石決心堅守金馬，抵抗入侵。一九五四年臺海危機之後，透過《中美共同防禦條約》，美國承諾保衛臺澎，

美國總統還有國會授權可以動用美軍防衛臺灣海峽「相關陣地及領域」。一九五五年八月,中美大使級會談開始後,美國企圖說服中國放棄對臺灣使用武力,但始終沒有成功。中國堅持,除非美國同意撤出臺、澎、金、馬,否則不願討論其他項目。一九五八年七月中旬,中東形勢緊張,毛澤東以「聲援中東人民的反侵略鬥爭」為由,開始大量向福建沿海集中兵力,準備攻打金馬。八月初,毛澤東誘使蘇共總書記赫魯雪夫到北京訪問,製造赫魯雪夫支持中共立即解放臺、澎、金、馬的氣氛。一九五八年八月六日,中華民國國防部宣布「臺灣海峽局勢緊張,臺、澎、金、馬地區進入緊急備戰狀態」。

八月十一日,蔣介石對行政院長陳誠表示,「自赫、毛開會後,研究其結果,可能於九月半前對臺灣必有軍事行動,乘聯合國開會,威脅英、美,使匪進入聯合國,或由聯合國派視察來華,造成事實上承認共匪偽政權。」[1] 八月十六日,蔣在日記中判斷,毛澤東的目的「仍以戰爭脅制美國退出臺灣海峽,清算中華民國,使其不僅進入聯合國,而且成為五大國之一的春夢,故其計畫仍以局部戰爭,掠取金門、馬祖為主旨,但亦不恤引起大戰,冒犯臺灣之準備,而其關鍵全在我金門戰鬥之勝負,為唯一樞機

1　國史館:《陳誠先生日記》,第二冊,922頁。

耳。」[2] 八月十八日至二十日，蔣介石緊急巡視金馬前線，自記：「此次巡視馬祖、金門，自覺得益甚多，對將來作戰補益必定大也。」[3] 八月二十三日，蔣召見陸軍總司令彭孟緝，「指示其對馬祖工事注意各點，並囑白鴻亮（富田直亮）往馬祖視察工事後陳述其意見。」[4] 事後來看，一九五八年八月中，蔣介石對即將來臨的新危機，有心理準備和軍事準備，他對毛澤東的目的判斷正確，所採取的應對措施也基本正確，只是行動晚了兩週。

一九五八年八月二十三日，解放軍突然對金門進攻，砲擊一日數萬發。當天，蔣介石自記：「金門對岸共匪東自圍頭，西至南太武山匪砲五百餘門，環攻金門各島，全面砲擊，在八十分時之間發砲彈五萬餘發，我軍傷亡五百餘名，其中趙家驤、吉星文、章傑各副司令皆陣亡，其參謀長劉明夏亦重傷，可謂悲慘極矣，哀痛無已。幸俞部長與胡司令皆平安無恙也。」[5] 八月二十三日至九月十八日，解放軍持續火力封鎖金門海運線。八月二十六日，蔣介石接見美國大使莊萊德（Everett Drumright）和駐臺美軍協防司令史慕德（Roland N. Smoot），蔣指出，中共正企圖採取新戰術，攻取外島，此係當前面臨之最緊急與危險之

2　國史館，蔣中正先生年譜長編，第十一冊，94頁。
3　國史館，蔣中正先生年譜長編，第十一冊，94頁。
4　國史館，蔣中正先生年譜長編，第十一冊，95頁。
5　國史館，蔣中正先生年譜長編，第十一冊，95頁。

美國駐華大使莊萊德隨員覲見總統蔣中正。（圖片來源：國史館）

問題，如美政府不立即採取緊急行動，以謀對策，則士氣將終至無法挽救。蔣告訴史慕德，目前亟須辦理者為解決外島防禦問題。蔣要求美國立即行動：「一，確保臺灣海峽之安全，使臺，澎對外島之海運得以暢通。二，穩定金門馬祖局勢，阻止敵人瘋狂侵略行動」。蔣說，美國對國軍的軍備援助緩不濟急，「不能解決當前金門與海峽危急之實際問題。」[6]他試圖拖美軍加入金馬保衛戰。

6 國史館，蔣中正先生年譜長編，第十一冊，97-98頁。
   蔣中正與美國駐華大使莊萊德駐臺協防司令部司令史慕德為中共砲擊金門
   美國在遠東地區加強中美戰備具體計畫等進行會談之紀錄，典藏號：005-

在華府，美國國務卿杜勒斯公開警告中國，若中華人民共和國圖謀奪取金門、馬祖，美將視為威脅和平。八月二十四日，在白宮的緊急會議上，軍方認為如果有需要，美軍可介入協助國軍防守金門和馬祖，突破解放軍海上封鎖。但是，「為了有效防禦這些島嶼，將要動用核子武器」。對於美軍參與防守金馬，可能導致對中國的核子戰爭，艾森豪總統十分猶豫。他嚴令軍方，任何動用核武的行動，必須事先經過他明確批准。[7]八月二十七日，蔣介石致電艾森豪，要求他授權駐臺美軍協防司令，根據《中美共同防禦條約》的協商機制，即時同意國軍的軍事行動，以示美臺軍事合作的誠意。[8]二十八日，艾森豪回電，表示美方還在緊急研究。[9]但是，八月三十一日，蔣介石接獲美國國防部覆電，「以砲擊不能攻占金馬之詭辯，與對我要求其同意我軍單獨行動，用空軍轟炸共匪海空軍基

　　010205-00084-014，1958/08/26。

7　FOREIGN RELATIONS OF THE UNITED STATES, 1958–1960, CHINA, VOLUME XIX, 43. Memorandum of Meeting,Washington, August 25, 1958, 3:02–3:55 p.m. SUMMARY OF MEETING AT WHITE HOUSE ON TAIWAN STRAITS SITUATION.

8　國史館：蔣中正電美國總統艾森豪為美國大使莊萊德及史謨德中將就共軍在金門攻擊行動以來美國政府採取之措施所做說明深感欣慰並建議中美聯合以強大軍事組織阻嚇共軍。典藏號：005-010205-00038-007，1958/08/27。

9　FOREIGN RELATIONS OF THE UNITED STATES, 1958–1960, CHINA, VOLUME XIX，50. Memorandum for the Files，Washington, August 27, 1958.

地與砲位之建議，不足正面答覆，徒以共匪空軍向我攻擊時我可追擊至其基地予以打擊之意。」顯然，美國要阻止蔣介石擴大戰鬥範圍，阻止他主動轟炸中國大陸的海空軍基地，難怪蔣介石「聽取之下，憤痛無已。」[10] 因為美國國防部的指令，破壞了他的如意算盤。

那麼，蔣介石的如意算盤是什麼呢？八月三十一日，蔣介石在日記中總結：「此次金門戰爭在戰略與政略上必須忍耐持久，藉此以完成戰備，如能假我一月以上，至雙十節前後從事反攻則幾矣。以理與勢測之，中共此次挑釁絕非姿態，而其必非攻占金馬為其最低之目標限度，故我不必怕失機會也。」他進一步分析：「共匪最初認為只要金門被其砲擊與魚雷封鎖後，不到十日或半月，我守軍必將動搖癱瘓，而美國亦必如三年前之大陳撤退情勢一樣，勸我撤退金馬外島，力求和平之慣技重現，否則彼亦可用兩棲登陸進攻，即可垂手而得，美國就可退出臺海，向之屈服，以達到收復臺澎，清算中華民國與國民黨，完成其統一，中國成為世界大國之目的。」蔣得意地寫道：「不料我軍固守一月以上，毫無動搖跡象，美國態度堅定明晰，亦不為其恫嚇所動搖。」蔣介石判斷毛澤東現在「騎虎難下」，所以，「其對金門如砲擊無效、外交無望，乃就不能不竭其三軍全力，以進犯金門。」蔣一副老神在

10　國史館，蔣中正先生年譜長編，第十一冊，100頁。

在，引虎跳海的心態：「吾人可於其必取必得之『必』字來定制匪之戰略與政策，自可以靜制動，毋恐其不來而失機耳。」[11] 在這天的日記中，蔣介石多次提到的「機會」，恐怕就是通過堅守金馬，引誘毛澤東擴大戰事，導致美軍與共軍直接開戰，挑起第三次世界大戰吧！

與此同時，毛澤東狂轟濫炸，步步進逼，逼得美國政府升級表態。九月四日，杜勒斯發表「新港聲明」，公開威脅「中共進攻金、馬，即為進攻臺、澎的前奏」，可能導致美國總統根據國會授權，動用美軍防衛臺灣海峽「相關陣地及領域」。[12] 艾森豪與軍方開始討論，如果危機再升高，要對中國動用戰術核子武器。面對美國的核子威脅，毛澤東撤退了。九月六日，周恩來宣布北京的目標是恢復中美大使級會談，白宮立刻表示，美國駐華沙大使已經準備好恢復會談。[13] 對此，蔣介石判斷華沙會談絕無結果，「如此則金門戰役又將形成拖移之局。照目前論，則我並無不利之處，以我接受此美援武器，至少要有三個半月以時間方能消化應用，而共匪對金馬問題絕不能延展至

11　國史館，蔣中正先生年譜長編，第十一冊，101頁。

12　FOREIGN RELATIONS OF THE UNITED STATES, 1958–1960, CHINA, VOLUME XIX. 68. White House Press Release, Newport, Rhode Island, September 4, 1958. STATEMENT BY THE SECRETARY OF STATE.

13　FOREIGN RELATIONS OF THE UNITED STATES, 1958–1960, CHINA, VOLUME XIX. 71. Memorandum of Conference With President Eisenhower, Washington, September 6, 1958, 1:30 p.m.

半年或一年之久，而不急求解決，吾有此一香餌之鉤，不患其上釣耳，吾何憂耶。」[14] 可見，蔣內心還在打如意算盤，用金馬作誘餌，將中美拖入直接大戰，而這正是美國要竭力避免的。

九月七日，赫魯雪夫寫長信給艾森豪作核子威脅。[15] 對此，蔣介石評論赫、毛的計畫：「甲、共匪參加大國會議，以金門戰爭為其契機，提出其匪、俄、美等會商之意。乙、共匪加入聯合國，代替我國代表權。丙、美應承認共匪。丁、美應撤退臺灣海峽，以及臺灣金馬由共匪收回。戊、徹底清算蔣介石賣國賊，認臺澎與外島不過是蔣的逋逃藪而已。」蔣介石洞察毛澤東的戰略目標，但認為毛的「反動宣傳，不致動搖美國上下對我外島之立場。」不過，他警告美方，在大使級會談上「切不可做有條件的停火，而不可對我有關之事謀取停火條件。」[16] 果然，艾森豪回信赫魯雪夫，表示絕不在中國武力恫嚇下後退。[17]

九月十五日，在華沙舉行的中美大使級會談上，中國

14　國史館，蔣中正先生年譜長編，第十一冊，101頁。

15　FOREIGN RELATIONS OF THE UNITED STATES, 1958–1960, CHINA, VOLUME XIX. 74. Telegram From the Embassy in the Soviet Union to the Department of State. Moscow, September 7, 1958, 9 p.m.

16　國史館，蔣中正先生年譜長編，第十一冊，107頁。

17　FOREIGN RELATIONS OF THE UNITED STATES, 1958–1960, CHINA, VOLUME XIX. 81. Letter From President Eisenhower to Chairman Khrushchev, Washington, September 12, 1958.

代表王炳南提出「直接威脅廈門、福州兩海口的,為國民黨軍隊所占據的金門、馬祖等沿海島嶼,必須收復。如果國民黨軍隊願意主動地從這些島嶼撤走,中華人民共和國政府將不予追擊」。[18] 美國大使強調:「美國對具有主權之盟友負有義務,今盟友領土遭受攻擊,美絕不能接受任何涉及讓棄盟友領土之解決方案。」[19] 美國實際上主張中華民國是主權獨立國家,它的領土是臺、澎、金、馬,國軍不能在武力脅迫下撤出金馬,也就是美國絕不接受中共用武力來改變臺海現狀。中美雙方連續會談四次,毫無交集。

九月十七日至二十日,蔣介石與蔣經國四度飛往澎湖馬公,督導美軍支援的重砲運送金門。十二門八吋重砲到位後,國軍取得火力上的優勢,其影響所及,使中國在砲戰上轉為劣勢,無法再以砲戰封鎖金門。此後,第七艦隊協助補給金馬,突破解放軍封鎖,並與國軍舉行一連串聯合演習。為防止美國在華沙會談中讓步,九月二十九日,蔣介石召開國際記者會,宣告:「金門與馬祖為遠東及西太平洋區安全之屏障,也是自由世界的燈塔。如果沒有金

18 FOREIGN RELATIONS OF THE UNITED STATES, 1958–1960, CHINA, VOLUME XIX. 91. Telegram From the Embassy in Poland to the Department of State, Warsaw, September 15, 1958, 7 p.m.

19 FOREIGN RELATIONS OF THE UNITED STATES, 1958–1960, CHINA, VOLUME XIX.92. Telegram From the Embassy in Poland to the Department of State,Warsaw, September 15, 1958, 8 p.m.

一九五八年八月十九日，八二三炮戰發生前，蔣介石、蔣經國視察馬祖。
（圖片來源：國史館）

馬，目前的戰爭可能已在臺灣進行。金門守軍月餘來忍受
共匪砲火之慘烈轟擊與堅強抵抗，正以鮮血來換取西太平
洋區之安全與和平。有金馬才能有臺灣，沒有金馬就沒有
臺灣。中共一天不占領金馬，便一天不能占領臺灣。」[20]
蔣介石這番話，既鼓勵臺灣軍民的抗共士氣，也警告美國
不能對中共壓力低頭。

　　可是，九月三十日，杜勒斯在華府記者會上公開表示，
若臺灣海峽能獲致靠得住的停火，美國將贊成國軍由外島

20　《聯合報》1958年9月30日，版1-2.

一九五八年八月二十日，蔣介石、蔣經國視察金門。
（圖片來源：國史館）

撤退一部分兵力。[21] 十月一日，蔣介石接見美國記者，針
對杜勒斯講話，公開反對減少外島駐軍，也反對外島地位
之任何變更。他表示，中華民國國軍仍要堅決死守金馬。[22]
十月二日，蔣介石又召見莊萊德大使，指責美國政府近日
之言論實對金馬國軍打擊重大。蔣堅決反對美方對減少金

---

21 FOREIGN RELATIONS OF THE UNITED STATES, 1958–1960, CHINA, VOLUME
    XIX. 143. Editorial Note,Secretary of State Dulles commented extensively on
    the Taiwan Strait crisis at a news conference on September 30, 1958.
22 國史館，蔣中正先生年譜長編，第十一冊，119頁。

門駐軍，甚至外島非軍事化、中立化的試探。[23] 十月初，毛澤東開始意識到，蔣介石堅守金馬，是要引誘他擴大爭端，拖中美捲入直接戰爭。毛澤東考慮到政治上已有收穫，華沙會談已恢復，因此接連宣布「停火一週」、「停火兩週」。毛澤東試圖以臨時停火來離間臺美關係，誘使美國逼蔣放棄金馬，臺海危機從此進入半打半停的以「外交政治為主，軍事手段為輔」的新階段。

一九五八年十月二十一日，杜勒斯來臺灣與蔣介石磋商，他原本想逼迫國軍自金馬撤退，沒想到中國卻在十月二十日恢復對金門炮擊向他示威，杜勒斯騎虎難下。十月二十二日晚，蔣介石當面要求杜勒斯：「予我以原子重炮，毀滅其炮兵陣地，否則只可由我空軍轟炸其運輸線也。」[24] 但杜勒斯卻要求蔣主動採取五項行動：「一，中華民國應以行動明確表示，就其本身而言，將基於事實上之相互基礎，當作目前業已有分割及停火局面之存在，且亦表示願意達成此種停火。二，蔣總統應重新強調其已作之表示，即中華民國將不主動企圖使用武力打回大陸。三，中華民國應避免採取對大陸之突擊行動以及例如派飛機飛越大陸之挑釁行動。四，就外島而言，中華民國應表示認清敵對

23　國史館，蔣中正先生年譜長編，第十一冊，120頁。
24　國史館，蔣中正先生年譜長編，第十一冊，129頁。
　　蔣中正與美國國務卿杜勒斯於十月二十二日晚宴前就中共砲擊金門事進行簡短談話之紀要，典藏號：005-010205-00083-003，1958/10/22。

武力過於接近之危險，並表示將接受任何看來可靠之解決辦法，以保證外島不淪入共黨手中抑或外島人民不被驅逐。中華民國無意使用外島進行內戰，且亦不以外島作為封鎖廈門福州或進行反攻大陸之跳板。五，目前中華民國外島駐軍之性質與人數應從軍事觀點加以檢討，以便有更大之機動性，惟同時自亦認清此種調整不能在砲火之下進行。」[25] 杜勒斯老謀深算，有戰略眼光，看清了最符合美國利益的兩岸關係的長遠趨勢。本質上，他要求蔣介石接受兩岸永久分離，一邊一國，放棄武力反攻，施行外島非軍事化。蔣聽後，認為這些要求是為「兩個中國」張本，「心中痛憤，忍之又忍。」他表示：「絕不願為求國際姑息主義者之同情，而喪失大陸同胞之自由希望。故我寧捨國際與聯合國之席次，而仍保留我大陸同胞對我之信心也。」[26] 但是，蔣介石內心明白他必須面對現實，沒有美國的支持，他什麼也不是。

　　杜勒斯與蔣介石交談三日，各讓一步。十月二十三日

25　FOREIGN RELATIONS OF THE UNITED STATES, 1958–1960, CHINA, VOLUME XIX. 196. Talking Paper Prepared by Secretary of State Dulles, Taipei, October 21, 1958.
　　國史館：黃少谷呈蔣中正檢送美國國務卿杜勒斯就金門外島及臺海情勢之書面意見中譯本，典藏號：005-010205-00121-004，1958/10/22。

26　國史館，蔣中正先生年譜長編，第十一冊，129頁。
　　美國國務卿杜勒斯向蔣中正提出書面意見時所作口頭補充説明其要點為對於中共恢復砲擊之當前局勢有何看法等紀錄，典藏號：005-010205-00121-005，1958/10/22。

晨，蔣介石修改杜提出的「聯合公報」草案，增加兩點：「甲、金馬與臺澎防務有密切關聯。乙、光復大陸的主要武器為三民主義之實行，而並非憑藉武力。」[27]不料，駐美大使葉公超將「非憑藉武力」翻譯成英文「不使用武力」，蔣介石事後發現，但「木已成舟，對之亦無可奈何」，只能痛罵葉公超「如此欺主，無異賣國。」[28]杜勒斯拿到葉公超翻譯的英文版，當然很高興。二十三日下午兩點，雙方在臺北發表歷史性的「聯合公報」。杜勒斯因「金馬與臺澎防務有密切關聯」而做公開協防承諾，同時警告中國不要再做出挑釁的動作；蔣介石則首次宣示「光復大陸主要武器為三民主義之實施，不憑藉武力為反攻復國之主要途徑」，暗示放棄武力反攻大陸的基本國策。[29]

十月三十一日，蔣介石在日記中認為公報「確保外島為我主權與領土地位」，這是他贏得的成果。另外，「若無此次公報第六項『不憑藉武力為反攻復國之主要途徑』一語，則對外之阻力與對美之疑忌終無法祛除，而我僅拘束於武力反攻，而無法實踐之口號，而放棄其武力之虛

---

27 國史館，蔣中正先生年譜長編，第十一冊，129頁。

28 國史館，蔣中正先生年譜長編，第十一冊，130頁。

29 FOREIGN RELATIONS OF THE UNITED STATES, 1958–1960, CHINA, VOLUME XIX,209. Joint Communiqué,Taipei, October 23, 1958.
國史館：聯合公報，典藏號：005-010205-00014-003，1958/10/23。
黃少谷接見美國駐華大使莊萊德就中美聯合公報內容及增加外島防衛事進行談話之紀錄，典藏號：005-010205-00121-008，1958/10/25。

名，不惟對國際，而其對共匪心理之作用或可使之鬆懈一點，未始無益耳。」[30] 可見，經過蔣介石與杜勒斯的會談，雙方「建立了中美共信互助之基礎」。[31] 蔣對「聯合公報」評價還是公允的，他清楚的認識到「放棄其武力之虛名」的後果和歷史意義。其實，通過「聯合公報」，蔣介石放棄了通過擴大金馬戰事而挑起中美大戰的如意算盤，也暫時放棄了不經美方同意而單獨反攻大陸的企圖。

杜勒斯的外交策略是讓臺灣、中國在外島降低軍事衝突，他認為只要美國立場堅定，中國會改變看法。果然，「聯合公報」發表後的第三天，中國突然宣布對金門的濫轟狂炸將改為「單打、雙停」。毛澤東在衡量局勢之後，不敢挑戰美國協防金馬的承諾，但他對外宣稱是因為擔心杜勒斯逼蔣介石放棄外島，切斷臺灣和大陸的牽連。對他來說，藉由觸發危機、再停止危機，既達成逼迫美國恢復大使級會談的目標，又挑戰了赫魯雪夫在國際共產主義運動中的領導地位。

對於金門反封鎖與砲戰勝利的原因，蔣介石曾總結了好幾項，「甲、守軍固守部署之決心與三軍一致之精神。乙、因我能堅定固守，故美乃積極支援。而其政府最後雖

30　國史館，蔣中正先生年譜長編，第十一冊，135頁。

31　國史館：美國總統艾森豪函蔣中正為美國國務卿杜勒斯返抵華盛頓報告與中華民國元首與政府首長在臺北會商情形。典藏號：005-010205-00038-012，1958/10/24。

因共產宣傳與內外威逼所動搖，但仍因我堅忍不拔，卒致共匪計窮力竭，破綻敗露，自動停火，而仍能轉變其態度，以保持其固有援我之立場。」從此，共匪「封鎖之企圖全被我打破，使其不能不改變方式，而向我求和，以轉於挑撥中、美兩國互助之方面，此其圖窮匕見、醜態畢露之結果也。」[32] 蔣介石公開演講時常常誇大其詞，但日記中的這些分析客觀精確。

第二次臺海危機，從赫魯雪夫訪問北京開始，到杜勒

蔣介石巡視金門大擔，當地官兵弟兄列隊歡迎。（圖片來源：國史館）

---

32 國史館，蔣中正先生年譜長編，第十一冊，118頁。

斯訪問臺北結束，因為蔣介石固守金馬、堅忍不拔的決心，迫使美國堅定態度，積極援臺，導致毛澤東「計窮力竭」。[33] 一九五八年底，蔣介石在總結金門砲戰時，信心大增。他甚至誇口要「加強外島防務，鞏固臺澎，控制臺海之制空權，始終保持不失。」他進一步分析過去十年的兩岸關係為「先取守勢，擊敗來犯之敵，然後逐漸打破敵我政治、經濟、文化、社會、外交與軍事之平衡力量，以轉移優劣形勢。」[34] 此後，中華民國與中華人民共和國長期隔海分治，蔣介石雖然不放棄「反攻復國」的口號，內心卻清楚意識到這徒有虛名，而毛澤東兩次發動臺海危機卻不敢真正攻下金馬，才是「兩個中國」長期並存的根本原因。

33　國史館，蔣中正先生年譜長編，第十一冊，118頁。
34　國史館，蔣中正先生年譜長編，第十一冊，152頁。

十二、蔣介石為何不否決
外蒙古入聯？

　　一九六一年初，美國新總統甘迺迪（John Kennedy）
上任後，國務院希望根據國家繼承理論，讓聯合國將兩
岸視為中國的「兩個繼承國」，而不討論哪一方代表「中
國」，從而都成為聯合國會員國。[1]可是，臺美就聯合國
代表權問題的交涉，因外蒙入會案節外生枝。[2]蔣介石為
阻止蒙古人民共和國成為聯合國的會員，要在安理會動用
否決權，造成臺美關係空前緊張。最後關頭，臺美妥協，
甘迺迪放棄推動「兩個中國」的企圖，蔣介石不否決外蒙
入聯。外蒙入會案，是一九六〇年代一場重要的外交戰，
穩定了此後十年的臺美基本關係，卻也使臺灣錯失以「兩
個中國」並存於聯合國來根本解決兩岸關係的機會。

1　FOREIGN RELATIONS OF THE UNITED STATES, 1961–1963, VOLUME
　　XXII, NORTHEAST ASIA，Memorandum From Secretary of State Rusk
　　to President Kennedy ，May 26, 1961. SUBJECT，China and the United
　　Nations.
2　參考王正華，蔣介石與1961年「蒙古人民共和國」入會案，國史館館刊，第
　　19期（2009年3月）。

一九四六年一月五日，根據《中蘇友好同盟條約》，中華民國承認蒙古人民共和國獨立。一九五三年二月二十三日，中華民國宣布《中蘇友好同盟條約》失效，撤銷承認外蒙古的獨立。一九五五年十二月十三日，中華民國駐聯合國代表蔣廷黻在安理會對外蒙入聯申請行使否決權，主張全蒙古是中國的一部分。這是中華民國在安理會僅有的一次行使否決權。[3]一九六一年四月，外蒙古和非洲法語區茅利塔尼亞申請加入聯合國，外蒙入會案再次浮上檯面。這次，蘇聯將外蒙古和茅利塔尼亞綑綁在一起，威脅說中華民國如否決外蒙，蘇聯就將否決茅利塔尼亞入會。五月初，非洲十二個法語國家一致決議，倘國府否決外蒙因而妨礙茅國入會，則十二國將一致與中華民國絕交，並反對中華民國的聯合國代表權。

四月二十八日，美國駐臺大使莊萊德（Everett Drumright）告知外交部長沈昌煥，外蒙入會案提交安理會討論時，美國將棄權，並分洽各國棄權，美方估計該案無法在安理會獲得七票多數。[4]四月三十日，蔣介石自記：「外蒙參加聯合國提案，美態度始終曖昧不明，其代表史

3　國史館，蔣中正先生年譜長編，第十冊，524頁。依據「聯合國憲章」規定，新會員國申請入會，須經安理會通過推薦，由大會以投票之會員國三分之二多數決定。常任理事國有否決權。

4　「沈昌煥部長接見莊萊德大使談話摘要紀錄」（1961年4月28日），〈中美兩國有關重要文件（第1冊）〉，《外交部祕書處檔案》，中央研究院近代史研究所檔案館藏，檔號：805/0008。

丁文生（Adlai Stevenson）誘勸我棄
權不投反對票，而蔣廷黻竟信之不
疑，可嘆。」[5]

蔣廷黻，曾任中華民
國常駐聯合國代表、
駐美大使。（圖片來
源：維基共享）

五月初，蔣廷黻返國磋商，指出：
「對外蒙古入會我若使用否決權，則
反感大；若棄權，則反感小。將來使
用否決權所招致之反感，可能對我代
表權有不利之影響，我不可不考慮：
代表權要緊？抑外蒙古要緊？」[6]蔣
介石連續兩次接見蔣廷黻後，五月
十二日，沈昌煥正式告知莊萊德：「外
蒙案如在安理會獲七票多數，中國必予否決；如確不足七
票，可考慮准由蔣廷黻代表酌情棄權。」[7]

當時，為消除國府對中國代表權的疑慮，美國副總統
詹森（Lyndon Johnson）銜甘迺迪之命，於五月十四日、
十五日訪問臺北，和蔣介石先後舉行三次會談，強調美國

5　國史館，蔣中正先生年譜長編，第十一冊，443頁。史丁文生指美國新任駐
　　聯合國大使史蒂文生。

6　「蔣廷黻代表與部長等會談簡記」（1961年5月6日），〈中美兩國有關重要
　　文件（第1冊）〉，《外交部祕書處檔案》，中央研究院近代史研究所檔案
　　館藏，檔號：805/0008。

7　「沈昌煥部長接見莊萊德大使談話紀要」（1961年5月12日），〈中美兩國
　　有關重要文件（第1冊）〉，《外交部祕書處檔案》，中央研究院近代史研
　　究所檔案館藏，檔號：805/0008。

對中華民國在聯合國地位的支持，但未詳談外蒙入會案。[8]
五月二十三日，國務卿魯斯克（Dean Rusk）向甘迺迪建
議，給予外蒙古外交承認，互換使節，得到甘的同意。[9]
六月八日，國務院公開證實美國與外蒙古談判建交。蔣介

一九六〇年八月，外交部長沈昌煥（左）與美國大使莊萊德（右）簽署農產
品銷售協定。沈昌煥兩度擔任外交部長，有「外交教父」之稱。
（圖片來源：維基共享）

8　國史館：總統蔣中正與美國副總統詹森就其訪問亞洲感想、共黨問題、
　　美國援外計畫及聯合作戰機構等問題進行談話之紀錄，數位典藏號：005-
　　010205-00085-002，蔣經國總統文物/文件/黨政軍文卷/國際情勢與外交，
　　1961/05/14。

9　FOREIGN RELATIONS OF THE UNITED STATES, 1961–1963, VOLUME
　　XXII, NORTHEAST ASIA,Memorandum From Secretary of State Rusk to
　　President Kennedy, May 23, 1961. SUBJECT: Diplomatic Recognition of
　　Outer Mongolia (the Mongolian People's Republic).

一九六一年七月，美國總統甘迺迪（右）與副總統詹森（左）在白宮會見陳誠（中）。（圖片來源：維基共享）

石認為：「此其動向乃對我國主權於不顧，豈不等於又一次出賣我國乎？……其有意侮辱我政府，不勝痛憤，乃命沈部長正式加以斥責。」[10]

　　甘迺迪上任後，試圖利用中華人民共和國和蘇聯的分歧，探索同親蘇共產黨國家交往的新模式。魯斯克安排與外蒙談判建交，事先未同臺北充分協商，激起蔣介石不滿。中國代表權交涉、美蒙建交談判、臺獨人士廖文毅訪

<hr>

10　國史館，蔣中正先生年譜長編，第十一冊，452-453頁。

美等三案迭加，[11] 使蔣介石對美國的不信任感加深，認為美國對華政策已發生重大變化。六月二十日，蔣介石接見莊萊德，指責美國決定與外蒙古建交，事前並未與國府商量，事後則僅以一紙通知書送達外交部，是「根本漠視我政府，抹煞我中華民國之地位」。蔣指出：「須知承認外蒙古偽政權的影響即是承認共匪之先聲」，凡屬與「國格有關者，均涉及政府對國家與人民之責任問題，義無反顧之餘地。」他罵美國：「處理此等有關我國重大權益的問題時，則又一意孤行，不經事先磋商，強使我事後承認。此不但違反信義，且係對我政府與人民之重大侮辱。」蔣介石要莊萊德正告國務院，廖案、蒙案及代表權三案均涉及國家基本問題，「我政府絕不能再有遷就忍讓之餘地」。[12] 當時，美國政府邀請蔣經國訪美以交換意見，但蔣介石於六月下旬予以拒絕，[13] 痛罵民主黨外交「幼稚卑

---

11 FOREIGN RELATIONS OF THE UNITED STATES, 1961–1963, VOLUME XXII, NORTHEAST ASIA，Telegram From the Embassy in the Republic of China to the Department of State，June 21, 1961.

12 國史館，蔣中正先生年譜長編，第十一冊，455-456頁。總統蔣中正款待前軍援團長史邁斯少將後與夫人宋美齡接見美國駐華大使莊萊德就國務院決定發給廖文毅簽證與美國政府對外蒙進行建交及我國在聯合國大會代表權事進行談話面告要點，數位典藏號：005-010100-00055-017，蔣經國總統文物/文件/忠勤檔案/，1961/06/20。

13 國史館：美國駐華大使莊萊德函國防會議副祕書長蔣經國謂代表美國政府邀其赴美訪問，外交部部長沈昌煥告莊萊德大使感謝美國政府盛意邀請但訪美行期須俟再加商酌又政府未正式授權蔣經國討論外蒙及聯合國代表權等問題之權力，數位典藏號：005-010204-00001-001，蔣經國總統文物/文件/黨政

鄙」、「匪夷所思」、「不足信賴」。[14]

因蔣介石對美的嚴重抗議，七月
一日和四日，蔣經國兩次找中情局臺
北站站長克萊恩（Ray Cline）談話。[15]
克萊恩與甘迺迪國家安全助理彭岱
（McGeorge Bundy）是哈佛大學同
學，又與蔣經國私交極好，他開始成
為兩蔣與白宮直接溝通的祕密渠道。
七月七日，克萊恩回美向彭岱報告臺
北實情，使白宮認識到蔣介石與國務

葉公超，曾任外交部
長、駐美大使、總統
府資政等職。（圖片
來源：維基共享）

院矛盾的嚴重性。[16]當天晚上，彭岱與駐美大使葉公超密
談，葉公超說明國府對美國新政府產生疑慮的原委。彭岱

　　軍文卷/大陸情勢與反攻，1961/06/16。

14　國史館，蔣中正先生年譜長編，第十一冊，458-459頁。

15　國史館：民國五十年七月國防會議副祕書長蔣經國與中央情報局臺北站長克
　　萊恩會談紀要：美方決定任何有關中國問題時應先共同商討不可先採行動造
　　成事實再迫我承認對於聯合國代表權問題若匪加入我方則退出對於外蒙問題
　　我方態度不改變等，數位典藏號：005-010301-00001-018，蔣經國總統文物
　　/文件/接待賓客/會談紀要，1961/07/01。民國五十年七月國防會議副祕書
　　長蔣經國與中央情報局臺北站長克萊恩會談紀要：外蒙古、聯合國代表權、
　　兩個中國以及廖文毅入境等事我國軍民無不反對美方不應再談兩個中國政策
　　此乃政客伎倆必使兩敗俱傷敵人得利等，數位典藏號：005-010301-00001-
　　019，蔣經國總統文物/文件/接待賓客/會談紀要，1961/07/04。

16　FOREIGN RELATIONS OF THE UNITED STATES, 1961–1963, VOLUME XXII,
　　NORTHEAST ASIA，Memorandum From the President's Special Assistant
　　for National Security Affairs (Bundy) to President Kennedy, Washington,
　　July 7, 1961.

表示甘迺迪無意承認中共，且下令無論如何應阻止中共進入聯合國。他詢及國府反對外蒙入會，是否因《雅爾達密約》，葉答以「人乃感情動物」，彭岱表示理解。彭岱說，友邦之間最需要者為互信互諒，不能彼此猜疑作弄。[17] 七月十五日，蔣介石在日記中寫道：「美對我聯合國代表權問題已表示重新協商，聞其兩個中國政策已由白宮決定取消云，但其外蒙承認政策尚在僵持中。」[18]

　　七月十四日，甘迺迪致函蔣介石，請他派可完全信任的代表，赴美協商。甘迺迪表示，他已下令駐東京大使館暫不發給廖文毅簽證；對美蒙建交問題，雖然美國是基於戰略上的考量，但顧及國府立場，可以延緩對外蒙古的外交承認，希望國府避免在聯合國使用否決權而影響到較重要的中國代表權；關於中國代表權問題，認為緩議案勢必失敗，必須使其被認為實質問題而非程序問題。他強調：「盡一切可能途徑支持中華民國，並反對中共進入聯合國。」[19] 蔣介石以甘函：「情詞懇切為感，至此中美

17　「抄駐美葉公超大使第774號來電」（1961年7月8日），〈中美兩國有關重要文件（第2冊）〉，
　　《外交部祕書處檔案》，檔號：805/0009。
18　國史館，蔣中正先生年譜長編，第十一冊，463頁。
19　國史館：美國總統甘迺迪函請總統蔣中正指派代表一人來美與其暨相關人員就有關聯合國之議題進行磋商以化解雙方歧異抑或俟行政院政務委員蔣經國訪美時再為商討，數位典藏號：005-010100-00055-023，蔣經國總統文物/文件/忠勤檔案/，1961/07/14。

為匪共與外蒙問題與政策之矛盾，始有轉機乎。」[20] 七月二十四日，克萊恩回臺拜見蔣介石，讓蔣認識到甘迺迪同國務院在對華政策上可能有分岐，國務院要推動「兩個中國」但白宮未必完全贊同。[21] 蔣介石遂決定派副總統陳誠訪美，認為「至此中美關係乃呈合作友好之象」。[22]

陳誠和甘迺迪、魯斯克等人於七月三十一日和八月一日兩日內，共進行四次會議。甘迺迪說明，與外蒙古建交，主要是為了在北京附近增設情報據點，但因為中華民國反對，他已決定將建交案擱置。對外蒙入會案，魯斯克表示，拒絕外蒙古入會及維護中華民國自身聯合國地位，必須慎選其一。外蒙古問題在美國本係小事，以其影響中國代表權問題而嚴重。魯斯克說，美國不擬與國府「協同在安全理事會拉足棄權票數」。葉公超追問：「美方曾有拉足安全理事會五理事國棄權，以阻外蒙古入會之議，何以嗣後變卦？」魯解釋：「中美如協同勸令他國棄權，以阻外蒙古入會，則非洲國家仍將視為形同否決，因而有對中美報復之虞。」葉質問：「美方此一看法，是否前所未及？」

20　國史館，蔣中正先生年譜長編，第十一冊，464頁。

21　國史館：民國五十年七月總統蔣中正接見美國中央情報局臺北站站長克萊恩有關副總統陳誠訪美準備與討論主題聯合國中國代表權問題並分析美國政府人物與對華政策建議計劃空投人員以支援大陸抗暴運動希望中美情報密切合作談話記錄，數位典藏號：005-010301-00010-002，蔣經國總統文物/文件/接待賓客/會談紀要，1961/07/24。

22　國史館，蔣中正先生年譜長編，第十一冊，467頁。

魯坦承：「確係如此。率直言之，此為蘇聯藉非洲國家向各方之敲詐。」葉反問：「可否使非洲國家對蘇聯施用壓力，而令其在茅利塔尼亞入會案上棄權？」魯表示此舉沒有希望。[23] 陳誠當即表示雙方會談不是彼此要說服對方，而是要坦率研究對付蘇聯的方法，陳宣示：「關於外蒙古入會案，倘能做到安全理事會五國棄權，我可棄權，否則我不能有其他決定。」魯斯克警告：「美將保留自由行動之權。」[24] 讀了這些會談紀錄，蔣介石認為：「美對外蒙入聯合國希望我不用否決權，其威脅程度如故，可笑可恥之至」。[25]

八月十五日，甘迺迪再以長函力勸蔣介石，曉以利害。甘迺迪表示，為達到阻止中共進入聯合國之更重要目標起見，勢必就較為次要之外蒙古入會問題運用戰術彈性。如國府對外蒙古入會案能不使用否決權，美方準備無限期

23　「訪美時與美方第四次會談紀錄」，《石叟叢書》影像資料，續編，〈訪美專輯〉，國史館藏，
編號：13，頁51。

24　國史館：陳誠電蔣中正與美總統甘迺迪等商討我在聯合國代表權問題及外蒙問題，數位典藏號：002-090103-00008-200，蔣中正總統文物/特交文電/，1961/08/02。陳誠電蔣中正率沈昌煥等與美魯斯克續商我在聯合國代表權問題及外蒙問題因蘇聯利用非洲敲詐而影響我代表權票數美認為我在聯合國席次重於外蒙而我僅能在五票棄權之原則下同意棄權暨聯合參謀機構事，數位典藏號：002-090103-00008-201，蔣中正總統文物/特交文電/，1961/08/02。「訪美時與美方第四次會談紀錄」，《石叟叢書》影像資料，續編，〈訪美專輯〉，國史館藏，編號：13，頁51。

25　國史館，蔣中正先生年譜長編，第十一冊，470頁。

延擱承認外蒙古談判。[26] 八月二十六日，蔣介石回函，外蒙古入會問題涉及基本國策與聯合國憲章原則，無選擇餘地。[27] 九月六日，甘迺迪以重話對蔣表示，外蒙古問題將是今秋能否阻止中共進入聯合國的決定性因素，對美國至關重要，如果臺美不能達成一致，美國必須保留選擇的自由。[28] 對此，蔣介石認為：「此乃其國務卿魯斯克壓迫我最後之一著，應慎重研究，依理依法以覆之，不可做意氣用事也。」[29] 九月十日，蔣介石回覆甘迺迪，強調：「中國代表權問題及吾人反對外蒙古入會一事，不僅關係敝國在聯合國席次之保持，且實為我國家尊嚴與民族自尊心之所繫。倘敝國竟屈服於國際勒索敲詐，而容許外蒙古入會，則吾人放棄道義立場之後果，將造成一項致命之打擊，即使敝國續獲保持聯合國之席次，亦無以補償此項損

26　國史館：一九六一年八月十五日美國甘迺迪總統致蔣中正總統為此次與陳誠副總統會談證中美雙方目標及立場相同且對維護及加強傳統友誼均甚重視等，數位典藏號：005-010205-00043-006，蔣經國總統文物/文件/黨政軍文卷/國際情勢與外交，1961/08/15。

27　國史館：總統蔣中正復美國總統甘迺迪函稿為副總統兼行政院長陳誠訪美受到款待表示感謝並就外蒙入聯合國大會與聯合國中國代表權問題重申我國觀點與立場，數位典藏號：005-010100-00055-022，蔣經國總統文物/文件/忠勤檔案/，1961/08/26。

28　國史館：一九六一年九月六日美國甘迺迪致總統蔣中正總統為外蒙進入聯合國等，數位典藏號：005-010205-00043-008，蔣經國總統文物/文件/黨政軍文卷/國際情勢與外交，1961/09/06。

29　國史館，蔣中正先生年譜長編，第十一冊，470頁。

害。」[30] 對於甘迺迪幾次來函，蔣介石認為是：「國務院對各方運動，以期達到其逼迫我轉變否決政策之目的，思之痛心。……只有否決外蒙，乃為死中救生唯一道路。」[31] 甘迺迪來函起了反效果，讓蔣生起「置之死地而後生」之意。

九月十九日，聯合國第十六屆大會在紐約開幕，外交部長沈昌煥擔任中華民國代表團團長，身負否決外蒙入會的使命。九月二十五日，蔣介石寫道，非洲法語國家和美國加大壓力，想使他屈服。對此，他發狠說：「余惟有貫徹其既定之政策，否決外蒙，並做最後撤退聯合國之準備，只要此一決心不為所動，則最後勝利必屬於我公理與正義之一方，何足為憂。……此實為我國對國際上最後一次之考驗也。」[32]

魯斯克在紐約先後於九月二十八日和蔣廷黻、二十九日和沈昌煥、葉公超會商。魯斯克表示，若中華民國被多數票否決或自動退出聯合國，其影響非但將使甘迺迪個人遭受打擊，亦為美國國際間一最大之失敗，值此關頭，他不得不重申深切憂慮，深盼勿低估退出聯合國後所產生的

---

30 國史館：總統蔣中正覆美國總統甘迺迪函就我國在聯合國大會代表權與反對外蒙入會事申明立場，數位典藏號：005-010100-00055-024，蔣經國總統文物/文件/忠勤檔案/，1961/09/10。
31 國史館，蔣中正先生年譜長編，第十一冊，483頁。
32 國史館，蔣中正先生年譜長編，第十一冊，485頁。

變化及此種變化對臺美之間的基本關係的影響。沈昌煥僵硬地表示，對外蒙古使用否決權，「實以國策所繫」。[33] 與沈談話後，魯斯克打電話給莊萊德，要他去警告蔣介石，他如果選擇「自殺性」否決外蒙，國府將會被聯合國趕出來，這必將影響臺美之間的基本關係。[34]

　　在魯斯克的威脅下，十月一日，蔣開始思考以不否決外蒙入聯，換取美國公開宣布否決中共入聯。十月二日晨，總統府祕書長張羣和行政院副院長王雲五謁蔣介石長談，兩人同感勢態嚴重，強調如被迫退出聯合國，不獨危及今後臺美關係，且有礙反攻復國使命。[35] 午後，莊萊德晉見蔣介石，蔣請他澄清六點疑慮：一、美國政府是否確將於我國否決外蒙古入會時，投票贊成外蒙古入會？二、美國政府屆時是否準備發表類似白皮書之聲明，譴責中華民國？三、美國政府是否即繼而正式承認外蒙古？四、美

33　「沈昌煥致許紹昌並即轉呈府院電」（1961年9月29日13時發），〈我國在聯合國代表權問題
　　（第3冊）〉，《外交部祕書處檔案》，中央研究院近代史研究所檔案館藏，檔號：805/0083。

34　國史館：美國駐華大使莊萊德奉美國國務院訓令對外交部政務次長許紹昌將美國政府就中國對外蒙入會案立場重申美國政府看法並要求中國審慎重新考慮，數位典藏號：005-010202-00098-009，蔣經國總統文物/，1961/10/01。FOREIGN RELATIONS OF THE UNITED STATES, 1961–1963, VOLUME XXII, NORTHEAST ASIA，Telegram From Secretary of State Rusk to the Department of State ，New York, September 29, 1961.

35　國史館，蔣中正先生年譜長編，第十一冊，489頁。

國政府是否準備變更中美兩國間之基本關係？甚至考慮與
我斷交？五、美國政府是否將於中共入會後，承認臺灣為
中共領土之一部分？六、美國政府是否將使安理會先處理
外蒙古案，迫使我國政府不得不使用否決權？蔣介石最後
表示：「美國政府如能做滿意之澄清，而以兩國真誠合作
為出發點，則我為維護甘迺迪總統領導自由世界之威望，
且不增加美國困難起見，對於是否必須對外蒙古否決，自
非不可商量，但中國政府絕不向壓迫之方式屈服。」[36]

　　蔣介石接見莊萊德，向美方探詢甘迺迪對華政策的底
牌，首次透露否決外蒙古問題仍有可商量的餘地。十月三
日晚上，甘迺迪閱及莊萊德電陳蔣介石所詢待澄清之各
點，極感不安，立即派彭岱夜訪葉公超，轉達：「全力保
持中華民國在聯合國的席位，並以一切方法阻中共進入聯
合國。」[37]十月五日下午，接到彭葉密談報告後，蔣介石
電示葉公超：「若美政府能公開保證以一切方法在聯合國

36　國史館：總統蔣中正於十月二日下午接見美國駐華大使莊萊德就中美關係、
　　外蒙入聯合國事與我國之聯合國代表權等問題進行談話之紀錄，數位典藏
　　號：005-010205-00085-006，蔣經國總統文物/文件/黨政軍文卷/國際情勢與
　　外交，1961/10/02。

37　國史館：葉公超電蔣中正美甘迺迪派員來訪澄清無承認外蒙之議及支持我聯
　　合國代表權阻匪入聯合國等，數位典藏號：002-090103-00008-202，蔣中正
　　總統文物/特交文電/，1961/10/04。FOREIGN RELATIONS OF THE UNITED
　　STATES, 1961–1963, VOLUME XXII, NORTHEAST ASIA，Memorandum
　　From the President's Special Assistant for National Security Affairs (Bundy)
　　to President Kennedy，October 4, 1961.

維我排匪，必要時在安理會否決共匪入聯，則我對蒙案不用否決權一節始可商量。」[38] 葉公超當即將此信息轉達彭岱。十月六日下午，蔣介石再召見莊萊德，向莊掀開底牌：「現在能解決這一問題的唯有甘迺迪本人。如甘迺迪願意提出具體保證，以一切方法在聯合國維我排匪，包括必要時在安理會中使用否決權。有此公開聲明，他可不對外蒙使用否決權。」[39]

十月八日下午，因魯斯克反對，莊萊德奉令答覆，甘迺迪不便公開聲明在安理會使用否決權，這對於雙方在聯合國之共同地位必有損害，美國政府不願提及在安理會使用否決權一點，實基於自聯合國成立以來，美國對於入會案向來公開主張不使用否決權，此已為美國外交上傳統政策。[40] 至此，臺美談判卡關，蔣介石震怒。十月九日，在

---

38 國史館，蔣中正先生年譜長編，第十一冊，490頁。總統蔣中正電駐美大使葉公超美國政府能公開保證必要時在安理會使用否決權維護我國在聯合國代表權則我國對外蒙入會案不用否決一節始可進行商量，數位典藏號：005-010100-00055-025，蔣經國總統文物/文件/忠勤檔案/，1961/10/05。

39 國史館：總統蔣中正於十月六日下午接見美國駐華大使莊萊德就外蒙入聯合國大會案、我國聯合國代表權案進行談話之紀要，數位典藏號：005-010205-00085-007，蔣經國總統文物/文件/黨政軍文卷/國際情勢與外交，1961/10/06。

40 國史館：美國駐華大使莊萊德於十月八日來見外交部政務次長許紹昌經將總統蔣中正見告各節電轉美國總統甘迺迪接復電飭以關於美國對我國在聯合國代表權一事予以最同情考慮，數位典藏號：005-010202-00098-011，蔣經國總統文物/文件/黨政軍文卷/軍事建設，1961/10/08。

FOREIGN RELATIONS OF THE UNITED STATES, 1961–1963, VOLUME XXII,

讀了葉公超報告與彭岱交涉的結果後，蔣責怪葉沒有忠實執行他的指令，反而在幫美國人說話，下令將葉緊急召回。[41] 安理會即將表決外蒙案，在此最後關頭，蔣介石準備玉石俱焚，還是懸崖勒馬？

十月十二日凌晨四點，蔣介石初醒，「突思外蒙案，對美國壓迫無理言行不堪忍受，亦無可能轉變，但將國務卿強迫態度與我國堅定方針，在其最後否決外蒙案之前，不能不使甘迺迪了解其經過事實，故決令經兒轉告其駐臺情報主官（克萊恩），囑其代達甘迺迪，使其了解，使對今夜外蒙案討論以前，或可由甘轉令其外交人員，對我政策有所協調助益也。」[42] 巧得很，幾乎同一時間，克萊恩接到彭岱不經國務院的密電，要他「與經國以私人非正式的研究，解決中美間對外蒙入會問題之辦法」。[43] 蔣經國得到克萊恩通知後，立即報告蔣介石。十月十三日上午，蔣經國與克萊恩會面，對克表示，反對外蒙古入會的唯一真正理由，是許多人擔心外蒙古入會是國務院同意中共入

NORTHEAST ASIA，Telegram From the Department of State to the Embassy in the Republic of China，October 7, 1961.

41　國史館，蔣中正先生年譜長編，第十一冊，492頁。

42　國史館，蔣中正先生年譜長編，第十一冊，493頁。

43　國史館，蔣中正先生年譜長編，第十一冊，494頁。

FOREIGN RELATIONS OF THE UNITED STATES, 1961–1963, VOLUME XXII, NORTHEAST ASIA，Message From the President's Special Assistant for National Security Affairs (Bundy) to the Chief of the Central Intelligence Agency Station in Taipei (Cline)，October 11, 1961.

會的前兆，而放棄使用否決權，會對臺灣內部政治造成空前的危機。克萊恩轉達，甘迺迪願以祕密保證的方式向蔣介石承諾，為阻止中共加入聯合國，美國將使用否決權。這個保證必須保持絕對機密，並以適當方式傳遞，蔣經國同意。[44] 十月十四日，克萊恩再和蔣經國會談數小時，敲定蔣介石和甘迺迪協議草案。[45] 蔣介石得意地自記：「在此存亡關頭，乃蒙上帝保祐，竟在此際得能轉危為安，是國運昌隆之預報。」[46]

十月十七日下午，經雙方同意，莊萊德晉見蔣介石，口頭報告甘迺迪電令：「一、余願向閣下保證：在任何時間，如為阻止中共進入聯合國而有必要並能有效使用否決時，美國將使用該項否決。二、該項保證不能公開，蓋不然勢必對中美雙方共同維護中國在聯合國地位之努力發生不利影響。如中國方面不慎透露，美方將不能不做外交上

44　國史館：民國五十年十月國防會議副祕書長蔣經國與中央情報局臺北站長克萊恩會談紀要：總統蔣中正為顧及美總統甘迺迪之國際威望及美國在世界上領導地位乃同意對我否決外蒙古入聯合國一事及不容匪幫混入聯合國且於必要時使用否決權以達目的等，數位典藏號：005-010301-00001-024，蔣經國總統文物/文件/接待賓客/會談紀要，1961/10/13。

45　國史館：民國五十年十月國防會議副祕書長蔣經國與中央情報局臺北站長克萊恩會談紀要：美國堅決反對中共進入聯合國但同意總統蔣中正於一九六一年國慶文告中所稱『中華民國政府乃為代表中國人民之惟一合法政府』等，數位典藏號：005-010301-00001-025，蔣經國總統文物/文件/接待賓客/會談紀要，1961/10/14。

46　國史館，蔣中正先生年譜長編，第十一冊，494頁。

之否認。三、甘迺迪擬於十八日做一公開有力之聲明，支持中華民國在聯合國之地位，其措詞如下：『美國一貫認為中華民國政府為代表中國之唯一合法政府，且一貫對中華民國政府在聯合國之地位及一切權利全力支持，是以美國堅決反對中共進入聯合國或其任何組成機構。』」[47] 蔣介石承諾中華民國對外蒙入會案將不投否決票，並對甘迺迪口信守密，但要求美方提供書面紀錄，和刪去「如中國方面不慎透露，美方將不能不做外交上之否認」一語，莊萊德照辦了。[48]

十月十六日，蔣介石接見克萊恩表示，他珍惜與甘迺迪如此坦誠交換意見的私人管道，希望維持其隱密性。[49] 在臺美交涉的最後階段，蔣介石將葉公超排除在外，也不讓沈昌煥知情。得知政策改變後，隔洋在外的沈昌煥請辭，[50] 十月十八日，蔣介石對其解釋：「吾人所希望徹

47　「許紹昌致沈昌煥電」（1961年10月17日），〈許次長交下「外蒙古」卷〉，《外交部祕書處檔案》，中央研究院近代史研究所檔案館藏，檔號：805/0117。

　　FOREIGN RELATIONS OF THE UNITED STATES, 1961–1963, VOLUME XXII, NORTHEAST ASIA，Telegram From the Department of State to the Embassy in the Republic of China，October 16, 9:09 p.m.

48　國史館，蔣中正先生年譜長編，第十一冊，497頁。

49　FOREIGN RELATIONS OF THE UNITED STATES, 1961–1963, VOLUME XXII, NORTHEAST ASIA，Message From the Chief of the Central Intelligence Agency Station in Taipei (Cline) to the President's Special Assistant for National Security Affairs (Bundy)，October 16, 1961.

50　國史館：外交部部長沈昌煥電國防會議副祕書長蔣經國聞政府已決定改變

底消除『兩個中國』之陰影，與鞏固我在聯合國地位之主要目標，對方於此皆照吾人所要求者誠意實施，則我亦應以誠意應之，對外蒙古入會問題，決改變原定計畫，不做否決之準備。」[51] 四小時後，蔣介石再向沈說明：「此次外蒙古否決政策之變更，乃與我原有目的並不相背，以當時冀於美方『兩個中國』政策無法消除，且對我代表權亦無保障，並不表示合作，故不能不做我寧為玉碎與破釜沈舟之決心。今美既有徹底改變其政策之決心與行動，故我為達成國家基本目的，與保持中美國交關係，乃亦不能不有此一改變。其對國家言，否決外蒙古事小，只可作為手段，而打破『兩個中國』陰影，確保聯合國席位，加強我政府為代表中國之唯一合法政府的地位，乃為我之最大目的。」[52] 十月十九日，蔣介石自記：「最後卒能依照預定方針實施無誤，其大部關係在於經國、克萊恩二人合作之力也，竟使此一已成失敗之局卒得轉危為安，感謝上帝保

政策基於政治與道義責任決立即辭職返國請代陳情並先遴定繼任人選，數位典藏號：005-010100-00055-030，蔣經國總統文物/文件/忠勤檔案/，1961/10/17。

51　國史館：蔣中正電沈昌煥對外蒙入會問題決改變原計畫不作否決之準備與蔣廷黻妥商處理方式，數位典藏號：002-080200-00354-034，蔣中正總統文物/特交檔案/，1961/10/18。

52　國史館：蔣中正電沈昌煥否決外蒙入會政策變更及為確保我在聯合國席位，數位典藏號：002-080200-00354-036，蔣中正總統文物/特交檔案/，1961/10/18。

祐不忘。」[53]

十月二十五日下午，安理會表決外蒙古入會案，蔣廷黻奉命離席不投票，結果九票贊成，美國一票棄權。蔣廷黻宣示國府仍然認為外蒙古「完全無資格入會」，不使用否決權完全是應「非洲及其他地方很多友邦」的請求。[54] 十二月十五日，聯合國大會表決「重要問題案」，以六十一票贊成，三十四票反對，七國棄權，通過第一六六八號決議，非洲十二個法語國家都投票支持。[55]

綜觀一九六一年外蒙入會案，蔣介石因廢除《中蘇友好同盟條約》而不願承認外蒙古是「獨立國家」，真正原因是擔心美國立場轉變，允許外蒙入聯是承認中共的先聲，為中共進入聯合國鋪路。蔣介石本來就對美國立場充滿疑慮，甘迺迪競選時主張撤退金馬，當選後又提出「兩個中國」來解決代表權問題。而美國改變對外蒙入會案態度，又試探美蒙建交，完全事先不與蔣協商，反而向他施壓，蔣終於不堪侮辱而大爆發。

對於甘迺迪新政府，蔣介石以破釜沉舟的決心，對外蒙入會案實行否決權，不惜退出聯合國，然後步步為營，

53　國史館，蔣中正先生年譜長編，第十一冊，498頁。

54　國史館，蔣中正先生年譜長編，第十一冊，501頁。

55　國史館：一九六一年十二月二十日蔣中正總統致美國甘迺迪總統聯合國大會已就中國代表權問題通過五國決議案並拒絕蘇俄所提排我納匪案事等之函稿，數位典藏號：005-010205-00043-011，蔣經國總統文物/文件/黨政軍文卷/國際情勢與外交，1961/12/20。

先是迫使美國終止與外蒙建交，和承諾對外蒙入會案棄權，繼要求美國公開承諾以否決權阻止中共入會未果，最後透過體制外的管道，取得甘迺迪的祕密保證。從一個弱勢地位，蔣介石以「寧為玉碎，不為瓦全」的自殺姿態，將臺灣推到懸崖邊緣，迫使甘迺迪斷絕「兩個中國」的任何安排，維持對中華民國的全力支持。以當時的臺美關係來看，蔣介石在外交策略上是成功的，難怪他在年終反省錄中說：「對美與聯合國代表權及偽蒙入會等問題，乃為我國十年來最激烈、最艱難的，亦是最大或是最後的一次。經過本年這一鬥爭，或將步入較能寬緩之地步乎？」[56]

蔣介石懸崖勒馬，顯然是被魯斯克會影響臺美「基本關係」的威脅所驚醒。蔣最擔心的是「美國政府是否將於中共入會後，承認臺灣為中共領土之一部分？」，莊萊德當場回答：「美國絕不承認臺灣為中共領土之一部分」。[57]可見，蔣介石高喊「寧為玉碎，不為瓦全」時，真正在乎的還是臺灣的安全與地位。可惜，他當時的國家戰略卻是錯誤的，錯失以「兩個中國」並存於聯合國來根本解決兩

56　國史館，蔣中正先生年譜長編，第十一冊，526頁。

57　國史館：總統蔣中正於十月二日下午接見美國駐華大使莊萊德就中美關係、外蒙入聯合國事與我國之聯合國代表權等問題進行談話之紀錄，數位典藏號：005-010205-00085-006，蔣經國總統文物/文件/黨政軍文卷/國際情勢與外交，1961/10/02。

岸關係的可能機會。不過這是我們「事後諸葛」的批評，
對處於一九六一年時空的蔣介石不太公平。

十三、蔣介石錯失「兩個中國」 並存的機會嗎？

　　一九四九年十月後，中華人民共和國就不斷挑戰中華民國的聯合國會員資格。由於雙方都宣稱自已是「中國」的唯一合法代表，導致在聯合國代表權問題上，雙方的鬥爭成為非此即彼的零和遊戲。[1]一九五〇年至一九六〇年間，由於中華人民共和國為共產主義陣營之成員，美國防止共產勢力在安理會另增一常任席位，故仍承認中華民國政府為代表中國之政府，協助保衛其中國代表權，美國採用「緩議」（moratorium）策略，即主張暫時不討論所有關於拒絕中華民國代表出席，或准許中華人民共和國代表出席的提案，均獲成功，為大部分盟國所接納。一九六〇年秋，第十五屆大會緩議案以八票險勝之後，美方即提出緩議案不再可行。一九六一年初，美國新總統甘迺迪上任後，國務院希望根據國家繼承理論，讓聯合國將雙方視為

1　參考王正華：蔣介石與1961年聯合國中國代表權問題，國史館館刊，第二十一期（2009年9月），95-150頁。

中國的「兩個繼承國」，而不討論哪一方代表「中國」，從而都能成為聯合國的會員國。可是，臺美就聯合國問題的交涉，因外蒙入會案的節外生枝，造成雙方關係高度緊張。[2] 美國無法迫使蔣介石就範，所以在一九六一年夏，甘迺迪放棄了推動「兩個中國」的努力，臺美最終達成妥協，促使聯合國大會通過中國代表權為重要問題，繼續保障中華民國席位達十年之久。蔣介石雖然贏得十年喘息，卻錯失以「兩個中國」並存於聯合國來根本解決中國問題的機會。然而，歷史真的是這樣嗎？

　　第十五屆聯大緩議案險勝之後，蔣介石就寫道：「如美國明年政策不做積極援助，則我更應有退出聯合國之準備，以防萬一，但余始終以為此非我國之致命傷，只要我能力求自強耳。」[3] 一九六〇年十一月中，蔣介石暗中支持的共和黨尼克森（Richard Nixon）落選，民主黨甘迺迪當選，蔣非常擔心甘：「將受左派包圍，對我國一如杜魯門、艾奇遜之所為，必有無端疑忌與荒謬之主張，受盡其侮辱，故必須充分準備，以應不測知變化。」[4]

　　一九六一年初，美國新任駐聯合國大使史蒂文生和新

2　參考王正華，蔣介石與1961年「蒙古人民共和國」入會案，國史館館刊，第19期（2009年3月）。國府否決外蒙入會，會連帶影響到茅利塔尼亞入會，茅國是否能入會關係非洲國家對國府中國代表權的支持。

3　國史館，蔣中正先生年譜長編，第十一冊，394頁。

4　國史館，蔣中正先生年譜長編，第十一冊，399頁。

任國務卿魯斯克開始試探中國的「兩個繼承國」構想。一九六一年三月十七日，魯斯克召見中華民國駐美大使葉公超談聯合國問題。魯斯克認為，中華民國政府目前最重要的事是爭取國際支援，以保全其在聯合國的席位，並保持「在臺灣的一切」。他相信中華民國留在聯合國一日，中共必將拒絕入會一日。葉公超提出兩點個人觀察：「一為中華民國政府將不為便利中共進入聯合國取代其席位而退出聯合國；二為中華民國政府在任何情況下，將絕不變更其在聯合國的正式國號。」[5]

三月二十二日，葉公超返臺述職前，再和魯斯克研商。葉公超表示，中華民國極難公開贊成「兩個中國」之擬議，因為這與一貫的國策不符。魯說明，若國府堅持代表整個中國，則中共進入聯合國問題必將成為代表權問題，而視作程序事項處理，聯合國會員國僅出席投票過半數的決定，即可使中共進入聯合國。魯斯克確切表明：「如果國府能將其權益主張限於其現所實際控制之領土，則美國當設法獲取聯合國大多數會員國之支持，而保全中華民國在聯合國的席位。」[6]通過談話，葉公超了解到魯斯克在試

---

5 國史館：總統府祕書長張羣呈總統蔣中正檢送駐美大使葉公超與美國國務卿魯斯克就我國在聯合國代表權問題第一次商談之會談紀錄，數位典藏號：005-010202-00098-003，蔣經國總統文物/文件/黨政軍文卷/軍事建設，1961/03/17。

6 國史館：駐美大使葉公超與美國國務卿魯斯克於五十年三月二十二日就聯合國代表權問題進行會談之簡要紀錄，數位典藏號：005-010202-00098-005，

探國府對「兩個中國」安排接受的程度，國務院釋出對中國代表權立場改變的訊息，而葉公超也沒有斷然拒絕這種試探。

三月二十七日，蔣介石召見葉公超，葉公超首先報告了他與魯斯克的談話，及他同駐聯合國大使蔣廷黻的商討，委婉主張彈性政策，反對輕言退出聯合國。總統府祕書長張羣報告前一天與副總統陳誠討論的要點為：「一、無法接受『兩個中國』並存於聯合國。二、任何決議案使我國默認僅代表臺灣，即令中共拒不入聯合國，對我國損害已極大，亦無法接受。三、應將此堅定立場告知美方，以不惜放棄會籍之決心，繼續奮鬥，以阻中共入會。四、應自策略觀點、憲章及議事規則中，研擬具體方案，與美商討。」外交部長沈昌煥表示，美方所擬辦法為支持中華民國會籍，使我留在聯合國內，希望共匪自己不願入會，造成僵局。美

英國首相麥米倫。
（圖片來源：維基共享）

蔣經國總統文物/文件/黨政軍文卷/軍事建設，1961/03/22。

方企圖以「保全我在臺所有一切」及「阻匪入聯合國」為策略的運用，以期誘導我方接受其「兩個中國」的布局。「倘我方接受其安排，即表示我方同意放棄對大陸主權的主張，即令共匪反對與我同在聯合國為會員國，美方仍可逐步推行『臺灣國際化』及『臺灣獨立』之政策，以減少共匪攻擊美國占領臺灣之口實，而增加共匪武力解放臺灣之困難。」沈昌煥接著分析了接受或拒絕美國方案的後果。

蔣介石對此重大問題特別慎重，他聽後表示：「一、對我代表權問題，美國在心理上已生失敗主義，乃設計造成兩個中國之布局，至於不能獲得支持票，乃一種說法而已。二、將來無論用緩議案或其他方法，均須美國有決心。否則，我自行拉票，必極困難。三、接受或默認兩個中國之安排，不但政府何以自處，我們應告美方，我們必要時決心退出聯合國。倘聯合國大會通過決議請匪入會，則我決心退出。當然我們要奮鬥到底，以保持我代表全中國之地位，使共匪不能入會。技術上各種方式，你們多研究好了。四、沈部長分析我失掉聯合國席次後，所將發生之種種不利後果，自然要考慮。這是你們的責任，你們外交家自應從國際角度多加研究報告政府。萬一我不得已退出聯合國，以後如何應付，乃是我總統的責任了。五、倘若我退出聯合國而共匪加入聯合國，在國際上絕非一件小事情。對遠東及整個世界均將產生重大之變化，對美國及聯

合國亦將發生嚴重之影響也。」[7]

　　蔣介石清楚退出聯合國的嚴重後果，雖然反對美國「兩個中國」的方案，表示不惜退出聯合國，但他卻沒有否決葉公超與美國進一步交涉，商量各種技術上的安排。四月一日，外交部正式訓令葉公超及蔣廷黻：如緩議案失敗而須另採新方案時，中美雙方應共同致力，使中國代表權問題不被視為程序事項，而被作為「重要問題」考慮之，但「任何將匪偽進入聯合國問題視同新會員入會而做之安排必含兩個中國之意，政府不能予以同意。」[8]

　　葉公超返回華府，四月三日約見魯斯克，呈遞蔣介石四月一日致甘迺迪函，說明中華民國政府的基本態度，就是無法接受、支持或默認聯合國中有任何造成「兩個中國」情勢之擬議，尤其這項擬議之最後效果，雖在阻擋中共進入聯合國，但一旦大會予以通過，聯合國大門遂向中共常開，聽其隨時進入。[9] 魯斯克從葉公超帶回的訊息判

7　國史館：蔣中正召見葉公超就兩個中國並存於聯合國問題與美國對我態度之談話紀錄及蔣中正對聯合國代表權之指示，數位典藏號：002-080106-00020-006，蔣中正總統文物/特交檔案/，1961/03/27。

8　國史館：沈昌煥呈蔣中正對美方建議我政府阻匪進入聯合國案奉示訓令葉公超等在聯合國代表權基本立場，數位典藏號：002-080106-00020-008，蔣中正總統文物/特交檔案/，1961/03/31。

9　國史館：總統蔣中正函美國總統甘迺迪中華民國為聯合國創始會員國之一——向忠誠遵守聯合國憲章宗旨及維護世界和平惟蘇俄正企圖牽引中共入會倘中共一旦入會將助長共產聲勢為聯合國前途及中美邦交著想盼貴國能盡力設法阻止中共入會等，數位典藏號：005-010205-00041-004，蔣經國總統文物/文

斷，國府對其已不再實際控制大陸之事實，仍不願遷就適應。葉公超說明：「一九五八年十月中美聯合聲明，為中華民國政府為顧及現實所能採取的最大限度。否則，國府在臺灣統治的合法性將遭到挑戰。」[10]對此會談，蔣介石覺得魯斯克「言行對我政府之侮辱，公然為帝國主義對其附庸之態度，不勝痛憤。」[11]蔣甚至認為今日聯合國「以中華民國為非法之組織，並視臺灣為美所占領之殖民地，國民黨為殘餘集團，且富有造成臺灣為國際共管之陰謀，此可忍乎？」他「不能忍受此種奇辱與悲劇，故決定退出。」[12]

一九六一年四月五日，甘迺迪和訪美的英國首相麥米倫會談，聽取英國對中國代表權的看法。英國建議，首先考慮拖延的方案，其次是繼承國議案。甘迺迪重申：「我們不能支持共產中國加入聯合國，應該找到一個使它不想加入的方案。」麥米倫也不特別希望共產中國進入聯合國，樂意就美國提出的議案進行合作，但認為除非臺灣成為一個獨立國家，並且對中國大陸沒有任何權利要求，否則沒有一個建議是可行的。麥米倫建議，聯合國成立以來

件/黨政軍文卷/國際情勢與外交，1961/03/31。

10　國史館：駐美大使葉公超與美國國務卿魯斯克談話紀錄摘要，數位典藏號：005-010202-00098-006，蔣經國總統文物/文件/黨政軍文卷/軍事建設，1961/04/03。

11　國史館，蔣中正先生年譜長編，第十一冊，443頁。

12　國史館，蔣中正先生年譜長編，第十一冊，436頁。

十三、蔣介石錯失「兩個中國」並存的機會嗎？　243

美國國務卿魯斯克。
（圖片來源：維基共享）

已經發生很多變化，有了許多新成員國，因此應該設立一委員會處理分裂國家和安理會擴大問題。英國的建議後來成為美國提出研究委員會方案的重要考慮。甘迺迪在會上問到：「是否中國和共產中國都聲稱代表整個中國這件事很重要？是否用中國這個名稱對雙方或其中一方是極為重要的？」[13]

甘迺迪被兩個中國爭奪「代表整個中國」所困擾，無法理解這對雙方的意義。

為了與蔣介石溝通，甘迺迪派副總統詹森於五月十四日、十五日兩日訪問臺北。詹森與蔣相談尚洽，也沒努力推銷「兩個中國」方案，他安慰蔣：「美國並無承認北京政權之意圖；美國反對北京政權進入聯合國，並認為保持

---

13 FOREIGN RELATIONS OF THE UNITED STATES, 1961–1963, VOLUME XXII, NORTHEAST ASIA, Memorandum of Conversation, Washington, April 5, 1961, SUBJECT:United Nations: Chinese Representation Problem,The President's Meetings with Prime Minister MaCmillan.

中華民國在聯合國之地位乃屬重要。」[14]詹森原本草擬的
公報稿有「以中華民國為中國唯一合法政府」一語,最後
卻被國務院反對而刪除,惹蔣介石生氣。[15]

詹森回美後不久,聯合國中國代表權交涉、外蒙古加
入聯合國問題,臺獨人士廖文毅訪美等三案迭加,使蔣介
石對美國的不信任感進一步加深。他認為,此三件事連在
一起,顯示美國對華政策已發生重大變化。六月二十日,
蔣介石召見美國駐臺大使莊萊德,指責美國「根本漠視我
政府,抹煞我中華民國之地位」。蔣懷疑國務院「第一步
為兩個中國,第二步為承認中共,第三步為臺灣獨立,
……上述三案均涉及中國國家基本問題,我政府絕不能再
有遷就忍讓之餘地。」他還警告莊萊德:「我如被逼不得
不退出聯合國,須知此乃美國『兩個中國』政策所造成,
其責任全在美國。」[16]蔣介石對美國充滿不信任感,六月
底,正式拒絕美國政府邀請蔣經國去美磋商。

一九六一年五月二十六日,魯斯克建議甘迺迪採行中
國的「兩個繼承國」方案:一、由聯合國宣告中國由北京
和臺北分治的現實;二、承諾中華民國繼續成為會員國;

14　國史館:總統蔣中正與美國副總統詹森就其訪問亞洲感想、共黨問題、
　　美國援外計畫及聯合作戰機構等問題進行談話之紀錄,數位典藏號:005-
　　010205-00085-002,蔣經國總統文物/文件/黨政軍文卷/國際情勢與外交,
　　1961/05/14。

15　國史館,蔣中正先生年譜長編,第十一冊,448-449頁。

16　國史館,蔣中正先生年譜長編,第十一冊,455-456頁。

三、由聯合國發函證明兩國的聯合國代表都具有大使身分。但安理會常任理事該由哪方擔任，留給安理會決定。魯斯克報告：「雖然兩位大使（葉公超和蔣廷黻）明確表示這一提議也是不可接受的，但他們表示，如果大會的大多數人投票決定接受基於『繼承國』方法的決議，他們『無能為力』。」他因此判斷國府雖不喜歡但能容忍這個方案。[17] 六月二十六日，甘迺迪、魯斯克和史蒂文生又討論了繼承國方案。[18] 甘迺迪讓史蒂文生去諮詢親蔣的「中國遊說團」的意見。不過，甘迺迪和他的國家安全助理彭岱對該方案並不熱衷。[19] 甘迺迪因為以極少的票數差險勝大選，所以對國會中的共和黨與「中國遊說團」投鼠忌器，不願立即改變美國的中國政策。甘迺迪擔心這個問題可能會分裂國會和美國人民，他認為更現實的中國政策的潛在好處可能要冒嚴重的國會政治對抗風險，他在實施

---

17 FOREIGN RELATIONS OF THE UNITED STATES, 1961–1963, VOLUME XXII, NORTHEAST ASIA，Memorandum From Secretary of State Rusk to President Kennedy，Washington, May 26, 1961. SUBJECT：China and the United Nations.

18 FOREIGN RELATIONS OF THE UNITED STATES, 1961–1963, VOLUME XXII, NORTHEAST ASIA，Editorial Note。

19 FOREIGN RELATIONS OF THE UNITED STATES, 1961–1963, VOLUME XXII, NORTHEAST ASIA,Memorandum From the President's Special Assistant for National Security Affairs (Bundy) to President Kennedy, Washington, June 26, 1961.

「兩個中國」政策時會遇到很大的困難。[20] 七月七日，中情局臺北站站長克萊恩向彭岱報告臺北實情，使彭岱認識到蔣介石與國務院矛盾的嚴重性。[21] 克萊恩與彭岱是哈佛大學同學，又與蔣經國私交極好，他開始成為蔣與甘迺迪直接溝通的祕密渠道。當晚，葉公超密報外交部，彭岱來見葉，表示甘無意承認中共，且下令無論如何應阻止中共進入聯合國。彭岱說，友邦之間最需要者為互信互諒，不能彼此猜疑作弄。至於中國代表權問題，美國對保持中華民國席次極為重視。[22] 七月十五日，蔣介石在日記中寫道：「美對我聯合國代表權問題已表示重新協商，聞其兩個中國政策已由白宮決定取消云，但其外蒙承認政策尚在僵持中。」[23] 可見，七月中旬，甘迺迪實際上已放棄以國家繼承理論為基礎的「兩個中國」方案。

一九六一年年中，臺美為外蒙入會問題愈鬧愈僵，雙方存在的歧見有待高層直接溝通。七月十四日，甘迺迪致函蔣介石，請他派可完全信任的代表赴美磋商。甘迺迪在

---

20 FOREIGN RELATIONS OF THE UNITED STATES, 1961–1963, VOLUME XXII, NORTHEAST ASIA，24. Editorial Note。

21 FOREIGN RELATIONS OF THE UNITED STATES, 1961–1963, VOLUME XXII, NORTHEAST ASIA，Memorandum From the President's Special Assistant for National Security Affairs (Bundy) to President Kennedy, Washington, July 7, 1961.

22 「抄駐美葉公超大使第774號來電」（1961年7月8日），〈中美兩國有關重要文件（第2冊）〉，《外交部祕書處檔案》，檔號：805/0009。

23 國史館，蔣中正先生年譜長編，第十一冊，463頁。

信中表示，關於中國代表權問題，緩議案勢必失敗，必須使其被認為實質問題而非程序問題，美中兩國政府應協議最有利於雙方的方案。他強調：「盡一切可能途徑支持中華民國，並反對中共進入聯合國。」[24] 蔣介石以甘函「情詞懇切為感，至此中美為匪共與外蒙問題與政策之矛盾，始有轉機乎。」[25] 蔣遂決定派副總統陳誠訪美。

　　七月二十四日，克萊恩回臺拜見蔣介石說，甘迺迪堅決反對中共進聯合國，也決心維護中華民國在聯合國的地位。白宮在外交決策上較前任掌權，相較之下國務卿權力不如杜勒斯，故一切問題不能全由外交途經解決，重要者應設法獲得甘迺迪總統的個人意見。[26] 至此，蔣介石充分認識到甘迺迪和國務院在對華政策上可能有分岐，國務院要推動「兩個中國」，但白宮未必完全贊同。

　　七月三十一日和八月一日兩日內，陳誠和甘迺迪、魯斯克等共進行四次會議。會談環繞在外蒙案和中國代表權

24　國史館：美國總統甘迺迪函請總統蔣中正指派代表一人來美與其暨相關人員就有關聯合國之議題進行磋商以化解雙方歧異抑或俟行政院政務委員蔣經國訪美時再為商討，數位典藏號：005-010100-00055-023，蔣經國總統文物/文件/忠勤檔案/，1961/07/14。

25　國史館，蔣中正先生年譜長編，第十一冊，464頁。

26　國史館：民國五十年七月總統蔣中正接見美國中央情報局臺北站站長克萊恩有關副總統陳誠訪美準備與討論主題聯合國中國代表權問題並分析美國政府人物與對華政策建議計劃空投人員以支援大陸抗暴運動希望中美情報密切合作談話記錄，數位典藏號：005-010301-00010-002，蔣經國總統文物/文件/接待賓客/會談紀要，1961/07/24。

上，魯斯克向陳誠說明，緩議案不可行，中國代表權問題將來在聯合國大會被提出時，應視為重要問題予以處理，即須出席並投票之會員國達三分之二的多數，始能決定。如出席聯合國大會過半數代表能接受上述看法，則中華民國在聯合國所享席次，至少將獲若干年之保障。魯斯克又提出配套方案，為聯合國大會另組委員會，負責研究中國代表權問題，並且向聯合國大會提出報告，可收長期延擱之效。陳誠對美方所提各方案均未有「兩個中國」觀念，表示寬慰，又根據蔣的指示並未對研究委員會提出異議。陳誠強調，中華民國每年為聯合國代表權問題所苦，又增加美國困難，也希望能將此問題長期擱置，而魯斯克的辦法為雙方所能接受。另外，甘迺迪表示，美國將擱置與外蒙建交但希望中華民國不要否決外蒙加入聯合國，陳誠則堅持此為國格原則問題，無法讓步。[27] 對於陳誠訪美結果，蔣認為「此乃對美第一步之勝利也」。[28]

中國代表權由緩議案改為重要問題案具體成形，八月

27　國史館：陳誠電蔣中正與美總統甘迺迪等商討我在聯合國代表權問題及外蒙問題，數位典藏號：002-090103-00008-200，蔣中正總統文物/特交文電/，1961/08/02。陳誠電蔣中正率沈昌煥等與美魯斯克續商我在聯合國代表權問題及外蒙問題因蘇聯利用非洲敲詐而影響我代表權票數美認為我在聯合國席次重於外蒙而我僅能在五票棄權之原則下同意棄權暨聯合參謀機構事，數位典藏號：002-090103-00008-201，蔣中正總統文物/特交文電/，1961/08/02。

28　國史館，蔣中正先生年譜長編，第十一冊，470頁。

間美國開始與友邦接洽研討，要點有三：一、聽由代表權案列入大會議程。二、在適當時機由大會通過決議，明定本案為重要問題，凡變更中國代表權之提案需三分之二多數通過。三、最後由大會通過決議設置委員會，就中國代表權案及擴大安理會及經社理事會案，一併研討，向第十七屆大會提出報告。[29]

九月十九日，聯合國大會第十六屆大會在紐約開幕，外交部長沈昌煥擔任中華民國代表團團長，身負否決外蒙入會的使命。甘迺迪則明確指示史蒂文生，要達成「反對中共進入聯大，使中華民國留在聯大」的任務。[30] 當時美方估計，如果中華民國否決外蒙入會，得罪非洲國家，重要問題案可能通不過。十月中，克萊恩銜命與蔣經國密商後，[31] 十月十七日，莊萊德向蔣介石口頭傳達甘迺迪私下

---

29 FOREIGN RELATIONS OF THE UNITED STATES, 1961–1963, VOLUME XXII, NORTHEAST ASIA,Memorandum of Conversation,Hyannis Port, Massachusetts, August 5, 1961. SUBJECT:U.S. Strategy in the 16th General Assembly.

30 FOREIGN RELATIONS OF THE UNITED STATES, 1961–1963, VOLUME XXII, NORTHEAST ASIA,Memorandum of Conversation,Hyannis Port, Massachusetts, August 5, 1961. SUBJECT:U.S. Strategy in the 16th General Assembly.

31 國史館：民國五十年十月國防會議副祕書長蔣經國與中央情報局臺北站長克萊恩會談紀要：美國一向認『中華民國政府乃為代表中國人民之惟一合法政府始終全力支持中華民國政府在聯合國中之地位及其一切應有之權力所以堅決反對中共進入聯合國中之任何機構中』等，數位典藏號：005-010301-00001-026，蔣經國總統文物/文件/接待賓客/會談紀要，1961/10/14。

保證「在任何時間，如為阻止中共進入聯合國而有必要並能有效使用否決權時，美國將使用該項否決」。[32] 蔣介石因此放棄否決外蒙入會，真正關鍵的中國代表權「重要問題」案，直到此時才能全力以赴。[33]

第十六屆聯合國大會開會前，臺美雙方已就中國代表權問題達成基本協議，即放棄緩議案，改用聯合國憲章第十八條所稱「重要問題」辦法。但是，中華民國放棄否決外蒙入會後，美國所提重要問題案和設立研究委員會配套的辦法，成為臺美交涉新的爭議點。蔣介石認為既然放棄否決外蒙入會，非洲國家的票不成問題，研究委員會沒有必要成立。陳誠訪美之際，當美國提出設立研究委員會時，陳誠未表態。聯合國大會開幕後，蔣介石也未即時反對，最後到聯合國大會要表決重要問題案前夕，蔣介石突然強烈反對委員會，給美國造成很大的困擾。[34]

十一月二十五日，國務院訓令美國駐聯合國代表團，就聯合國大會設置研究委員會之議，重予評估。史蒂文生對中華民國到表決關頭強烈反對設立委員會很不滿。重

---

32 國史館，蔣中正先生年譜長編，第十一冊，496-497頁。

33 國史館：蔣中正電沈昌煥對外蒙入會問題決改變原計畫不作否決之準備與蔣廷黻妥商處理方式，數位典藏號：002-080200-00354-034，蔣中正總統文物/特交檔案/，1961/10/18。

34 國史館：總統蔣中正接見美國駐華大使莊萊德有關我國在聯合國代表權事之談話簡記，數位典藏號：005-010205-00085-008，蔣經國總統文物/文件/黨政軍文卷/國際情勢與外交，1961/11/18。

要問題案於十二月一日即將排入大會議程，但至十一月二十九日為止，美方未能徵得其他國家連署研究委員會，美國代表團遂決定不提出。十二月一日，聯合國大會開始討論中國代表權案，美國、日本、澳大利亞、義大利和哥倫比亞五國共同提出，依照憲章第十八條之規定，任何改變中國代表權之提案為一重要問題。十二月十五日，大會表決五國決議草案，以六十一票贊成、三十四票反對、七國棄權，通過第一六六八號決議。[35] 對此，一九六一年十二月三十一日，蔣介石在全年反省錄中說：「對美與聯合國代表權及偽蒙入會等問題，乃為我國十年來最激烈、最艱難的，亦是最大或是最後的一次。經過本年這一鬥爭，或將步入較能寬緩之地步乎？」[36] 事後看，蔣高興得太早了。

第十六屆聯合國大會討論中國代表權問題，由緩議案改變為重要問題案，使中華民國力保代表權，直到一九七一年為止。當年美國提重要問題案時，蔣介石知道這是最後一道防線，只能達到拖延的目的，不是一勞永逸的辦法。然而，為確保重要問題案得以順利通過，蔣介石

---

35 國史館：一九六一年十二月二十日蔣中正總統致美國甘迺迪總統聯合國大會已就中國代表權問題通過五國決議案並拒絕蘇俄所提排我納匪案事等之函稿，數位典藏號：005-010205-00043-011，蔣經國總統文物/文件/黨政軍文卷/國際情勢與外交，1961/12/20。

36 國史館，蔣中正先生年譜長編，第十一冊，526頁。

還是放棄否決外蒙入會，寧可「喪失國格」而對現實屈服。反觀美國，甘迺迪對共和黨投鼠忌器，白宮和國務院政策不一致，缺乏內部協調和細膩操作，對蔣介石步步遷就。從臺美交涉的角度看，蔣介石在戰術上是成功的，贏了甘迺迪政府一仗。

　　但是，蔣介石的外交戰略卻是錯誤的，最終輸掉了戰爭。一九六一年，國際環境對中華民國有利，中共與蘇共剛剛決裂，聯合國會員國承認中華民國有五十國，承認中共有三十五國，但大多數會員國願意同時容納中華民國和中華人民共和國為會員，美國試圖趁機根本解決聯合國中國代表權問題，一方面確保中華民國的席次，一方面接受中華人民共和國。魯斯克拋出「兩個中國」的試探，要蔣介石抉擇：採取「如非全璧，寧捨勿取」的態度；還是不論情況如何演變，仍堅守聯合國會員國的地位。這是處理中國代表權很好的契機，然而蔣介石並沒有善加利用，他顧慮衝擊國民黨統治的合法性而錯失了最有利的國際環境。但是，後人「事後諸葛」，批評蔣介石「從長遠觀之，欠缺深謀遠慮，終導致優勢易位」卻似乎有欠公允。[37]當時中華人民共和國正發生災難，內外實力每況愈下，而蔣介石正信心十足地策劃反攻大陸，他判斷自由世界「應對

37　王正華：蔣介石與1961年聯合國中國代表權問題，國史館館刊，第二十一期（2009年9月），146頁。

中共增加壓力，而不應抬高其聲望」，當時有這種看法也是見仁見智的。

十四、蔣介石如何對抗毛澤東的原子彈？

　　一九六四年十月十六日，中華人民共和國第一顆核子裝置在新疆羅布泊爆炸成功，對蔣介石造成很大的打擊。一九六三年初，美國總統甘迺迪對中國發展核武器高度關切。認為這是世界面臨的最嚴重問題，美國應該採取行動，加以阻止。美國中情局局長麥康（John A. McCone）也認為「古巴和中共的核威脅是最高當權者頭腦中最重要的兩個問題，因此中情局應該對其進行相應的對待。」[1]

　　一九六三年三月二十六日，中華民國空軍黑貓中隊U-2偵察機發現內蒙古包頭制鈽生產設施。七月二十四日，麥康向甘迺迪報告了這次航空攝影的發現。中情局估計，中國最早可在一九六四年初進行核試驗，但如果中國遇到了正常的困難，這個日期將推遲到一九六四年底。而偵照到的甘肅蘭州氣體擴散廠可能無法在一九六六年之前

1　Central Intelligence Agency, DCI (McCone) Files, Job 80-B01285A, Box 2, DCI Memos for the Record。

一九六〇年代，中國成功試爆原子彈，引起國際社會高度關注。
（圖片來源：維基共享）

生產武器級鈾 -235。[2]

　　國軍空軍與中情局合作行動的有 34 中隊（黑蝙蝠中隊）和 35 中隊（黑貓中隊），黑蝙蝠中隊從事電子偵測、黑貓中隊從事高空偵察照相。一九六〇年代，空軍「黑貓中隊」駕駛 U2 偵察機深入中華人民共和國領空實施偵照任務，在七萬呎高空蒐集戰略性情資。「黑貓中隊」計有二十七位隊員完成訓練，共執行兩百二十次偵照任務，折損十二架 U2 機，有十位隊員失事殉職，葉常棣和張立義兩位飛行官被解放軍擊落俘虜和長期關押。而「黑貓中隊」與中情局的合作，叫作「快刀計畫」。

　　一九六三年七月三十一日，助理國防部長威廉彭岱（William Bundy）要求美軍參謀長聯席會議制定一項應急計畫，使用常規武器對中國核武器生產設施進行襲擊，以便嚴重地影響和延誤中國核武器的發展。不久，麥康緊急邀請蔣經國訪美，與白宮和中情局商討對中國核設施的破壞方案。九月十三日，甘迺迪在白宮接見蔣經國時直接問他，是否可以派三百到五百人的突擊隊乘飛機到遙遠的中共原子設施，例如包頭，這些飛機是不是可能被擊落。蔣回答說，這已經與中情局討論過，這樣的操作是可行的。甘迺迪保證，美國官員將與中華民國官員密切合作，

2　FOREIGN RELATIONS OF THE UNITED STATES, 1961–1963, VOLUME VIII, NATIONAL SECURITY POLICY，Washington, July 24, 1963.SNIE 13-2-63: COMMUNIST CHINA'S ADVANCED WEAPONS PROGRAM.

蒐集詳細情報，以便採取任何適合實際情況的行動。[3]九月十四日，麥康與蔣經國討論決定，由中情局臺北站站長納爾遜（William Nelson）和蔣經國共同組成一個「中美聯合戰略目標委員會」督導針對中國關鍵軍事和工業設施的準軍事破壞行動，美國將在必要時為共同商定的行動提供足夠的支持。[4]九月二十一日，蔣介石自記，蔣經國與甘迺迪討論「以毀滅匪共原子製造設備為主題」，「所得結果比預想為佳也」。[5]

　　九月二十四日，回到臺北的蔣經國告訴納爾遜，蔣介石「原則上同意」雙方的協議。蔣經國建議：「對匪核子設施之突擊應另行編組一個獨立單位負責，並在絕對隔離及高度保密的原則下進行。我總統甚為了解白宮及美中央情報局對於此項計畫之重視與關切，並認為應絕對保密方能保證將來工作之有效與成功」。蔣經國還提出「對目標之選擇，應破壞之部位及實施破壞之優先次序，以及人員之訓練等，尚需依賴美方之協助」。納爾遜完全同意蔣的要求並提議突擊隊員可送往美國祕密基地受訓，待決定派

3　FOREIGN RELATIONS OF THE UNITED STATES, 1961–1963, VOLUME XXII, NORTHEAST ASI A. Memorandum of Conversation, Washington, September 11, 1963, SUBJECT: United States Relations with the Republic of China.

4　Central Intelligence Agency,DCI (McCone) Files, Job 80-B01285A, Box 7, DCI Meeting Transcripts.

5　國史館，蔣中正先生年譜長編，第十一冊，682頁和685頁。

遣時再接回臺灣。蔣經國還當場「指定衣復恩少將為此項工作之中方負責人」。[6]衣復恩少將是國軍空軍副參謀長，當時已經在指揮黑蝙蝠中隊與黑貓中隊的行動。他長期擔任蔣介石專機的駕駛員，曾深受兩蔣信任。

蔣經國與麥康達成的協議，全稱是「中美聯合戰略目標計畫」，簡稱「新生計畫」。其要點為「策劃對大陸共匪各戰略目標之分析研究，並不斷偵察監視此類戰略目標之進展，認為必要時立即予以摧毀」。全部計畫分三個階段進行：「第一階段為目標研究階段，由戰略目標研究組（代名新生小組）負責。第二階段為擬訂摧毀計畫階段，由中美雙方協同釐訂之。第三階段為執行摧毀階段，執行計畫須經中美雙方政府之批准。本計畫所蓋括之匪戰略目標，以共匪核子與飛彈設施為主，其它重要軍事工業次之，由於其最終目的為對上述目標之破壞，故本計畫各階段列為國家之最高機密。」[7]

一九六三年十一月十四日，蔣介石對美國媒體表示：「對於中共研究原子科學和核子爆炸的傳說，我們從未忽視，但是對於中共是否已在製造核子武器，以及何時可以

6　國史館：蔣經國與美國海軍輔助通訊中心主任納爾遜會談說明已將賴特大使函與附件及華府會談雙方同意事項呈報總統蔣中正及美方表示願支援我國對加強中美雙方合作進行之情報蒐集與其他各項工作等，數位典藏號：005-010301-00005-009，蔣經國總統文物，1963/09/24。

7　國史館：空軍新生計畫組編呈戰略目標研究組工作概況簡報，數位典藏號：005-010100-00101-020，蔣經國總統文物，1964/10/28。

製成，則極端懷疑。」[8] 蔣的公開談話，似乎對毛澤東製造原子彈的急迫和能力估計不足。而且，十一月二十二日，甘迺迪總統被殺，也嚴重影響了臺美合作。十二月十四日，參謀長聯席會議報告新總統詹森，對中國核武器設施進行襲擊是可行的，但建議考慮使用核武器進行這種襲擊。[9] 中情局官員認真分析了一些軍事和準軍事選擇，包括美國或中華民國空軍的常規武器空襲，在中國境內使用美國和國府特工進行祕密地面襲擊，以及空投國軍突擊隊的破壞行動，最後一種方式被認為最可行。[10] 十二月三十一日，蔣介石於年終反省錄說：「經國訪美期間，彼自甘乃迪以下各重要部會長作特別誠摯之態度，禮遇倍至，甘且與經國密商破壞共匪核子製造廠之計畫攜回請示，余乃允之，自此雙方合作進入一新階段，而自二月以來所有惡劣情勢完全轉變矣，不料於十一月間甘被刺殞命，於是合作情勢又漸停滯。」[11]

不過，經過三個月的籌備，臺美雙方於一九六四年二月六日召開了第一次「新生計畫聯席會議」。衣復恩向蔣

8　國史館，蔣中正先生年譜長編，第十一冊，705頁。

9　Washington National Records Center, RG 330, OSD Files: FRC 91–0017, 471.61 China Reds.

10　CIA Collection: John McCone as Director of Central Intelligence, 1961-1965, p270, Document Number 0001262720，Document Release Date: April 17, 2015

11　國史館，蔣中正先生年譜長編，第十一冊，722頁。

經國與納爾遜報告，他組織了絕對保密的空軍「新生小組」負責第一階段的戰略目標研究。納爾遜提出「五項主要目標為包頭冷氣式鍊鈽廠、蘭州氣體擴散廠、北平原子能研究所、雙城子飛彈試驗中心、長辛店飛彈試驗設施」，建議「對上述目標之研究同時進行，然後再依據吾人之能力，視吾人所可能到達、可能接近，且可能予以破壞者選定一兩項目標，再做更集中深入之研究」。納爾遜表示：「美國政府極盼能與中國政府合作，以執行此項計畫，並願對所需之科學專家，在美或來臺予以盡量支援。」雙方協商解決了若干細節問題，主要對「新生計畫」的保密和工作流程做了決定。蔣經國最後總結：「本計畫在戰略與政略上均具重要性，中國政府願盡最大力量予以各項可能之支援並達成之」。[12]

一九六四年四月十六日，來臺訪問的美國國務卿魯斯克告訴蔣介石，美國估計中共今年或明年內會核試爆，但沒透露美國是根據最新間諜衛星的偵照做出這一判斷的。蔣說他估計中共在三、五年內尚無可能核試爆，魯斯克說這同蘇俄的估計大致相同，但美國從中共鈽生產的進展可推算核試爆的時間。魯斯克還告訴蔣，美國現駐在西歐的核子武器，「其破壞力已超過廣島原子彈的十五萬倍，

12　國史館：空軍副參謀長衣復恩呈報二月六日中美雙方舉行新生計劃聯席會議紀錄，數位典藏號：005-010100-00029-005，蔣經國總統文物，1964/02/12。

赫魯雪夫對此已有深刻了解，因而知所戒懼，惟毛澤東則迄今未完全了解，尚思一逞耳。」[13] 不過，事後證明，美國對中國鈽生產判斷是錯誤的，中國首次核試爆用的是鈾-235，而不是鈽-239，因此試爆時間甚至早於美國的估計。

一九六四年八月二十六日，中情局麥康向總統詹森報告，根據間諜衛星偵照，中國西部羅布泊的可疑設施是一個核試驗場，可以在大約兩個月內投入使用。[14] 九月十五日，國務卿魯斯克、國防部長麥克納馬拉（Robert McNamara）、總統國家安全助理彭岱及麥康，討論了中國的核武器問題，決定不在核試爆前對中國核設施採取單方面的軍事行動，但會密切關注採取適當軍事行動的可能性。他們將這個決定向總統報告，詹森表示同意並指示立即與蘇聯大使多勃雷寧（Anatoly Dobrynin）磋商中共的核武器問題。[15]

同一天，「新生小組」向蔣經國提交「共匪即將實施

---

13 國史館：一九六四年四月十六日總統蔣中正與美國國務卿魯斯克會談有關東南亞公約組織會議及越戰問題等談話紀錄，數位典藏號：005-010205-00058-001，蔣經國總統文物，1964/04/16。

14 FOREIGN RELATIONS OF THE UNITED STATES, 1964–1968, VOLUME XXX, CHINA，Special National Intelligence Estimate, August 26, 1964，SNIE 13–4–64：THE CHANCES OF AN IMMINENT COMMUNIST CHINESE NUCLEAR EXPLOSION。

15 FOREIGN RELATIONS OF THE UNITED STATES, 1964–1968, VOLUME XXX, CHINA，Memorandum for the Record, September 15, 1964。

核子試爆之分析」，準確判斷「共匪可能於最近期內在塔克拉瑪干沙漠之北部施行核子試爆」。蔣經國立即呈報蔣介石，並於九月二十一日通報中情局。[16]九月三十日，蔣介石自記：「共匪對西北空運增加，六月以來至今益甚，此乃共匪試爆原子日期接近之徵兆，應加重視。」[17]「新生小組」的這個報告有效地幫助兩蔣及時準備和應對中國首次核試爆。不過，蔣對於中共即將核試爆的消息，應否事前發表，頗費躊躇，最後決定「暫不發布為宜，以匪試爆實施對我利害參半也。」[18]

九月二十五日，彭岱試探多勃雷寧「如果蘇聯政府有任何興趣，我們準備私下認真談論如何處理這個問題」。多勃雷寧沒有直接答覆，但告訴彭岱「在蘇聯政府的思想中，中國的核能力實際上已經被認為是理所當然的」。多勃雷寧認為中國的核武器對蘇聯或美國沒有任何重要性，他們只對亞洲產生心理影響，這種影響對他的政府來說並不重要。[19]既然蘇俄不願合作，當時正以「和平平臺」口號競選連任總統的詹森，就改變了前任甘迺迪的政策，不

---

16 國史館：空軍新生計畫組編呈戰略目標研究組工作概況簡報，數位典藏號：005-010100-00101-020，蔣經國總統文物，1964/10/28。

17 國史館，蔣中正先生年譜長編，第十二冊，96頁。

18 國史館，蔣中正先生年譜長編，第十二冊，99頁。

19 FOREIGN RELATIONS OF THE UNITED STATES, 1964–1968, VOLUME XXX, CHINA, Memorandum of Conversation, September 25, 1964.

再打算以軍事行動阻止中國取得核武器了。[20]

　　九月二十九日，魯斯克公開警告全世界，中共的核爆可能即將發生。十月十六日，中共核試爆成功的當天，美國國家安全特別會議對中共獲得核能力的含意進行了一般性的討論。會後，詹森總統發表聲明叫美國人民和盟友不必過分驚慌。[21]但中共核試爆卻給蔣介石很大衝擊，他自記：「此不僅為共匪今後對我國軍民心理之影響有不可比擬之效用，而且對世界形勢，尤其對東亞反共之形勢更有重大之變化，但事實上對我一年內反攻軍事之力量並未有所增減，然軍民心理之強弱前後，將有不利之重大改變耳。」[22]他在十月十七日總統府的會議上說，臺灣只要一、兩枚原子彈即可全毀，若臺灣遭受攻擊，成為廢墟，美國尚有何協防可言。美國必須在中共完成原子彈製造前，支持中華民國反攻大陸。[23]蔣介石認為他只剩下一年的機會窗口了，等毛澤東造出原子彈後，反攻機會就永遠失去了。

　　一九六四年十月十九日，美國政府派中情局副局長卡

20　CIA Collection: John McCone as Director of Central Intelligence, 1961-1965, p270, Document Number 0001262720，Document Release Date: April 17, 2015

21　FOREIGN RELATIONS OF THE UNITED STATES, 1964–1968, VOLUME XXX, CHINA，Memorandum for the Record, October 16, 1964.

22　國史館，蔣中正先生年譜長編，第十二冊，103頁。

23　國史館，蔣中正先生年譜長編，第十二冊，101頁。

德（Marshall Carter）來見蔣介石，提供中國核子裝置相關資料。卡德告訴蔣，過去四年利用人造衛星，美國已照攝到多處中共重要核子設施，但更詳細的偵察仍有賴於 U-2 機執行。他請蔣同意繼續執行 U-2 機偵照任務，以確實掌握中國核子設施的詳情。蔣介石請他轉達美國政府，僅從事偵照尚嫌不夠，應進一步研究摧毀核子設施，以杜禍源。[24] 當天，「新生小組」也向卡德將軍做了工作簡報，重點對包頭和蘭州兩原子能工廠做詳細分析。[25]

當天，蔣介石又召見美國大使賴特（Jerauld Wright）說，中共的核子試爆已使亞洲情勢發生重大變化，引起亞洲各國人民心理上之恐懼不安，將產生長遠影響，希望美國勿視為短期現象而掉以輕心，應重新檢討釐訂對華政策。蔣一再強調：「要消除此項心理影響，唯一之方法，乃在設法摧毀共匪之核子設施。」賴特答應立即將蔣的意見向美國政府報告。[26] 其實，麥康局長一直希望有所行動，但魯斯克堅決反對，還說服了詹森。

---

24 國史館：民國五十三年十月總統蔣中正接見美國中央情報局副局長卡德中將談話有關黑魔被黜英工黨選舉獲勝及中共試爆核子裝置，數位典藏號：005-010301-00012-007，蔣經國總統文物，1964/10/19。

25 國史館，空軍新生計畫作業小組呈國防會議副祕書長蔣經國〈新生計畫組對卡特將軍之簡報〉資料一份，數位典藏號：005-010100-00030-014，蔣經國總統文物，1964/10/19。

26 國史館，民國五十三年十月總統蔣中正接見美國駐華大使賴特會談國務院對黑魔被黜及中共試爆核子裝置分析文件提供外交部部長沈昌煥參考，數位典藏號：005-010301-00012-010，蔣經國總統文物，1964/10/19。

十月二十四日，詹森總統又派中情局副局長克萊恩為特使來見蔣介石。因為彼此很熟悉，所以兩人進行了坦率的爭論。克萊恩說：「中共不可能以核子武器來攻擊任何國家，否則，中共即無異於自己毀滅了自己！」蔣回答，美國這種說法，現在已沒效用，共匪「何償不可以用轟炸機攜帶原子彈來攻擊臺灣，先下手毀滅臺灣？臺灣被毀滅了，美國已無從保護，而且亦沒有什麼需要美國的保護了」。蔣堅信：「共匪造原子彈的唯一目的，即在攻擊臺灣。共匪只要有二、三十顆原子彈，它就可以轟炸臺灣，毀滅中國政府，統一它所謂的國家，並可以輕而易舉地占據整個亞洲。…今天共匪以毀滅蔣介石為其主要目的，一天蔣介石被打倒了，那就是把匪所說的美國這頭『紙老虎』的牙齒拔掉了！」蔣還說，臺灣沒有原子彈，又是個小島，在一小時內，即可完全被毀，美國的核保護是沒有用的。所以，今天的要點乃在「中美雙方共同商量如何破壞共匪製造原子彈的設備和基地」。克萊恩反問：「如果美國使用原子彈對蘭州、包頭及其它核子工廠地帶進行破壞，使無數中國人遭受毀滅，亞洲人對美國將如何看法？」蔣答：「我並沒有要美國去轟炸中國大陸，我始終堅持由我們自己來採取行動，只要美國提拱其破壞核子裝置的設備以及其它必要的條件而已。」蔣勸美國：「不必害怕蘇俄會再幫助毛匪。…目前美國應即有一明確的抉擇，是即以毛匪為友，抑以蔣介石為友，現在是美國抉擇

的時候了！」[27]一語成讖，幾年後，尼克森抉擇了「毛匪」，拋棄了「蔣匪」。

對與美方交涉的結果，蔣介石非常失望，在十月三十一日的日記中，他寫道：「美國仍無與我合作破壞共匪原子裝置之意圖，殊所不料，故我對克萊恩與美大使做嚴重之警告，以期其反省，但恐無成效，或發生相反作用為憾。」[28]十一月四日，美國舉行大選，詹森成為第三十六任總統。十一月六日，蔣介石約見賴特大使，面交致詹森賀函，再次要求：「由美國提供工具與技術給中華民國，毀滅中共製造核武之資源，以免共匪坐大，共禍益深，而解除世界人類無窮之後患！」[29]但是，詹森的回信「含糊虛偽，毫無誠意」。[30]蔣介石與卡德將軍、中情局副局長克萊恩、美國大使賴特暨納爾遜就中國核子設施及試爆情況做了一系列的談話，強烈要求美國提供工具與技術給國軍，毀滅中共核能力，以免共匪坐大，但得不到美方的具體回應。[31]

27　國史館：總統蔣中正於五十三年十月二十四日召見美國中央情報局副局長克萊恩就中共核子試爆事件進行談話之紀要，數位典藏號：005-010205-00086-001，蔣經國總統文物，1964/10/24。

28　國史館，蔣中正先生年譜長編，第十二冊，105頁。

29　國史館，蔣中正先生年譜長編，第十二冊，113頁。

30　國史館，蔣中正先生年譜長編，第十二冊，126頁。

31　國史館：總統蔣中正接見美國中央情報局副局長卡德中將談話有關中共試爆核子裝置，數位典藏號：005-010301-00012-007，蔣經國總統文物，1964/10/19。總統蔣中正召見美國中央情報局副局長克萊恩就中共核子試爆

蔣經國為了推進「新生計畫」工作，決定冒險對鎖定目標進一步偵照。一九六五年一月十日晚上九時，蔣經國親自去空軍總部作業室，觀察黑貓中隊張立義少校駕駛U-2偵察機飛越包頭原子能工廠的上空並進行偵察。U-2機於九時十五分已到達包頭核子設施東端至西端約三分之二的位置，再過四、五分鐘，即可通過目標，完成照相任務，並脫離危險。但九時十七分該機突然消失，可能於此時被擊落。蔣經國估計U-2機是被共軍導彈所擊落，但他很疑惑為何機上的反電子設備未呈現反應。蔣經國當時以為張立義已經為國犧牲，不知道他已跳傘被捕。[32] 張立義U-2機這次失事對「新生計畫」的打擊很大，因為沒有最新的偵照，就無法策劃對包頭空投突擊隊行動；而且如果共軍導彈能輕易打下U-2高空機，那低空運輸機群運送五百人突擊隊，不就是去送死嗎？

事件進行談話之紀要，數位典藏號：005-010205-00086-001，蔣經國總統文物，1964/10/24。總統蔣中正接見美國大使賴特暨納爾遜先生關於中共核子設施及試爆情況談話紀錄，數位典藏號：005-010205-00068-002，蔣經國總統文物，1964/12/10。總統蔣中正與美國駐華大使賴特海軍輔助通訊中心主任納爾遜會談有關中共第二次核子試爆根據判斷將採取空中投下方式進行，數位典藏號：005-010301-00013-004，蔣經國總統文物，1965/02/06。

32 國史館：蔣經國與美國海軍輔助通訊中心主任納爾遜會談有關我U-2機與飛行人員失事及包頭匪之核子設備希望美方能運用其他系統對該地區執行偵照任務等，數位典藏號：005-010301-00007-002，蔣經國總統文物，1965/01/11。張立義於1965年1月10日被俘，被安置在南京務農、務工，於1982年11月10日被批准經香港回臺灣探親，因當時中華民國政府顧忌而被拒，後經中情局協助移居美國。1990年9月4日，張從美國返抵臺灣。

一九六五年二月六日，蔣介石接見賴特和中情局臺北站站長納爾遜，聽取其對中國二次核試爆的報告。賴特說，根據美方人造衛星偵照，「中共可能在十日至四十五日之間做第二次核子試爆」，而且這次試爆「中共將採取空中投下的方式」。蔣介石說，共匪既有能力投下原子彈，「其第一顆原子彈一定投在臺灣」。[33] 蔣再次請求：「如其空中試爆，即為其原子彈製成，即可投擲於臺灣，毀滅我全島之軍民，希望美國總要供我一條生存之路。」[34]

三月二十日，蔣介石又召見賴特、美軍協防司令耿特納（William Gentner）、美國軍事顧問團團長桑鵬（Kenneth Sanborn）等人談話。鑑於中共即將第二次試爆，蔣退而求其次，要求美國切實協助臺灣加強

蔣經國（左）自蘇聯留學返國後，逐步參與政務，日後成為蔣介石（右）最重要的左右手及接班人。（圖片來源：維基共享）

33　國史館：民國五十四年二月總統蔣中正與美國駐華大使賴特海軍輔助通訊中心主任納爾遜會談有關中共第二次核子試爆根據判斷將採取空中投下方式進行，數位典藏號：005-010301-00013-004，蔣經國總統文物，1965/02/06。

34　國史館，蔣中正先生年譜長編，第十二冊，143頁。

防空能力，從速運送軍援。[35] 四月三日，賴特與耿特納奉命答覆，向蔣保證美國國務院和國防部定會盡全力補充防空飛彈和運送軍援物資，但蔣仍不滿意。[36] 四月二十九日，蔣介石於空軍總部聽取「新生小組」對「大陸原子與飛彈以及其新武器製造之設備與地點」的報告，認為共軍核武力進步迅速，使他「更不能不加速反攻之行動與決心」。[37]

一九六五年五月十四日，中國第二次核試爆由飛機空投成功後，蔣介石準備派蔣經國再次赴美，要求美國「供給我毀滅共匪原子製造廠之工具與技術」和提供「五百枚空對地飛彈，潛水艇六艘」，[38] 他指示蔣經國告訴美國政府：「此為我民族生死存亡關頭，刻不容緩，我人為求生存計，不能不速即決心反攻，以盡我對國家人民弔民伐罪之責任。…由我反攻以破壞共匪核子武器，並可擴大我生存活動之空間。」[39]

除了最關鍵的政治原因外，「新生計畫」的失敗，原因在於它有幾個突出的缺陷。U-2 機失事使得國軍空軍對

---

35 國史館：總統蔣中正與美國駐華大使賴特及桑鵬少將等就加強防空與軍援計畫撥款等之會談紀錄，數位典藏號：005-010202-00060-002，蔣經國總統文物，1965/03/20。

36 國史館：總統蔣中正與美國駐華大使賴特及耿特納中將等就軍援問題之會談紀錄等，數位典藏號：005-010202-00060-001，蔣經國總統文物，1965/04/03。

37 國史館，蔣中正先生年譜長編，第十二冊，168頁。

38 國史館，蔣中正先生年譜長編，第十二冊，173頁。

39 國史館，蔣中正先生年譜長編，第十二冊，174-175頁。

目標設施的細節不夠了解；國軍空軍也沒有長程運輸大量突擊隊去包頭或蘭州的能力；要突破共軍保護核設施的飛彈防空網幾乎不可能；而即使能銷毀中國的核材料庫存，也只是暫時的。由於「新生計畫」的有效性遠未得到保證，美國總統詹森不敢下令對中國核設施採取攻擊行動。

美國對蔣經國訪美日程遲遲不能答覆，蔣經國一直等到九月底才去成美國。不過，九月二十日，宋美齡卻先以私人身分訪問華府與魯斯克討論中共的核能力。宋再次要求美國提供手段摧毀中共的核設施。魯斯克表示，如果美國攻擊中共設施，中共會在中國邊界以外採取進攻性報復行動，而美國不得不訴諸核武器，在這種情況下，美國將會受到包括中國周邊國家在內的世界各國對美國發動核戰爭的譴責。宋美齡表示不需要使用核武器，中華民國沒有提出使用任何美國軍隊來反對中共。[40] 但是，中國第二次核試爆後，美國政府認為已經錯失採取破壞行動的機會，完全放棄了「新生計畫」。此後，因為美國衛星偵測能力的發展，「黑貓中隊」就不再飛中國內陸而改為沿海照相。

中共核試爆後，一九六四年十月三十一日，蔣介石已經認清「反攻軍事行動，應以屆時實力如何而定」，他總結：「獨立奮鬥之決心與準備加強，只要能確保現有臺、

40　FOREIGN RELATIONS OF THE UNITED STATES, 1964–1968, VOLUME XXX, CHINA，Memorandum of Conversation,September 20, 1965.

澎、金、馬基地的存在，不患無反攻復國之機會，但必須做自力防衛之準備。」[41] 這天的日記很重要，它說明蔣對軍事反攻發生動搖，開始接受臺灣獨立自保的前景。不過，一九六四年十一月二十八日，他對國民黨中央全會公開演講時說，中共原子試爆的唯一目的就是針對臺、澎、金、馬，因此必須在原子武器尚未製成以前，提前反攻大陸，消滅共黨。[42] 他這麼說，也這麼做，一九六五年五月中國第二次核試爆後，蔣介石祕密啟動「國光計畫」，準備孤注一擲，在一九六五年八月大規模兩棲登陸進攻福建廈門。

41　國史館，蔣中正先生年譜長編，第十二冊，105－106頁。
42　國史館，蔣中正先生年譜長編，第十二冊，114頁。

十五、「八六海戰」的慘敗 救了蔣介石的命？

　　一九六一年四月，蔣介石為了反攻大陸，開始積極地籌措「國光計畫」，但最後並未執行。美國和中華民國簽訂《中美共同防禦條約》後，美軍除了提供更多的協防外，也監督國軍不得有反攻大陸等踰矩的行動。因此，「國光計畫」是蔣介石瞞著美國，指導陸、海、空三軍菁英在極其祕密的情況下制定的大規模反攻行動計畫。根據該計畫，國軍從金門向對面的廈門開砲誘發雙方砲戰和空戰，數日後依靠海、空軍優勢登陸對岸的福建沿海地區，利用東南丘陵山地的複雜地形以延緩中國人民解放軍的增援。整個計畫預計最終將投入二十個師，包括由一師金門先鋒部隊攻擊廈門的「虎嘯計畫」和由一師澎湖先鋒部隊突擊泉州附近的石獅圍頭半島的「巨光計畫」（即石獅計畫）。「國光計畫」的核心戰略，就是打下廈門，建立一個穩固的進軍基地，這些計畫必須經過大量作戰演習才能被執行，而最後的作戰演習就暴露出國軍的致命缺陷。[1]「國光計畫」的複雜性要求陸、海、空三軍能夠密切配合，

支援正面作戰，然而國際政治和軍事因素均不支持中華民國政府實施這等用兵行動。一九六五年是「國光計畫」模擬推演最多年的一年，也是大挫敗的一年。最終導致蔣介石放棄「國光計畫」的是「八六海戰」，可以說「八六海戰」的慘敗救了蔣介石和臺灣的命。

一九六五年八月五日早上，中華民國海軍總部為執行國防部下達的陸軍特種作戰「海嘯一號」任務，派遣大型獵潛艦「劍門號」和小型獵潛艇「章江號」從高雄左營出發，掩護輸送特情人員以福建南部東山島為目標，實施兩棲突擊偵察及摧毀雷達站，以偵測解放軍的海防反應，海軍命名該護航行動為「蓬萊一號」計畫。八月五日晚上，劍門、章江兩艦按計畫將七名特情人員放上東山島後在指定的航路上巡弋。然而，國軍的行蹤早已洩密，兩艦從左營出發後就受解放軍的雷達監視。八月六日凌晨，兩艦在東山島海域附近遭解放軍海軍伏擊，海戰打響後，劍門艦卻向外海撤退，留下章江艦被四艘解放軍護衛艇圍攻，於三時三十三分沉沒，全部官兵無人生還。隨後，解放軍追擊在外海徘徊的劍門艦，凌晨四時多，追上劍門艦，雙方交火，四時五十八分，劍門艦連中三枚魚雷後沉沒。在劍門、章江兩艦出發前，海軍曾通知空軍總部，希望空軍能

1　參考維基百科：國光計畫。《塵封的作戰計畫：國光計畫口述歷史—國軍史料叢書》：2005年12月，國防部史政編譯室，行政院原住民族委員會，彭大年。

適時予以配合。然而，當八月六日海戰打響後，空軍竟聲稱不知道「海嘯一號」計畫。兩個多小時以後，空軍才匆忙派飛機增援，六時三十五分，四架 F-100 戰機從屏東機場起飛，於七時十二分到達海戰區域，可為時已晚。劍門、章江兩艦共二十二名軍官、一百七十五名艦員與特工死亡，三十三人落海被俘，僅有一名特工跳海漂流，被外籍商船救起後經香港返臺。解放軍海軍在此役採用近戰、夜戰的戰術，依照集中使用兵力、形成局部優勢的原則，先用護衛艇打亂對方陣形，再用魚雷艇進行致命一擊。解放軍海軍兩艘護衛艇、兩艘魚雷艇負傷，四人陣亡，二十八人負傷，是為「八六海戰」。毛澤東在戰後解放軍南海艦隊的報告上批示：「仗打得好，電報也寫得好。」[2]

一九六四年十一月二十八日，中華人民共和國首次核試爆後不久，蔣介石告訴國民黨中央全會，中共原子試爆的唯一目的就是針對臺、澎、金、馬，因此必須在原子武器尚未製成以前提前反攻大陸，消滅共匪。[3]他這麼說，也這麼做。一九六五年一月中，他撤換「態度消極」的俞大維，任命蔣經國出任國防部長，全面督導反攻備戰。

2　參考維基百科：東山海戰。
　　國史館：國防部總政治作戰部主任唐守治簽報烏坵海戰調查經過並呈該項調查檢討報告另誤航事件之例五一海戰八六海戰烏坵海戰等資料，數位典藏號：005-010100-00031-004，蔣經國總統文物，1965/12/03。
3　國史館，蔣中正先生年譜長編，第十二冊，114頁。

一九五九年，蔣介石為參謀總長彭孟緝晉升陸軍一級上將授階。但在八六海
戰期間，彭孟緝的職權遭到撤換。（圖片來源：國史館）

一九六五年四月二十九日，蔣介石於空軍總部聽取「新生小組」對「大陸原子與飛彈以及其新武器製造之設備與地點」的報告，認為共軍核武力進步迅速，使他「更不能不加速反攻之行動與決心」。[4] 六月中，蔣介石又撤換沒有兩棲實戰經驗的彭孟緝，讓金門海戰立功的海軍司令黎玉璽出任參謀總長，祕密啟動「國光計畫」，準備孤注一擲，在一九六五年八月大規模兩棲登陸進攻福建廈門。

一九六五年五月十四日，中國第二次核試爆後，蔣介石決定派蔣經國赴美，去告訴美國政府：「此為我民族生死存亡關頭，刻不容緩，我人為求生存計，不能不速即決心反攻，以盡我對國家人民弔民伐罪之責任。」[5] 但是，美國對蔣經國的訪問日程遲遲不答覆，一直拖到七月初才正式邀請他於九月二十日訪美，蔣介石等不及了，決心不顧美國態度，單方面行動，執行「國光計畫」。

一九六五年五月二十五日，蔣介石主持作戰會議，決定「巨光與虎嘯二計畫同時準備。」[6] 六月十七日，蔣介石前往陸軍軍官學校召集軍方開會，要求主要軍官預留遺囑，準備獻身反攻作戰。同時，「國光計畫」作業室著手擬定正式反攻 D 日（D-Day）。[7] 六月二十日、二十一日，

4　國史館，蔣中正先生年譜長編，第十二冊，168頁。
5　國史館，蔣中正先生年譜長編，第十二冊，174-175頁。
6　國史館，蔣中正先生年譜長編，第十二冊，175頁。
7　國史館，蔣中正先生年譜長編，第十二冊，180頁。

一九六五年六月，蔣介石下令改由黎玉璽擔任參謀總長。一九六七年七月，蔣介石為海軍總司令黎玉璽晉升上將授階。（圖片來源：國史館）

蔣介石連續兩天在陸軍第二軍團與張國英中將、于豪章中將研究「巨光計畫」，認為「其比『虎嘯計畫』似為妥當，而有勝算也。」[8] 六月二十五日，蔣又將「巨光計畫」擴大修正為「國光十二號計畫」，即國軍由澎湖突擊登陸石獅圍頭半島後，前進配合已攻略廈門的「虎嘯計畫」部隊。七月五日，蔣巡視陸軍特種作戰指揮部，與指揮官王永樹研究支援「國光十二號計畫」，在兩棲登陸前先空投陸軍特種部隊，破壞鷹廈鐵路。[9] 七月三日，蔣介石在日記中寫道：「反攻行動與 D 日已於本週定有腹案，令國防部與各軍總部積極限期完成，但未告其 D 日也。」[10] 到底哪一天才是 D 日呢？

七月五日，蔣介石接見中情局臺北站站長納爾遜，要他請中情局副局長克萊恩立即來臺。[11] 克萊恩當時是兩蔣與白宮聯絡的特殊管道，深獲兩蔣信任。美國原已邀請蔣經國於九月二十日訪美，但蔣介石恐「延誤我反攻行動之

8　國史館，蔣中正先生年譜長編，第十二冊，181頁。

9　國史館，蔣中正先生年譜長編，第十二冊，182頁。
　　國史館：陸軍特種作戰指揮部指揮官王永樹呈總統蔣中正遵示擬呈對靈源山、大陽山、覆鼎山及石獅山等地區實施特種（空降）作戰之研究暨特種作戰訓練教令第四號，數位典藏號：005-010202-00036-002，蔣經國總統文物，1965/07/10。

10　國史館，蔣中正先生年譜長編，第十二冊，186頁。

11　國史館：總統蔣中正於五十四年七月五日召見美國海軍輔助通信中心主任納爾遜談話紀要，數位典藏號：005-010100-00072-005，蔣經國總統文物，1965/07/05。

日期」，遂約克萊恩「先來此相談，以明告我之決心與行動，不能延至九月以後」。雖然此舉將使美國政府「對我反攻行動有所警覺，但對我亦有掩護之妙處」。[12]

七月七日至十日，蔣介石巡視金門、澎湖各軍事單位，「作為戰前對準備與敵情之總觀察也」。[13]七月十一日，蔣介石召見黎玉璽，指示備戰與D日大意。[14]七月十三日，蔣介石於空軍總部主持戰備總檢討會，聽取空軍司令徐煥昇簡報各種作戰計畫的兵力準備，以及針對美方贊同、默認及不贊同等態度而提出的相應對策。蔣說：「美國沒有可靠政策而且常常變更，我們應思考如何以現有兵力作戰，在最壞的情況下，至少要考量作戰三天。」蔣介石決定，先求空軍決戰，然後空投特種作戰部隊，第三日再實施兩棲登陸，展開正規作戰。而作戰要領是先毀滅共匪的轟炸機優勢。他認為，開戰三日之內，可以察知美國的態度。蔣打算讓國軍先引誘國共開戰，再把美國拖下水。

七月十四日，蔣介石主持海軍戰備檢討會，指示應加強對共軍南北艦隊的作戰準備，要海軍多研究「如何誘敵海軍決戰」。他又指示黎玉璽參謀總長：「海軍應對當面大陸沿海岸進行偵巡，以偵測共軍之反應動態。」[15]會後，

12　國史館，蔣中正先生年譜長編，第十二冊，187頁。
13　國史館，蔣中正先生年譜長編，第十二冊，188頁。
14　國史館，蔣中正先生年譜長編，第十二冊，188頁。
15　國史館，蔣中正先生年譜長編，第十二冊，188頁。

根據蔣的指示，海軍總部策訂「蓬萊一號」計畫，經國防部協調後，確定由空軍協力支援，由陸軍派遣特種作戰部隊，前往自泉州至潮汕一帶沿海，進行地面偵察任務，以測試共軍的反應。七月三十日，國防部頒布作戰命令，要海軍派艦護送陸軍特情人員突擊東山島，限定於八月六日完成。[16] 可見，「八六海戰」起因是蔣介石要求國軍海、陸、空軍配合去大陸沿岸偵測共軍反應，以利 D 日的反攻總決戰準備，而 D 日就在 8 月 6 日至 9 月初之間。

七月二十八日，蔣介石去高雄林園視察國軍最精銳的陸戰隊第一師，他與陸戰師的全體官兵合影，勉勵部隊要有成功成仁的決心。蔣介石對官兵強調：「我將統帥的生命交給大家，希望努力達成復國的使命！」[17] 這句話可不是喊口號，蔣心中很清楚，他在孤注一擲，如果失敗，他會老命不保。可是，七月二十六日，蔣介石聽取蔣經國報告他視察金門軍隊的結果，「對於登陸與訓練尚未充分完成為慮」。七月二十八日，再度聽取蔣經國報告「陸軍登陸先後各師戰備，發現重要缺點」。七月二十九日，蔣介石因「戰備不實與劉安祺消極怕戰情緒，殊非所料」，遂決定「調換動員，擬改移一個月」，以期對「充實戰力或較有益」。[18] 七月三十日，蔣介石主持作戰會議，指責「陸

16　國史館，蔣中正先生年譜長編，第十二冊，190頁。

17　國史館，蔣中正先生年譜長編，第十二冊，193頁。

18　國史館，蔣中正先生年譜長編，第十二冊，192頁。

蔣介石與金門防衛司令劉安祺合影。（圖片來源：國史館）

軍作戰部隊並無作戰的準備」，劉安祺很生氣，與蔣當眾爭執起來。[19] 劉安祺當時是陸軍總司令，他「消極怕戰」，問題就嚴重了。七月三十一日，蔣介石在日記中寫道：「巡視金門，考量反攻勝算之程度，感覺無甚把握。…反攻行動有計畫但未能確定日期，而督導戰備已至最後時期，考慮作戰成敗得失，亦以此為最切。」[20] 可見，臨門一腳，蔣開始猶豫起來了。

八月一日和三日，蔣介石兩度與從美國趕來的克萊恩會談。蔣表示「自共匪第二次核子試爆以後，我軍民心理上都有空前的恐懼和憂慮」而共匪只要三顆原子彈，「就可以毀滅臺灣，因之我們不但不能再等一年，就是半年亦等不及了」。[21] 蔣介石告訴克萊恩：「我們反攻行動不希望美國公開贊成，亦不希望美國事前有所承諾，而只希望其諒解我國求生存、求自由之迫切心情而已。」克萊恩只是勸蔣「觀望待機」，重覆美國反對國軍單獨行動的一貫政策。[22] 蔣會後自記：「吾人希望其對我反攻諒解和默

19　國史館，蔣中正先生年譜長編，第十二冊，194頁。

20　國史館，蔣中正先生年譜長編，第十二冊，196頁。

21　國史館：民國五十四年八月總統蔣中正接見美國中央情報局副局長克萊恩垂詢華府對世界及亞洲局勢看法等談話紀要，數位典藏號：005-010301-00011-001，蔣經國總統文物，1965/08/01。

22　國史館，蔣中正先生年譜長編，第十二冊，197頁。

　　另參考國史館：民國五十四年八月總統蔣中正接見美國中央情報局副局長克萊恩談話紀要，數位典藏號：005-010301-00011-002，蔣經國總統文物，1965/08/03。

認之想法，皆成泡影。」[23] 蔣認為，綜合克萊恩的各種說法，「皆為延誤反攻之遁辭，並沒有一點放我收復大陸之意」。[24] 不過，蔣沒有明白告訴克萊恩自己打算幾週之內就發起行動，所以美方並沒有對蔣的談話特別警覺。克萊恩向白宮報告，蔣介石比正常情況顯得更加激動，蔣可能擔心，除非他表現出正積極地與中共作戰，否則他對臺灣的控制將會減弱，因此，蔣又重提「反攻大陸」。但克萊恩認為，自己的訪問似乎增強了蔣介石的自信，為他內心美國已將其一筆勾消的擔憂提供了一個健康的逃生閥。[25]

八月五日清晨，海軍副總司令馮啟聰根據「蓬萊一號」計畫，下令巡防第二艦隊司令胡嘉恒率劍門、章江兩艦出發，祕密護送陸軍特勤隊突擊東山島。八月六日上午，蔣介石主持作戰會議，會中黎玉璽報告劍門、章江兩艦與共軍遭遇並發生海戰，但黎當時還不知道兩艦都已沉沒。會後，蔣介石再聽取海軍總司令劉廣凱報告海戰經過，劉指責空軍雖偵察到共軍的進攻艦隊，但因黎玉璽預令空軍，不得其命令不准轟炸，故未對敵艦投彈，錯失戰機。蔣認為「如我空軍當時對此艦投彈，至少可阻止其向我艦進

---

23 國史館，蔣中正先生年譜長編，第十二冊，197頁。
24 國史館，蔣中正先生年譜長編，第十二冊，199頁。
25 FOREIGN RELATIONS OF THE UNITED STATES, 1964–1968, VOLUME XXX, CHINA, Memorandum From James C. Thomson, Jr., of the National Security Council Staff and the President's Special Assistant for National Security Affairs (Bundy) to President Johnson , August 5, 1965.

擊，則我兩艦自可得救安全也，而黎竟限制其轟炸，殊為可痛。」[26]

海軍中將徐學海在口述歷史書《塵封的作戰計畫：國光計畫》中指出，「八六海戰」爆發前，他親自將海軍作戰計畫交給空軍擎天作業室，但他們忘記轉交給空軍作戰司令部，等海軍申請空援時才發現空軍完全未在狀況內。待空軍派出戰機至汕頭海域時，己方軍艦已經全數消失。[27]八月七日，蔣介石獲悉劍門、章江兩艦被擊沉後自記：「特憂我海軍負責之黎玉璽、劉廣凱無知、無能，不能再負其反攻戰爭之重任；而又憂無人可為之，繼任者更愁幹部之缺乏，不知前途之如何結果矣。」[28]不過，蔣介石當天依然覺得，此次無端之災「究為利害或因禍得福，不能預料，但余不因此以改變反攻原來之決心與計畫，乃督導積極實施也。」[29]

但是，當蔣介石了解更多「八六海戰」慘敗的事實後，他認識到國軍參謀總部與陸、海、空三軍協調配合能力的重大缺陷，自信心開始動搖。八月十四日，他開始「考慮

---

26 國史館，蔣中正先生年譜長編，第十二冊，198頁。

27 參考維基百科：國光計畫。《塵封的作戰計畫：國光計畫口述歷史—國軍史料叢書》：2005年12月，國防部史政編譯室，行政院原住民族委員會，彭大年。

28 國史館，蔣中正先生年譜長編，第十二冊，198頁。

29 國史館，蔣中正先生年譜長編，第十二冊，199頁。

反攻展延一年時間之後得失」。[30] 八月二十一日，他又記：
「考慮反攻行動之延期的利害得失甚切，此為本身做重大
政策之決定也。」[31] 蔣介石拿不定主意，就去日月潭休養
一週，「對反攻時期與國家存亡，以及個人責任，做一次
深遠之考慮。」反覆思考時，他對「美國與強權自私，不
知利害、不分敵友，而且以友為敵，欺善怕惡、畏共避戰，
以及其對越戰之無知盲目，自以為是之愚笨行為，不勝痛
苦。」最後，經過一週「熟慮深思之後」，八月二十八日，
蔣介石在日記中寫下「沉機觀變」四字，決定「對反攻時
期做重大之修正，任由美國自蹈共匪之陷阱，以彼美愚昧
而又狡詐，無法使其回頭猛醒也。」他又「自定『埋頭苦
幹，積極備戰，充實武力』，而做第二次從頭做起之打算，
以保留國家民族一線之生機而已。」[32] 總之，經過一週深
思熟慮，蔣介石基本上決定無限期推遲「國光計畫」了。

　　一九六五年八月三十一日，蔣介石下令撤換了陸、海
二軍總司令劉安祺和劉廣凱。當天，他在本月反省錄中說
明：「海軍劍門、章江兩艦在東山島突擊，被匪艇多艘圍
攻而擊沉，官兵殉國者一百七十人，不勝悲痛，乃命該
劉廣凱總司令辭職，此實為我反攻計畫是否展延之動機

30　國史館，蔣中正先生年譜長編，第十二冊，199頁。
31　國史館，蔣中正先生年譜長編，第十二冊，202頁。
32　國史館，蔣中正先生年譜長編，第十二冊，202頁。

也。」³³ 蔣「對反攻行動是否延展之問題考慮至切，此乃革命成敗，國家興亡之重大問題，故在此最後關頭，不能不做最後之考慮也。」結論是：「反攻復國大計，自應重加研討，不必如過去之急促，乃有沉機觀變之餘暇，時間亦不必如過去之冒險進擊，獨當其衝矣。」³⁴ 蔣介石在八月二十八日和三十一日這兩段日記中，記錄了他於一九六五年中戰略思想的重大修正，從此，他放棄了主動反攻大陸的國策，改採「沉機觀變」以保留臺灣生機的戰略。不過，除了蔣經國以外，他當時恐怕沒有將此重大改變告訴任何人。

　　一九六五年八月是蔣介石來臺的二十五年中，最接近反攻行動倒數計時的一刻，這一情況至今鮮為人知。當時，因為一九六二年春反攻計畫洩密的教訓，蔣的保密工作做得好，沒有驚動美國和中共，而副總統陳誠剛逝世，決策高層內部也沒人敢勸阻他。可是，人算不如天算，「八六海戰」的慘敗驚醒了蔣介石，他痛定思痛，徹底檢討，認識到「海軍輕敵」而「空軍未能及時支援」，又以黎玉璽「對作戰指導的缺乏經驗與能力為慮」。³⁵

　　一九六五年十一月十四日，中華民國海軍「永字號」砲艦「山海艦」與「臨淮艦」由馬公駛烏坵執行傷患接運

33　國史館，蔣中正先生年譜長編，第十二冊，205頁。
34　國史館，蔣中正先生年譜長編，第十二冊，204頁。
35　國史館，蔣中正先生年譜長編，第十二冊，236頁。

任務，在航抵距烏坵南約十浬海面，遭遇到中國人民解放軍海軍十二艘快艇，雙方激戰三小時，雖擊傷一艘解放軍快艇，但臨淮艦亦被擊沉，山海艦安返，是為「烏坵海戰」。八六海戰及烏坵海戰失利後，「國光計畫」自此停擺不前。一九六五年十二月三十一日，蔣介石年終反省，「八六海戰」使他「自知我將領之無知與無能，此乃引起我反攻行動不得不延期與重新整訓之動機」。[36] 他還罵彭孟緝、劉安祺等「自詡為建軍成績之優良者，皆欺世蒙上舞弊之談」，所以決心「建軍工作從頭做起」。[37] 蔣介石終於明白，沒有美國幫助，「國光計畫」只是紙上談兵，國軍陸、海、空協同作戰能力很差，高級指揮官們毫無決戰勝利的信心，因而他對反攻大陸逐漸死心。如果沒有「八六海戰」讓蔣介石懸崖勒馬，相反地，如果他真的在八月下旬發動「國光計畫」的話，「如此軍隊登陸，必致失敗也」。[38] 瞞著美國，發動二十個師登陸失敗，蔣的老命恐怕會不保，不是解放軍乘勝渡海，就是美國策動軍事政變，像南韓李承晚、南越吳廷琰一樣的下場。也許，蔣介石於一九六五年十一月三日特赦彭明敏，是對彭「反攻大陸不可能」說法的一種默認吧。

36　國史館，蔣中正先生年譜長編，第十二冊，248頁。
37　國史館，蔣中正先生年譜長編，第十二冊，249頁。
38　國史館，蔣中正先生年譜長編，第十二冊，249頁。

十六、蔣介石如何應對
尼克森的背叛？

一九五六年七月，蔣介石會見美國副總統尼克森。（圖片來源：國史館）

一九六〇年代晚期，蔣介石做外交決策時，會找蔣經國、副總統嚴家淦、總統府祕書長張羣、國家安全會議祕書長黃少谷以及前後任外交部長的魏道明或周書楷等商討，宋美齡幾乎都不參與。一九六七年二月一日，蔣介石明令設置國家安全會議，為「動員戡亂大政方針的決策機構」，黃少谷為國安會祕書長。實際上，蔣介石主要還是同蔣經國商量，這同尼克森與季辛吉、毛澤東與周恩來的決策模式類似。尼克森（Richard Nixon）當選美國總統前，曾六次訪臺。蔣介石對他投入過大量心血和金錢。一九六九年初尼克森上臺後，蔣介石很快意識到美國政府對臺政策的變化。但是，他沒辦法撕破臉，公開否認尼克森是朋友，因為臺灣只有美國這個盟友，日本不可靠，蘇俄又談不攏。逐漸地，蔣介石被迫放棄「反攻復國」的舊國策，確立「獨立自保」的新國策。

　　一九六九年七月二十一日，美國國務院宣布放寬對中國貿易和旅遊的限制，為緩和美中關係而單方面行動。七月二十五日，尼克森於關島發表談話，宣布在印度支那收縮兵力，使越戰「越南化」。八月初，尼克森在環球旅行中對巴基斯坦、羅馬尼亞等國領導人表示，美國希望中國走出「孤立」狀態，在亞洲和太平洋地區發揮重要作用。[1]

1　張靜，《解密中美祕密外交（1969-1972）》。北京：人文出版社，2014年，頁48。

對中華民國，尼克森和他的國家安全顧問季辛吉以空洞不實的言詞敷衍。八月六日，季辛吉告訴中華民國駐美大使周書楷，美國對中共政策「沒有改變」。周書楷追問，在羅馬尼亞有沒有談及願與中共對話的問題？季辛吉謊稱「沒有這種對話」。[2]「政策沒有改變」從此成為美國政府敷衍臺灣的標準答案，直到一九七一年七月美國宣布改變政策。

一九六九年八月二日和三日，蔣介石接見美國國務卿羅吉斯（William Rogers），商討亞洲局勢。蔣指出，任何試圖與中共妥協或和解，都注定會失敗，徒然讓中共鞏固地位。他單刀直入問羅吉斯，尼克森政府是否鼓勵中華民國反攻大陸、解放中國人民，或要把它凍

季辛吉，曾任美國國家安全顧問、國務卿等職，主張緩和政策，改善美國與蘇聯、中國的外交關係，被公認是國際政治學均勢理論大師。
（圖片來源：維基共享）

2　王景弘，《臺灣會生存下去：兩蔣因應美中關係正常化內幕（1969-1979）》。臺北：玉山社，2015年，頁11。

結在臺灣。羅吉斯不客氣的回答，美國已經無法把時鐘撥回到艾森豪、杜勒斯，或甘迺迪的時代。尼克森的立場是繼續支持中華民國，如果中華民國能以和平的政治手段回到中國，美國會很高興，但任何使用軍事冒險，都是不切實際的考慮。[3] 會談後，蔣介石記曰：「對羅感想乃是一位平凡之人，自不能與杜勒斯相比。」[4]

當時，臺灣的防空力量非常薄弱，蔣介石日夜擔憂解放軍進犯臺灣本島。蔣介石告訴羅吉斯：「臺澎與金馬之防衛實賴於空軍優勢。現在共匪能自製米格二十一型飛機，而且其數量每月增加，而我空軍 F104 與 F5 型機，戰力均與之相差甚遠，而且數量甚少。故今日空中優勢全落在敵人之手。」蔣介石認為，如果共軍進犯，臺灣最多只能支持三日，因此國軍必須提高臺灣海峽的空中戰力，以爭取更多應變時間。他請求美國支援幽靈式戰鬥機（F-4 Phantom）一中隊，協助臺灣的空中防禦。[5] 幽靈式戰鬥機於一九六五年開始服役，是當時美國海、空軍的遠程超音速戰鬥機，越南戰爭期間，F-4 除了作為海、空軍主要的制空戰鬥機，也在對地攻擊、戰術偵察等方面發揮很大作

3 　國史館：蔣中正與美國國務卿羅吉斯會談有關越南問題等談話簡要紀錄，典藏號：005-010205-00089-003，1969/08/03。

4 　國史館，蔣中正先生年譜長編，第十二冊，628頁。

5 　國史館：蔣中正與美國國務卿羅吉斯會談有關越南問題等談話簡要紀錄，典藏號：005-010205-00089-003，1969/08/03。

用，在一九七〇和一九八〇年代成為美國空軍的主力。

　　經過觀察，蔣介石認為此時尼克森聯中反蘇的態勢已經明顯。八月二十三日，他擔心美國「聯毛匪以制俄共，全心一意不問後果，或能否向此目標激進矣。」[6]八月三十一日，蔣一言以蔽之：「美國所謂亞洲新政策者，乃聯匪制俄，使棄越南與臺灣之政策也！」[7]但是，蔣介石不死心，九月二十四日，他致電周書楷，希望美國將一隊 F-4C 飛機援助臺灣，並比照援韓方式辦理。至於如何遊說國會，則讓周書楷與參贊（外交官）孔令侃協商。[8]十月十一日，外交部長魏道明與周書楷拜會羅吉斯，問及軍援項目中可否增加幽靈式飛機，羅推託軍援問題仍按照前任預算執行，意思是目前沒有軍援幽靈式飛機的打算。[9]十一月二日，孔令侃向蔣介石報告，美國國會有可能批准軍援幽靈式飛機，蔣叮囑其「F-4C 型機交涉，如其議會通過，必須先訂交貨的優先日期，應特加注意為要。」[10]蔣介石當時對於能否獲取幽靈式飛機極為重視。

6　國史館，蔣中正先生年譜長編，第十二冊，631頁。

7　國史館，蔣中正先生年譜長編，第十二冊，633頁。

8　國史館：蔣中正電周書楷美方談話錄有關我願以分期付款購買一語係去年對美前任政府所言今年機價增漲我無力購置望美對F-4C型機援華依照援韓方式辦理，典藏號：002-090103-00008-316，1969/09/24。

9　國史館：魏道明呈蔣中正與美羅吉斯晤談代表權問題及軍援事美方預算仍照原計畫執行，典藏號：002-080106-00047-020，1969/10/11。

10　國史館，蔣中正先生年譜長編，第十二冊，645頁。

與此同時，尼克森悄悄地調整了對臺政策。一九六九年九月二十三日，國務院通知美國駐臺大使館，將美國第七艦隊在臺灣海峽的例行性巡邏，改為「不定期巡邏」。國務院解釋，因為國防預算要刪減三十億美元，海軍艦艇要減少一百艘，因此不得不將例行巡邏改為不定期巡邏。[11]其實這一改變有重大的政治含意，無法以預算問題掩飾。十月十六日，季辛吉會見巴基斯坦內政部長時，請巴國總統祕密地告訴中國，美國將把兩艘驅逐艦撤離臺灣海峽。十一月初，巴基斯坦葉海亞（Yahya Khan）總統將美國的這項決定告訴了中國大使張彤，葉海亞還特別解釋：「美國有意與共產黨中國實現關係正常化」。[12]

十月十八日，針對尼克森政府一系列對中共示好的言行，蔣介石在日記中批評：「美國此種自私荒妄、毫無正義與遠見之當局，如其再為自由世界領導，則自由世界只有自取滅亡而已，而不能自立自求存乎。」[13]十月三十一日，蔣記曰：「美國外交變態百出，尤其對共匪之諂媚言行醜態，更令人發嘔，焉得不使共匪之驕橫也，而其對我

---

11 FOREIGN RELATIONS OF THE UNITED STATES, 1969–1976, VOLUME XVII, CHINA, 1969–1972，Telegram From the Department of State to the Embassy in the Republic of China and Commander, U.S. Taiwan Defense Command , September 23, 1969。

12 張靜，《解密中美祕密外交（1969-1972）》。北京：人文出版社，2014年，頁48。

13 國史館，蔣中正先生年譜長編，第十二冊，642頁。

視為無物，則更顯其帝國主義者，只怕強權而無道義之本性矣。」[14] 可見，早在一九六九年秋，蔣介石已經洞見到「美既決聯匪制俄，自不能不放棄我中華民國與越南以謀匪也。」[15] 他對尼克森會背叛自己有了心理準備。

一九六九年十一月九日，美國正式通知中華民國政府，自十一月十五日起，第七艦隊將停止例行巡邏臺灣海峽。蔣介石得知美國這項決定，立即指出「此無異放棄其保障臺灣海峽安全而又強迫我撤退之陽謀，美國誠不可靠也。」[16] 蔣介石試圖挽回美國的決定，指出根據臺美「樂成計畫」，停止巡邏須經臺美協商，不是美國說不巡就不巡。「樂成計畫」源自於《中美共同防禦條約》，是雙方共同執行的應付共軍入侵臺灣的作戰計畫。

十一月十一日，蔣介石召見蔣經國等人，指示對美停止海峽巡邏之答覆要點：「甲、第七艦隊與保護臺灣海峽之不可分，如其停止巡邏海峽，即等於第七艦隊之撤退，乃放棄臺灣海峽，即放棄臺灣也。乙、此為其壓迫我放棄之間接手段，那無異違反中美協定之承諾，但亞洲人公認臺、澎、金、馬為整個不可分局勢，我國對金馬雖戰至最後一人，亦絕不放棄。丙、如其對記者聲明不巡邏之理由，乃更暗示共匪美國已放棄臺灣海峽，任由其對金馬與

14　國史館，蔣中正先生年譜長編，第十二冊，645頁。
15　國史館，蔣中正先生年譜長編，第十二冊，633頁。
16　國史館，蔣中正先生年譜長編，第十二冊，646頁。

臺灣進攻之理由美國不來干涉之表示，此在共匪心理必做如此想法也。但共匪對其既得土地與權利絕不放棄，而且對得者，必得寸進尺，如果美國實行此舉，則越戰未了，而臺戰又起。此一美國政策，不僅對東亞，實為對整個太平洋地區，引起燎火之原，其後果必然如此，切勿以小事視之。」[17] 可見，蔣介石高度重視這事的影響，不願失去美國第七艦隊這項保護。

十一月十二日，中華民國外交部長魏道明在華府與羅吉斯會談，對改變臺海巡邏的決定，提出臺北的看法。魏促請美國政府重新考慮，羅吉斯強調這完全是基於預算的考量，美國的政策和防衛承諾均未改變。羅也強硬地指出，改變臺海巡邏是美國最高層的決定，不可能改變。[18]十一月十三日，蔣經國向蔣中正報告，美國對停止巡邏案以最高層決策不能變更為由，仍將如期於十五日實施。至於蔣介石抱以希望之「樂成計畫」，美國認為「樂成計畫」中並無提及巡邏艦隊之決定，因此不需與中華民國商討。得到這樣的回覆，蔣介石「聞之甚為痛憤，但強勉自制，而內心實如焚燉」。[19] 他立刻召集副總統嚴家淦、總統府祕書長張羣、國家安全會議祕書長黃少谷與蔣經國等商討

17　國史館，蔣中正先生年譜長編，第十二冊，646頁。

18　王景弘，《臺灣會生存下去：兩蔣因應美中關係正常化內幕（1969-1979）》。臺北：玉山社，2015年，頁24。

19　國史館，蔣中正先生年譜長編，第十二冊，647頁。

對策，並且決定親自致電尼克森，要其先取消停止巡邏命令，再商討替代辦法。十一月十四日，駐美大使周書楷帶著蔣介石給尼克森的電報去見季辛吉，詢問美國能否延後兩、三週執行，為了回覆周書楷，季辛吉當場打電話詢問國防部長賴德（Melvin Laird），沒想到賴德卻向季辛吉告狀，指責這是國務院向中國示好的方式，換而言之，美國國防部長也不贊成停止臺海巡邏的決定。[20]

尼克森政府當時還算重視蔣介石的顧慮，在魏道明與周書楷相繼對美提出交涉之後，美國國防部派副部長卡德（David Packard）與太平洋美軍總司令麥坎（John McCain）訪問臺北，於十一月十五日見蔣經國，說明撤離兩艘驅逐艦，只是淘汰逾齡艦隻，美國海軍艦艇仍將「例行性通過」臺灣海峽。[21] 當天，蔣介石自記：「其最惡劣之用意與目的，乃無形中迫使我撤退金馬外島，為使共匪統一大陸，以達到其兩個中國之幻想。」[22]

卡德來臺後，十一月十七日，季辛吉告知周書楷，尼

20　王景弘，《臺灣會生存下去：兩蔣因應美中關係正常化內幕（1969-1979）》。臺北：玉山社，2015年，頁25。
周書楷電外交部報告與白宮外交助理季辛吉會面關於第七艦隊縮小臺灣海峽巡邏事盼給予充分時間磋商並將執行命令時間延緩等，典藏號：005-010100-00074-004，1969/11/14。

21　國史館：蔣經國與派卡德暨馬侃關於美國海軍巡邏臺灣海峽事之談話要點，典藏號：005-010206-00086-013，1969/11/15。

22　國史館，蔣中正先生年譜長編，第十二冊，648頁。

克森決定暫緩終止巡邏。蔣介石又記：「以尼克森雖允延期停止巡邏海峽，但其基本政策實已決定，臺灣海峽任由共匪侵占金馬，以達成其孤立臺灣之愚策，不惜出賣我政府也。」[23] 十一月十九日，蔣介石再次致函尼克森，要求勿予終止巡邏和立即檢討「樂成計畫」。[24] 十一月二十三日，臺灣與美國達成協議。蔣介石記曰：「經兒來報告與美第七艦隊司令對海峽巡邏之辦法與協議結果，尚稱圓滿。以此辦法等於未停止巡邏，惟不由第七十二機動隊負其責耳。」[25] 美國海軍重新調整路線，每個月有十五艘船艦來往越南與日本時會穿越臺灣海峽。

在十一月十九日的信中，蔣介石也對尼克森提出，希望能獲得 F-4D 幽靈式飛機及潛水艇。蔣介石多次催促美方高層，經過一百三十天才獲尼克森答覆。尼克森批准給予臺灣五艘驅逐艦、足夠的 F-104 戰機以替換國軍所有的 F-86 和 F-5 戰機，卻略過關鍵的幽靈式戰機。[26] 十一月二十日，在孔令侃的遊說下，美國眾議院以一百七十六票對一百六十九票，通過一項修正案，授權撥款五千四百五十萬美元給中華民國，以便在一九七〇年的會計年度中，能購買一中隊的 F-4D 幽靈式飛機。如

23　國史館，蔣中正先生年譜長編，第十二冊，648頁。
24　國史館，蔣中正先生年譜長編，第十二冊，647頁。
25　國史館，蔣中正先生年譜長編，第十二冊，649頁。
26　國史館，蔣中正先生年譜長編，第十二冊，648頁。

果參議院也通過該案，眾議院的授權即成定案。[27] 十一月二十二日上午，蔣介石獲悉美眾院通過援助 F-4D 案，但他認為來自參議院的阻力仍大，尚難樂觀。[28] 十二月三日，蔣介石得知美參院外交委員會撤銷援臺 F-4D 案，因此認定今後將更不容易得到美國軍援，「惟對此種外來之物絕不可靠，得之不足喜，失之不足憂。」[29] 十二月十日，美眾議院大會通過援臺 F-4D 幽靈式飛機撥款案，蔣介石記曰：「昨夜美眾院對我軍援 F-4D 機一中隊案，只多五票通過，其爭辯激烈與反華大勢可知。好在其國防部長加以支持，聊以慰懷。」[30]

一九六九年十二月十七日，蔣介石接見美國大使馬康衛（Walter McConaughy），討論 F-4D 飛機與巡防臺灣海峽等問題。馬康衛轉達尼克森對蔣十一月去函的口頭答覆，尼克森相信有關臺海巡邏的「細節」，將可以透過美軍太平洋總司令及中華民國國防部的磋商，得到圓滿解決。馬康衛告訴蔣，美國政府完全了解中共政權對東亞地區的威脅，但美國認為有責任盡力採取務實和謹慎的步驟，以減低地區的緊張，和執行美國所宣示「以談判代替對抗」的政策。馬康衛明白告訴蔣，基於這樣的精神，美

27　國史館，蔣中正先生年譜長編，第十二冊，649頁。
28　國史館，蔣中正先生年譜長編，第十二冊，649頁。
29　國史館，蔣中正先生年譜長編，第十二冊，653頁。
30　國史館，蔣中正先生年譜長編，第十二冊，655頁。

國正努力尋求與北京對話；如果努力有成果，那將以「在華沙或其他地方」恢復大使級會談的形式出現。為營造對話的氣氛，美國將有限度地放鬆美國公民到中國旅行及貿易的限制。馬康衛還說，尼克森指示他向蔣保證，他的中國政策，不會損害中華民國的基本利益，美國與中國大陸接觸，「不表示」會與中華人民共和國建交，或增強其國際地位；「不意味」美國要降低防衛臺灣的警覺；不是美國認為中共政權本質已經改變，或已經可以接受；不是美國放棄基本原則。蔣介石謹慎地聆聽馬康衛陳述約一小時，沒有插話，等他說完，沉思片刻，才回應說，他聽到馬康衛大使確認「美國支持中華民國的政策不變」，感到放心。[31]

不過，蔣介石還是擔心第七艦隊不再巡防臺灣海峽，擔心此舉會引起中共的誤解。馬康衛解釋說美國此次對第七艦隊任務的調整，「純粹是經濟的原因」。尼克森已命令在遠東的海軍艦艇不要走臺灣海峽東部海域，而是經過臺灣海峽，以提高美艦在海峽的出現次數。馬康衛引述尼克森的話說，共產黨對臺灣海峽的中華民國船隻任何「無理、無端」的攻擊，「不會受到忽視」，[32] 但馬康衛並沒

---

31 國史館，蔣中正先生年譜長編，第十二冊，657頁。FOREIGN RELATIONS OF THE UNITED STATES, 1969–1976, VOLUME XVII, CHINA, 1969–1972,Memorandum of Conversation,Taipei, December 17, 1969.
32 國史館，蔣中正先生年譜長編，第十二冊，657頁。FOREIGN

有具體說出尼克森對中共的攻擊會做如何反應。事實上此後經過臺灣海峽的美國軍艦多為「過水」性質，缺乏實質巡邏功能。

此後，美國又做出了一系列的舉動，昭示對中國政策的微妙變化。十二月十八日，蔣介石又記：「美國參、眾兩院對援外案聯合會對我撥援 F-4D 機案款項刪除。此本在意料之中事，但美對我外交之惡劣前途可知者，自立之心益切。」[33] 十二月二十五日，美國國務院公開承認，美國第七艦隊在臺灣海峽的巡邏已由定期改為不定期。同一天，白宮宣布反對提供一個中隊的 F-4D 型飛機給臺灣。對此蔣介石深感受創：「本日耶誕節，尼克生特別宣布其反對特別撥援中華民國 F-4D 機之五千四百五十萬之款項，此乃為我一生中所受重大打擊之一，但他絕不能使我為其致命之創傷，唯有增加我革命之勇氣與獨立之信心而已。而其同時發表其對臺灣海峽美艦例行巡邏之減低，更為鼓勵共匪之侵犯我金、馬、台、澎基地，以換取共匪重開華沙會談之精誠，此可忍乎？」[34] 事後來看，一九六九年底美國取消第七艦隊例行巡邏確實是美國改變對臺政策的重大步驟，難怪一九七一年七月季辛吉第一次見到周恩

RELATIONS OF THE UNITED STATES, 1969–1976, VOLUME XVII, CHINA, 1969–1972,Memorandum of Conversation,Taipei, December 17, 1969.

33 國史館，蔣中正先生年譜長編，第十二冊，657頁。

34 國史館，蔣中正先生年譜長編，第十二冊，659頁。

來時就再三強調這件事，而蔣介石當時對美國意圖的判斷非常正確，但實在無法力挽狂瀾了。

　　一九六九年十二月三十日，孔令侃來告訴蔣介石，昨日白宮發言人稱尼克森對援臺 F-4D 機案不反對。孔以為是國防部長賴德堅決要求之故。蔣介石記曰：「本月為尼克森對匪政策轉變之實現，不惜出賣我政府之卑劣手段，尤其是玩弄手法以騙人最為可痛。…反對國會援我 F-4D 型機之提案。白宮先做反對之聲明，隔後一日又做不反對之聲明，此全為其安格紐此來訪華無辭以對之作用也。」[35] 尼克森對於國會撥款援臺 F-4D 機案態度曖昧、反覆不定，蔣介石至此對他已經不再抱有任何期望。十二月三十一日，蔣介石指出，美國「新亞洲政策，乃為實施其放棄亞洲，亦為美、俄、毛匪三方分合之關鍵也」。[36] 對此，蔣決定「臺灣本島防禦計畫亦於本年開始採取獨立自主之精神，而部隊亦重新編組，此乃為殷憂啟聖之兆乎。」[37]

　　一九七〇年一月二日，美國副總統安格紐（Spiro Agnew）飛抵臺北與兩蔣會談。在尼克森政府內部，安格紐反共立場堅定，是與蔣談得來的人。尼克森派副總統訪臺，純是安撫之舉，他也從來不告訴安格紐他與中共的祕密外交。會談中，安格紐承諾提供三千一百萬至三千六百

35　國史館，蔣中正先生年譜長編，第十二冊，660頁。

36　國史館，蔣中正先生年譜長編，第十二冊，660頁。

37　國史館，蔣中正先生年譜長編，第十二冊，661頁。

萬美元以提升臺灣防空能力，包括一中隊的 F-104 戰鬥機，以及力士型飛彈和天鷹飛彈。安格紐與蔣介石會談時，兩度被問及 F-4D 戰鬥機的出售問題，安格紐都未正面回應，只說他知道中華民國確實需要防空能力，美國準備提供它所需的能力。蔣介石也對尼克森的新亞洲政策提出看法，認為亞洲情勢已發生劇烈變化，過去中華民國之主要目標為反攻大陸，今日之主要顧慮為如何自衛，而中共唯一之目標為占領臺灣。中共對臺灣侵略之作法，除軍事侵略外，另一為政治作戰，即設法離間臺美關係。[38]

一九七〇年一月八日，美國宣布於一月二十日恢復美中大使級華沙會談。一月十三日，蔣介石接見外籍記者團，忠告美國：中華民國之利，就是美國之利，相信美國必不至做出足以傷害中華民國的事。[39] 一月十四日，蔣介石接見美國空軍部長席曼斯（Robert Seamans），請他向尼克森轉達目前臺灣防務空虛情形，希望美方協助增強中華民國空軍的力量。蔣介石指出：「中共過去十年之種種準備，目的均為自空中突擊臺灣，或有美國朋友認為中共無海運能力，何能進攻臺灣，或不敢進攻臺灣。此種想法，至為危險。…中共之作戰計畫，為自空中突襲臺灣，以空降部隊大批降落重要據點，造成既成事實，美國

38　國史館，蔣中正先生年譜長編，第十二冊，662頁。蔣中正接見安格紐談話紀錄，典藏號：005-010206-00078-001,1970/01/03。

39　國史館，蔣中正先生年譜長編，第十二冊，665頁。

縱欲相助，亦無能為力。對此，美國政府不可不特別予以注意。」[40] 蔣介石強調，中共空軍之飛機無論在數量上或質量上均已超越中華民國，美國必須增強臺灣空軍戰力，使臺灣在質量上恢復空中優勢。蔣又請他向尼克森轉達：美國目前一再高唱不再以軍隊介入亞洲，尤其最近一連串對中共示好舉措，均足以助長中共侵略臺灣之野心，尤其美國宣布恢復與中共舉行華沙會談，足以增加中共囂張氣燄。[41]

一九七〇年一月二十四日，蔣介石自記：「尼克生十九日以白宮發言人名義再度發表其對援我 F-4D 型機並不反對之意，但其理由為引用其國防部一九六八年作證之意見：『此項飛機對中華民國是非常有用的，但就該國整個空防的戰略而言，並不是急需的』。且結語之狡獪虛偽，殊為可痛。」[42] 一月二十七日，蔣介石得報美國會兩院竟剔除援臺 F-4D 型戰機案，在同案中反而通過對韓援助五千萬美元，他認為美國忘義失信反覆無常，頓感「磨折扭絞、恥辱煩惱、憂患困痛」。他大罵尼克森：「對我之玩耍至此，徒長其本身之卑劣人格而已。…美國政客失信無義、反覆無常，為其個人利害，隨時可以出賣友人，

40　國史館，蔣中正先生年譜長編，第十二冊，666頁。

41　國史館：蔣中正與美國空軍部長席曼斯會談有關空中防衛及共黨對華侵略企圖等談話簡要紀錄，典藏號：005-010205-00090-003，1970/01/14。

42　國史館，蔣中正先生年譜長編，第十二冊，668頁。

今日又多得一個經驗。此案之後果對我國之為凶為吉，尚難判定。要在本身雪恥圖強，謀求出路，未始非逢凶化吉、因禍得福。」[43]

　　一月三十一日，被尼克森「玩耍」一番之後，蔣介石自我反省：「自二十五歲以來，經過無數憂患與恥辱，尤以對外之磨折扭絞，非使我國脈民命徹底消除而不止的美國政府，虛偽欺詐之玩耍，令人無法忍辱，已達極點。此乃自民國三十一以來，史迪威、馬下兒（馬歇爾）以至今日尼克生等，是極盡人世所最難堪之一次也，荒漠甘泉所言靈魂在和逆境中苦鬥中，才能把握他的奧妙和扭絞中擁出真理之時乎。」[44]同日，他又記：「對美國之假言偽行，三十年來之疑竇亦得因此而完全識破與證明，此乃盎格魯撒克遜民族之真面目矣。經過無數次被欺詐與出賣，再可不夢覺乎，而以尼克生上月二十九與本月十九日白宮兩次之聲明對照，更足毀譽矣，切勿再忘。二十七日美國會兩院協議剔除援我 F-4 型機案，而對其同案附屬之援韓五千萬元反得通過，此乃對我國之恥辱所畢生難忘者也，美國人之忘義失信如此也。」[45]

　　一九七〇年二月十三日，蔣介石再次寫下對此事的感想：「對美本已絕望，何必因此次 F-4 型機交涉所得後果，

43　國史館，蔣中正先生年譜長編，第十二冊，668頁。
44　國史館，蔣中正先生年譜長編，第十二冊，669頁。
45　國史館，蔣中正先生年譜長編，第十二冊，669頁。

而為之憂慮其中美今後關係之惡化也，彼既嚴拒我要求，而我何不可堅拒其欺詐的妥協，實於心無愧也。」[46] 但蔣介石著實在意此事，因此心情反覆，例如二月十六日日記裡寫道：「此次 F-4 型交涉之挫折，乃是好事，而非壞兆，否則將於大失敗與危機，以令侃之手段魯莽更將敗事也。但只怪自己任用不當，決斷不力，招此恥辱而已。」[47]「對於 F-4 案我遭此恥辱，越想越憤，故近夜連續失眠受此苦痛、此為平生各種失敗之中，光明大無愧於心，而惟此次之恥辱失敗之甚，故心不自安也。此次 F-4 型機案，美國聯合會議之剔除，而對韓國五千萬元同案中之將予保持，此為令人最難堪之恥辱失敗也。」[48] 蔣介石與美國交涉 F-4 型飛機失敗，對臺美關係有重大負面影響，蔣介石至此對尼克森深惡痛絕了。

一九六九年十二月十一日，美中關係發生了極富戲劇性的變化，根據尼克森指示，美國駐波蘭大使斯托塞爾（Walter Stoessel）聯繫了中國外交官，美中兩國代表在華沙成功接觸，因為越戰而中斷了幾年的美中大使級談判，因為中蘇邊界衝突而恢復了。一九六九年十二月十九日，美國政府宣布局部解除歷時十九年的對中共貿易禁令。[49]

46　國史館，蔣中正先生年譜長編，第十二冊，673頁。
47　國史館，蔣中正先生年譜長編，第十二冊，673頁。
48　國史館，蔣中正先生年譜長編，第十二冊，673頁。
49　張靜，《解密中美祕密外交（1969-1972）》。北京：人文出版社，2014

一九七〇年二月二十七日，蔣介石對美國在華沙會談所持立場大為震驚，記曰：「審閱匪美會議之要點，美促匪共同發表和平共存五原則，以臺灣問題，亦以和平解決為其原則。此種承認共匪與從中賣其友邦之行為，乃為美國之故友不足為奇，而竟出之於尼克森政府，乃為誰亦所不及料者。」[50] 二月二十八，蔣又記曰：「閱及匪美華沙會談之要點，乃是其《雅爾達密約》重演之預報，此為尼氏對華又一次之譏刺與惡作劇，痛憤之至，內心如焚，固當時

一九七二年二月，美國總統尼克森訪問中國。（圖片來源：維基共享）

年，頁35-38。

50　國史館，蔣中正先生年譜長編，第十二冊，675頁。

氣候惡劣更增鬱悶，幾乎坐立不定，幸能勉強自制，力圖自強，為其所傷，余能得此復國基地，要自強為善，彼雖狡詐陰狠，如我何哉？」[51]

三月二日，蔣介石派外交部長魏道明約見馬康衛，提出抗議，華沙會談討論到所謂臺灣問題，因為涉及中華民國的領土主權問題，中華民國政府不能容許，必須提出最嚴正的反對。三月四日，蔣介石又給尼克森寫信，抗議美國與北京討論解決臺灣問題，傷害到中華民國的主權。[52]季辛吉認為蔣介石的抗議信並非意外，那表示他憂慮華沙會談的可能義涵。他建議向蔣介石強調美國對中華民國的承諾。三月二十七日，尼克森回信，表示他知道蔣不信任中共，他自己也未忽視中共過去的作為和它的威脅；但他同時強調，如果不設法尋求減低與中共衝突的危險，及探討雙方是否有藉談判解決問題的機會，那是他對美國人民失職。尼克森重申美國保衛臺灣與澎湖的決心，及不讓華沙會談影響美國與中華民國長期存在的友誼與合作。[53]

三月十八日，蔣介石主持國民黨中常會時指出：「國

51　國史館，蔣中正先生年譜長編，第十二冊，676頁。
52　國史館，蔣中正先生年譜長編，第十二冊，678頁。
53　FOREIGN RELATIONS OF THE UNITED STATES, 1969–1976, VOLUME XVII, CHINA, 1969–1972,Letter From President Nixon to the President of the Republic of China Chiang Kai-shek , March 27, 1970 . 美國駐華大使馬康衛上蔣中正函轉達美國總統尼克森復函說明華沙會談之必要並保證對中華民國友好與合作中英文本,典藏號：005-010100-00073-010,1970/03/28.

人以往只知注重外界對我之影響，而不知本身自立自強之重要。此實民族自卑感作祟之所致，當年大陸失敗，亦即導因於此，今後應先看自己，再看敵人，然後再看國際情勢。其實，我二十年來之安定，固為世界各國所僅有，其他方面之進展，亦事實俱在，最近美軍顧問團團長雖謂我軍事在三年內進展五倍，其實尚不止此。因此，今後只要吾人精誠團結，踔厲奮發，任何國家對我均不敢輕侮，即美與匪妥協，亦不足畏。」[54] 他警告高層，美國可能與中共妥協，撕毀《中美共同防禦條約》。

美國國務院邀請蔣經國於一九七○年四月十八至二十八日訪美，作為對羅吉斯於一九六九年八月訪臺的回訪，蔣經國於三月初接受邀請。四月十八日上午，蔣經國向蔣介石辭行，蔣介石要他當面向尼克森提出三個最重要問題：一、美國在華沙會談會讓步到何種程度？二、美國對維護中華民國聯合國代表權的態度？三、如果臺海危機再發生，美國是否仍會協助防衛金馬外島？[55]

當時，蔣經國是行政院副院長，尼克森卻以對待國家元首的規格，舉辦國宴接待他。四月二十一日，尼克森與蔣經國密談七十五分鐘。蔣經國向尼克森保證，中華民國不會對大陸使用武力攻擊，但會使用政治手段來達成目

54　國史館，蔣中正先生年譜長編，第十二冊，680頁。
55　國史館，蔣中正先生年譜長編，第十二冊，686頁。

標。關於臺灣安全，蔣經國說中共對其他國家採取政治滲透及提供叛軍武器的方式，但對臺灣會採取像日本偷襲珍珠港一樣的奇襲、空降登陸，美國應與中華民國共同努力以確定有效防範的措施。他不能確定中華民國何時能重返大陸，但友邦與盟國應坦誠磋商，務求成功。只有七億中國人民的政府愛好和平，他們才會成為美國的朋友。尼克森向蔣經國保證，華沙會談只是試探性質，絕不會損害美國對中華民國的忠誠。尼克森讓蔣經國放心，再三地說：「我絕不會出賣你們。」尼克森也保證，「美國將繼續反對中共進入聯合國」。但對蔣經國所提出的三大議題：華沙會談、聯合國席位、金馬防衛，尼克森都避免深入討論，採取敷衍態度。[56]

蔣經國接著找季辛吉私下會談。季辛吉問蔣經國，如果把華沙會談移到華府或北京舉行，他會如何反應？蔣經國表示反對，力勸季辛吉打消這個念頭。季辛吉強調美國強力支持友邦，絕不會在任何議題上向共產黨讓步；在進行戰術運作時，有時雖會發生混淆，但我們要知道戰略與戰術的區分。蔣經國告訴季辛吉，毛澤東不是一個「正常人」，不能用正常的標準去分析毛澤東的思想和行為；毛澤東不是照一般預期的方式在反應的。[57]

---

56 FOREIGN RELATIONS OF THE UNITED STATES, 1969–1976, VOLUME XVII, CHINA, 1969–1972, Memorandum of Conversation, April 21, 1970.

57 FOREIGN RELATIONS OF THE UNITED STATES, 1969–1976, VOLUME XVII,

四月二十四日，蔣經國從華府來到紐約準備參加午宴時，遭臺獨聯盟成員黃文雄、鄭自才行刺，經美方安全人員保護而脫險。蔣介石對此記曰：「今午經兒由華盛頓抵紐約甫拉馬旅館受美工商界之邀宴，甫入旅館，即為臺獨反動分子槍擊未中幸無恙，此乃美國之治安混亂無法之一，如此國家所謂民主自由者，其禍患不知如何持久矣。當經兒離國之前數日，余本為此考慮多次，想預告經兒謹慎預防…不料果有此事耳。然此為革命者所受之常事，不足為奇。」[58] 二十五日，蔣介石急電蔣經國：「聞受虛驚無恙為慰，一切工作皆賴上帝保佑，應照常進行，並祝平安。」[59]

　　四月二十五日，蔣介石自記：「此次經兒驚險，深信亦必如此，此不僅為一家之幸，亦為全國之福，故余並不以此為憂，仍令其照訪問日程進行也。」蔣說：「此乃今日美國假其所謂民主與自由之美名，以消滅真正自由與民主之所為，而其政府當局實負其責任。」[60] 四月三十日，蔣介石又記：「此次經國在紐約遇險無恙乃為化險為夷、逢凶化吉之象，亦為光復大陸之預兆乎。…此次經兒在美遇險無恙，豈非上帝賜我父子完成其所賦予光復大陸拯救

　　CHINA, 1969–1972, Memorandum of Conversation, April 22, 1970.

58　國史館，蔣中正先生年譜長編，第十二冊，688頁。

59　國史館，蔣中正先生年譜長編，第十二冊，688頁。

60　國史館，蔣中正先生年譜長編，第十二冊，688頁。

一九七二年二月，美國總統尼克森與中國領導人毛澤東會面。
（圖片來源：維基共享）

同胞之使命？」[61] 蔣介石急得沒辦法，只剩精神勝利法了。

　　五月一日，蔣經國訪問歸來，蔣介石認為此行不僅撫慰全臺苦悶人心，亦給反共人士必勝之信心基石。正午，蔣經國來見，報告其訪問美日經過，擔心臺美關係很快會有決定性的改變。蔣介石記曰：「經兒此次安全回國，不僅是載譽歸來，在精神上對全國人心在苦悶驚惶中一大慰

61　國史館，蔣中正先生年譜長編，第十二冊，690頁。

安，亦是世界安危關係，對共產主義之奮鬥人士一個必獲勝利之信心的基石，當在機場宣布美國對我協防之堅決保證時。」[62] 五月二十一日，蔣介石接見即將離臺返任之美軍太平洋艦隊總司令馬侃，據馬侃面告，美方將恢復臺灣海峽之巡弋，蔣介石認為「此乃經國訪美效果之一也」。[63] 一九七〇年十二月三十一日，蔣介石在日記中提到：「匪美華沙會談之陰謀，尼氏本想牽制蘇俄以賣我，且其將會談地點移至華府，與北平之議而為經國訪美所打破。」[64] 事後證明，蔣介石結論下得太早了。

蔣介石也沒有想到，這次蔣經國以行政院副院長的身分訪美，成為他最後一次訪問美國。陪同蔣經國訪問的外交部次長沈劍虹，在臺美斷交之後發表的英文回憶錄《美國與自由中國：美國如何出賣它的盟國》中，認為尼克森邀蔣經國訪問，目的似乎是在對一個盟國告別。蔣經國提出的三大議題：華沙會談、聯合國席位、金馬防衛，尼克森都迴避討論。[65] 蔣經國訪美後，蔣介石沒有感到安心，但是，面對變化莫測的未來，蔣介石認為，臺灣本身實力的壯大，才是其生存的關鍵。

62　國史館，蔣中正先生年譜長編，第十二冊，691頁。

63　國史館，蔣中正先生年譜長編，第十二冊，694頁。

64　國史館，蔣中正先生年譜長編，第十二冊，723頁。

65　沈劍虹，《使美八年紀要》。臺北：聯經出版社，1982年，頁43-48.

十七、蔣介石如何與
　　　蘇俄密謀夾擊中國？

　　從一九六〇年代初開始，中蘇展開意識形態論戰。一九六四年到一九六九年，由於中蘇關係日趨惡化，雙方在邊境發生了四千多起衝突，中蘇大戰一觸即發。一九六八年春天，捷克斯洛伐克民眾發動了爭取民主自由的「布拉格之春」運動，蘇俄先是恫嚇威脅，接著於八月下旬直接入侵布拉格鎮壓，姿態咄咄逼人。同時，蘇共要在全世界發動反毛的統一戰線，主動聯絡兩蔣和中共黨內的親蘇派，而蔣介石順應此情勢，指導了臺蘇雙方的接觸。一九六八年至一九七一年間，兩蔣曾經透過多條管道與蘇俄談判兩國關係。其中有兩條管道較為重要，其一是中華民國駐墨西哥大使陳質平與蘇俄在當地的外交官，另一條管道則是新聞局局長魏景蒙與蘇俄克格勃間諜路易斯（Victor Louis）。雙方交涉將近四年，討論南北夾擊中國、推翻毛澤東的辦法。[1]

1　楊天石，《找尋真實的蔣介石：蔣介石日記解讀（三）》。香港：三聯書店

一九六八年九月初，蔣介石接連收到陳質平與專赴墨西哥參加談判的新聞局副局長朱新民兩人的報告，報告指出，蘇俄自占領捷克以來，對臺灣態度與政策有轉向積極的趨向。[2]九月七日，蔣介石在日記中分析，蘇俄對臺態度的轉變，是為了借力使力「彼對美、德、日之戒心加深，而對匪共亦急於設法解決，自必只有利用我力量與地位，否則無法對毛匪制裁。」蔣介石認為蘇俄不懷好意，但「我反攻復國政策亦只有利用俄共此一轉機，方能開闢此一反攻復國之門徑；否則如專賴美國，只有凍結我在臺灣為其家犬，絕無光復大陸之望。」蔣介石認為美國力求安定自保、不允多事，所以阻止他反攻大陸，只是把他當作守護臺灣的家犬。但蔣介石對於如何回應蘇俄，非常謹慎「此為國家存亡、民族盛衰之最大關鍵，不得不有所決定，但必以十分慎重出之。」[3]

　　九月十一日，蔣介石召見朱新民，指示其對蘇俄密使談話時的要點。蔣介石特別擔心蘇俄製造一個聽話的中共來取代不聽話的「毛共」，因此提出蘇俄「不再製造第二個中共來替代毛共」等條件。[4]九月二十八日，蔣介石記曰：

<hr />

(香港)有限公司，2014年，369頁。

2　楊天石，《找尋真實的蔣介石：蔣介石日記解讀（三）》。香港：三聯書店(香港)有限公司，2014年，371頁。

3　國史館，蔣中正先生年譜長編，第十二冊，548頁。

4　國史館，蔣中正先生年譜長編，第十二冊，549-550頁。

「俄共對我態度比較積極，力圖與我接近，此一現象應徹底研究與準備，似應外弛內張以對之。」[5]九月三十日，蔣又記：「俄共力謀與我接近，以本月更為積極，故對此深思熟慮，以本月為甚。如其果有所就，以達我光復大陸之目的，及為否極泰來之機乎。」可是，蔣介石與蘇俄交涉五十年，吃虧慘重，「過去所受之經驗苦痛，又使人不寒而慄也」。[6]

但蔣介石與美國打交道的經驗也好不到哪裡去，十月十九日，他自記：「自始信賴美國為有正義公理之盟主，至今已二十七年。不僅國破家亡，人民塗炭，而且先人墓骨被毀，個人蒙受舉世侮辱，而以被美欺詐賣弄不知其極。此乃國、家、身世有史以來未有之恥辱，若不再醒悟興起，痛下決心，則光復無望，終成為美國之門犬，其將何以對國、對民與對先人在天之靈也。」所以，他決心「自今開始，對美絕望，決另起爐灶，以圖自救與自立，尚不為過晚乎！」[7]可見，蔣介石因為對美絕望，決定與蘇俄接近，命朱新民與蘇俄駐墨西哥大使館祕書主動接恰。[8]

一九六八年十月下旬，蘇俄派了克格勃間諜路易斯以

5　國史館，蔣中正先生年譜長編，第十二冊，553頁。

6　國史館，蔣中正先生年譜長編，第十二冊，554頁。

7　國史館，蔣中正先生年譜長編，第十二冊，560頁。

8　楊天石，《找尋真實的蔣介石：蔣介石日記解讀（三）》。香港：三聯書店(香港)有限公司，2014年，374頁。

《倫敦晚報》記者名義訪臺。[9] 十月二十三日，蔣介石聽取蔣經國報告路易斯與魏景蒙談話經過，「證實其為俄共所派之密探，作聯絡視察之開端」。[10] 二十四日，蔣研究蘇俄密使來意，指示蔣經國應注意「其表示在急於對我政府公開來往，不惜與毛匪決絕或威脅毛匪，離間中美關係？」[11] 二十五日，再與蔣經國商談此事「與某接洽，以要其派員負責能談對毛共的雙方共同計畫為先務，其他皆為次要不急之務，以彼此利害關係非普通外交，必須經過一般測試時期手段的形式交涉所可比擬。今後問題完全在實質與雙方行動及是否需要，並視彼方行動如何，我則自總理以來對彼之宗旨始終如一也。」[12] 蔣在此明確要求蘇方派高層特使來臺談判。三十日，蔣介石聽取蔣經國報告其與路易斯會談經過，兩次談話要點如下：一、肯定雙方日後將陸續接觸。二、交換情報對雙方都有好處。三、毛澤東垮台後，國民黨可和蘇俄合作。四、此次接觸後，會技巧地告知美方。[13] 蔣介石指該晤談「大致與我所料者相

9　國史館：蘇籍記者路易斯訪華經過略記，典藏號：005-010100-00082-037，1968/12/05。

10　國史館，蔣中正先生年譜長編，第十二冊，561頁。

11　國史館，蔣中正先生年譜長編，第十二冊，562頁。

12　國史館，蔣中正先生年譜長編，第十二冊，562頁。

13　國史館：蘇籍記者路易斯訪華經過略記，典藏號：005-010100-00082-037，1968/12/05。

一九五八年，中國領導人毛澤東與蘇聯領導人赫魯雪夫會面。（圖片來源：
維基共享）

同」。[14]

　　十月三十一日，蔣介石研究臺灣與蘇俄合作的可能
性，決定不能走國共合作的「舊路」。蔣介石強調「如其
再想國共合作舊路以聯我政府，乃是不可思議之幻想。若
中共名義或組織再出現於大陸，不僅俄共更為我人民之怨
恨與厭惡，而我黨亦不能再受人之信任，即以為再受中共
之欺詐愚弄，為患無窮，仍為國家與人民帶來厄運與不祥

14　國史館，蔣中正先生年譜長編，第十二冊，564頁。

之兆，此為中俄雙方重蹈覆轍最不智之幻想。」[15] 十一月
二日，他要蔣經國告訴路易斯：「望俄共對華政策與行動
的過去錯誤猛省。『從前種種，譬如昨日死；以後種種，
譬如今日生』，再勿以過去一九四〇年代之對華思想與作
案，重談老調與不脫史大林窠臼為戒也。」蔣介石的口信
說：「今後中蘇重訂之成敗關鍵，只有二語可以斷言的，
就是『要我容共，就無法親蘇』、『若要我親蘇，就無法
容共』。」[16] 路易斯帶了蔣的口信離臺，此後臺蘇接洽繼
續不斷。

　　一九六九年三月二日至十六日，中國與蘇俄在中蘇邊
境烏蘇里江中有爭議的珍寶島發生武裝衝突，雙方動用了
正規軍，傷亡幾百人。戰鬥之後，中國實際控制了珍寶島，
卻致使中蘇關係嚴重惡化，將兩國推向了核子大戰的邊
緣。[17] 三月三十一日，蔣介石認識到珍寶島事件的重要性，
他說：「十五日匪俄在珍寶島地區據報匪共一個團及重砲
展開攻擊、十九日俄向匪警告將用核子報復。…匪俄在烏
蘇里江上珍寶島武器衝突，在我國與世界而言，皆為一重
大與變化開始，戰事禍福安危，應特別注重。」[18] 對於臺

15　國史館，蔣中正先生年譜長編，第十二冊，565頁。
16　國史館，蔣中正先生年譜長編，第十二冊，566頁。
17　國史館：外交部部長魏道明表示琉球歸屬應由有關國家協商，中共蘇俄在珍
　　寶島地區再度發生流血衝突中共稱戰鬥正繼續擴大中，典藏號：002-110101-
　　00061-011，1969/03/15。
18　國史館，蔣中正先生年譜長編，第十二冊，604頁。

灣，珍寶島事件的重要性不幸被蔣介石言中。

珍寶島事件發生後，蘇俄就聯繫美國，試探性地提出共同制裁中國的可能。[19] 駐美大使多勃雷寧（Anatoly Dobrynin）幾次聯絡總統國家安全顧問季辛吉，故意提出許多蘇聯領導人認為臺灣會發展為一個獨立國家。季辛吉挑撥說，不管中國將來由誰統治，它都是蘇聯國家安全的大問題。[20] 其實，美國人並不樂見臺蘇接近。一九六九年四月三十日，蔣介石自記：「美使馬康衛對我國與俄共發生關係，美不反對亦不贊成云。此言特應保密。」[21] 雖然沒有獲得美國的默許，蔣介石還是決心與蘇俄繼續交涉，因為蔣想要打破美國對他的桎梏。五月三日，他自記：「美國對華政策急與中共妥協，並凍結我在臺灣不動，以達到其兩個中國或一個中國一個臺灣之目的，甚至以有條件的出賣我政府以滿足匪共統一之目的，亦不可能護我光復大陸之國策。所望美國之援助與諒解，無異緣木求魚，實絕

---

19 FOREIGN RELATIONS OF THE UNITED STATES, 1969–1976, VOLUME XII, SOVIET UNION, JANUARY 1969–OCTOBER 1970,Memorandum From the President's Assistant for National Security Affairs (Kissinger) to President Nixon , March 19, 1969.

20 FOREIGN RELATIONS OF THE UNITED STATES, 1969–1976, VOLUME XII, SOVIET UNION, JANUARY 1969–OCTOBER 1970,Memorandum From the President's Assistant for National Security Affairs (Kissinger) to President Nixon , April 3, 1969.

21 國史館，蔣中正先生年譜長編，第十二冊，611頁。

對無望乃非積極變更政策不可。」[22]

　　一九六九年五月下旬，路易斯主動聯絡魏景蒙在維也納密晤，魏當面向路易斯提出「倒毛」五原則，其核心是蔣介石要領導「反毛救國聯合陣線」，反對與親蘇的「新中共」合作組織聯合政府。[23]對於此點路易斯避而不答，僅催促臺灣向蘇俄提交反攻大陸所需的武器清單，並進行軍事情報合作。五月二十五日，魏景蒙回國詳報，蔣介石對此次密晤的心得是：「甲、急出利用我國政府名義，不惜借給我基地以達成其侵新疆之願望，以為其急求解決之要務。乙、並不重視兩國會後合作共存之政策，所簡言之，並無誠意且視我如玩物。丙、其最後目的仍將是造新中共以統治中國。丁、以武器誘戰為其唯一之手段，但並無誠意接濟之辦法。」[24]五月二十七日，蔣又記：「一、魯易斯急急要求我提出而所需武器名單，此為其對我交易與要價之本錢，故我方此次特不提出此單，供其無恥要脅也。二、正式代表來訪事，彼來報拒絕而只言無交通方法，並不能用假名出國，以其高級者皆無法掩飾其面也。三、彼不重政治與原則之談判，而只言推倒毛匪後，任何事都可

22　國史館，蔣中正先生年譜長編，第十二冊，611頁。

23　楊天石，《找尋真實的蔣介石：蔣介石日記解讀（三）》。香港：三聯書店(香港)有限公司，2014年，381頁。

24　國史館，蔣中正先生年譜長編，第十二冊，614頁。

談，由此可知其對華政策仍不願與我為基本之對象也。」[25]
五月三十一日，蔣介石審察魏景蒙報告「更可了解其對我
國軍之利用一時絕無與我基本合作之意也。但其用意本是
如此，不足為奇。所應研究者，彼此雙方互相利用之結果
於我方利害究竟如何而已。」[26] 可見，蔣介石對蘇俄堅持
臺灣與蘇共扶植的「新中共」合作，讓他擔心舊事重演。
蔣蘇雙方的極度互不信任，使雙方的祕密交涉陷入僵局。

　　一九六九年七月三日，尼克森下令國安會檢討如果爆
發中蘇戰爭，美國應該採取什麼行動，及對美、蘇、中「大
三角」關係的長遠影響。七月二十一日，在尼克森開始訪
問亞歐多國的環球旅行前，國務院公開宣布放寬對中國貿
易和旅遊的限制。這是尼克森政府緩和美中關係的主動行
動，有「四兩撥千斤」的戰略意義。七月二十五日，尼克
森於關島發表談話，承認在越南戰爭中「受挫」，並宣布
在印度支那地區收縮兵力，使戰爭「越南化」。[27]

　　一九六九年八月十三日，蘇軍在中蘇西部邊界對中方
實行報復性打擊，雙方再次發生武裝衝突。八月十四日上
午，針對中蘇衝突，尼克森召集緊急國家安全會議，季辛
吉報告，蘇聯以非正式、但積極的態度在試探，如果蘇
聯對中國的核子武器或戰略武器基地，進行攻擊或其他軍

25　國史館，蔣中正先生年譜長編，第十二冊，615頁。
26　國史館，蔣中正先生年譜長編，第十二冊，616頁。
27　Patrick Tyler，《中美交鋒》，臺北：聯經，2000年, 71頁。

事行動，美國會採取何種態度。這種動向使尼克森發現，美國有操作三角均勢關係的機會。尼克森在會上說，蘇聯在中蘇邊界更具侵略性，蘇聯「將中國打趴」（knock-off China）不符合美國的長遠國家利益。我們必須想明白如果中國垮了，這世界會更安全嗎？還是我們應該維持中國強大？我們必須思考越戰結束後的美中關係。[28] 尼克森的話讓他的部長們大吃一驚，季辛吉許多年後評論，一個美國總統宣稱，一個共產主義大國、一個與美國沒有任何聯繫的長期敵人的生存，對美國具有戰略意義，這是美國外交政策中的一次革命性的大事件。這次國家安全會議之後，美國非正式地警告蘇聯不要對中國進行戰略性攻擊。一九六九年夏，尼克森和季辛吉通過阻止蘇聯「打趴中國」而占據「三角戰略」關係大棋局中的主動方，救了毛澤東一命。[29]

當時，毛澤東已經意識到整個世界情勢面臨一個大變局，他認為蘇俄霸權主義無所不在，必須思考以夷制夷之道。中國在中南半島有影響力，可以協助美國「光榮」退出越南，而中美雙方都有制衡蘇俄的需要。毛澤東打「美國牌」，既可以藉由和美國關係的改善，向蘇俄示威，

---

28 FOREIGN RELATIONS OF THE UNITED STATES, 1969–1976, VOLUME XII, SOVIET UNION, JANUARY 1969–OCTOBER 1970, Minutes of Meeting of the National Security Council, August 14, 1969.

29 Henry Kissinger, On China, The Penguin Press, 2011, page 218.

也可以藉此挑撥美國與臺灣的嫌隙，不過，毛澤東聯美反蘇的行為也為日後越南共產黨與中共反目為仇埋下導火線。[30]

一九六九年八月十三日，中蘇新疆衝突的同一日，路易斯致電魏景蒙要求會面。八月三十日，蔣介石對與蘇俄建立外交關係的考慮極費心力「彼如要求與我復交，對我之利害為何，兩利相權是利多於害也，尤其對美國為然。」[31] 但是，在得不到美國合作後，蘇俄領導人決定改變策略。九月十一日，蘇俄總理柯西金參加越南領導人胡志明的葬禮後，通過越南領導人，再三要求在回俄途中，去北京同中國領導人談判。經毛澤東同意，柯西金專程飛到北京機場與周恩來晤談四小時。柯聲言絕無破壞中國核武設備之意，雙方達成了維持邊界現狀、防止武裝衝突、雙方武裝力量在邊界爭議地區脫離接觸等四點臨時協議，之後中蘇邊界局勢得到緩解。

在臺灣，魏景蒙計劃在十月初去義大利見路易斯。九月三十日，蔣介石自記對蘇交涉方針：「一、中國光復大陸後，其領土絕不允任何國家為反蘇之基地；二、絕不與任何國家訂立反蘇要約；三、與蘇鄰接之省經濟開發與蘇

---

30 何子鵬，《利益的糾結－美國涉臺政策解讀》，北京：九州出版社，2012年，206-209頁。

31 國史館，蔣中正先生年譜長編，第十二冊，632頁。

做平等互助之合作。」[32] 蔣介石也決定到時要摧毀中國核子基地，以避免國家陷入危險之中「毀滅匪共核子基地之程序：甲、先毀滅其長江以南之中近程匪飛彈基地；乙、其次毀滅北方與西北之核子基地。」又記：「復交問題之程度：先復交而後運輸武器，則匪不能對我先發核彈，以其無理由亦無藉口也，但復交聲明必須將擴散核子條約，與保證無核子武器國家之安全，以及不干涉其國內政治之原則為附件也。」[33]

十月二日，**魏景蒙**抵達羅馬，但路易斯爽約未到。蔣介石並不介意路易斯在義大利爽約一事，認為這就是共產黨的本性，而且情況終能在掌握之中。十月十日，蔣自記：「據經兒判斷，此為匪俄最近政策性之轉變，以此本為俄共兩個月前所預謀與設計，而匪共恐俄聯我而倒毛，並限其於十月五日前答覆，明定其是否與我商談政策，於是毛匪為俄所逼，不得不向俄屈服就範，此似近理。」他又說：「惟以共產黨本性而論，失約與不失約皆無所謂，如其一方與匪毛談判相約，而一方又占我祕密接談判，則在俄而言更將為我所疑，以此彼其於我似較有利，但匪俄根本問題終難解決，最後仍不能越我掌中耳。」[34]

十月十一日，蔣介石召見**魏景蒙**了解在羅馬的經過情

32　國史館，蔣中正先生年譜長編，第十二冊，638頁。
33　國史館，蔣中正先生年譜長編，第十二冊，638頁。
34　國史館，蔣中正先生年譜長編，第十二冊，640頁。

形後又記:「本日詳研共匪所發表俄共於六月十三日致匪之聲明數萬言,乃俄共對我國侵略之野心畢露無遺。此次景蒙未與魯易斯晤面,更當為幸也,外交除自求自立之外,並無他道。」[35] 蔣介石又記:「路易斯爽約不與(魏)景蒙晤面,無足為異,此乃共黨失約之常事也。共匪七日宣布與俄共外交副部長約期會商邊疆問題,此乃魏魯失約之原因也。」[36] 羅馬會面爽約後,路易斯保持與魏景蒙函電聯繫,十二月三日,路易斯致函魏景蒙有所提議,蔣介石說:「此又一邪魔之戲劇也。」[37] 蔣介石對與路易斯交涉失去興趣。

在另一個管道中,駐墨西哥大使陳質平與蘇方不斷加強溝通。一九六九年十一月二十五日,蔣介石召見陳質平,要他向蘇俄駐墨西哥大使館打聽蘇中關係情況。十二月二日,蔣介石又召見陳質平,指示他「甲、態度如常不採取主動;乙、如對方有來談之誠意則可問其魏、路所談問題之意為何。」[38] 一九七〇年四月初,陳質平在墨西哥與蘇俄新任大使接上了線,雙方開始了大使級的會談。[39] 此後,蔣介石多次指示陳質平談判策略。五月二十一日,

---

35 國史館,蔣中正先生年譜長編,第十二冊,640頁。
35 國史館,蔣中正先生年譜長編,第十二冊,640頁。
36 國史館,蔣中正先生年譜長編,第十二冊,641頁。
37 國史館,蔣中正先生年譜長編,第十二冊,653頁。
38 國史館,蔣中正先生年譜長編,第十二冊,653頁。
39 國史館,蔣中正先生年譜長編,第十二冊,683頁。

蔣介石記曰：「俄共如欲消滅共匪，非借我軍之力，絕不敢主動攻匪，但我軍絕不能為其利用，使其得火中取栗。」[40]不久，蘇方向陳質平提出：「以反對美國為中俄合作之唯一條件。」蔣介石當然無法同意。十月三日，蔣介石反省道：「對美與蘇之外交方針必須重加研究利害得失，不能因循延誤，美已視我為奴役，遺棄我於不顧，而且不斷以疏遠，顛覆之方法甚於共黨。此於彭明敏案足以證明之。外交必須能存保確立之力量，而後乃可左右逢源，不為人所束縛也。今日外交現實只有利害，而無道義與信約可言也。」[41]蔣介石想玩弄臺、美、蘇「小三角」遊戲，但心有餘而力不足。

經過反覆交涉，路易斯與魏景蒙又於一九七〇年十月三十日在維也納會面，蔣介石指示：「達成共同的倒毛目標為雙方目前的迫切需要。」[42]但兩人卻海闊天空地談了幾天，沒有聚焦在重要問題上。十一月七日，蔣介石接見魏景蒙聽取報告，並研擬應對方針：「與魏談話之對方可疑之點：甲、其急迫如此之理由不甚充足；乙、為何不談及墨西哥相晤之經過；丙、對我所提重要原則之點是否有

40 楊天石，《找尋真實的蔣介石：蔣介石日記解讀（三）》。香港：三聯書店(香港)有限公司，2014年，387頁。
41 國史館，蔣中正先生年譜長編，第十二冊，709頁。
42 楊天石，《找尋真實的蔣介石：蔣介石日記解讀（三）》。香港：三聯書店(香港)有限公司，2014年，388頁。

確實回音。」[43] 蔣介石決定如此答覆路易斯：「甲、原則同意，但投資細則必須先由其公司代表作正式密商，再由雙方董事面決。乙、西半球已有接談之地點為宜。」[44] 十二月五日，蔣介石又記：「對魯某（路易斯）之答覆，此事必須雙方董事商談，為你方董事有新決定再行聯絡可也。」[45] 蔣介石再次要求蘇方派高層官員來臺，但魏景蒙幾次去函路易斯，久沒回音。後來，路易斯又要求面見魏景蒙，被魏拒絕。十二月十九日，蔣介石反省：「匪俄有關東北邊界河流問題，十八日簽訂其議定書。此為俄共對匪之讓步，亦即路以斯急於要求我（魏）景蒙面晤以求諒解乎，幸而拒見也。」[46]

陳質平與蘇俄駐墨西哥大使的祕密談判也沒什麼實質進展。一九七一年五月十二日，新任外交部長周書楷對美聯社記者公開宣稱：「在某種時機下，我國將與蘇聯來往。」這話是說給美國人聽的，因為當時臺美在強力交涉聯合國代表權問題。九月二十二日，蔣介石在日記中寫道：「今日俄國欲誘我以對匪對美，切勿為其所動也。」[47] 但是，為了保衛中華民國在聯合國的席位，蔣介石指示陳質

43 國史館，蔣中正先生年譜長編，第十二冊，714頁。
44 國史館，蔣中正先生年譜長編，第十二冊，714頁。
45 國史館，蔣中正先生年譜長編，第十二冊，719頁。
46 國史館，蔣中正先生年譜長編，第十二冊，720頁。
47 楊天石，《找尋真實的蔣介石：蔣介石日記解讀（三）》。香港：三聯書店(香港)有限公司，2014年，391頁。

平祕密和蘇俄駐聯合國代表柯君聯絡。柯君告訴陳質平，
蘇方亦對中共全力爭取聯合國席位感到困擾，但又不便公
然反對。他勸中華民國採取權宜的彈性策略，保全席位，
才能擔任未來遠東演變的重要角色。如果退出聯合國，與
世界隔絕將遭遇不可預測的損害。十月中，陳質平在聯合
國席位保衛戰的最後關頭，數度與蘇俄柯君洽商，請他設
法勸其友邦棄權，以減少中共票數。但柯君的上級認為，
季辛吉在投票前夕又往北京，此不啻尼克森為中共拉票，
使蘇方不得不慎重行事。陳質平尋求蘇俄在背後運作，最
終沒有結果。[48]中華民國被迫退出聯合國後，一九七一年
十一月十七日，墨西哥與臺灣斷交，臺蘇這條祕密管道隨
陳質平返臺戛然而止。事後蔣介石還召見陳質平「聽取
其對俄聯絡之意見。」[49]蔣介石雖然想通過臺蘇結盟，推
翻毛共，但他對蘇俄深懷戒意，反對它扶植親蘇的「新中
共」。而蘇俄內部意見不一，不敢真的聯臺而南北夾擊中
國，蘇共扶植「新中共」也不成功。臺蘇多年試探聯絡，
都無疾而終。

　　一九七〇年十二月三十一日，蔣介石曾在日記中寫道：

48　王正華，〈蔣介石與1971年聯合國中國代表權問題〉，《國史館館刊》，第
　　26期（2010年12月），164-165頁。

49　國史館：總統蔣中正接見前墨西哥大使陳質平，典藏號：002-110101-
　　00094-015，1971/12/21。楊天石，《找尋真實的蔣介石：蔣介石日記解讀
　　（三）》。香港：三聯書店(香港)有限公司，2014年，391頁。

「今後惟有美俄言好，聯合助我反攻大陸以消滅毛共，否則世界絕無和平之望也。此意目前對美政客而言，或以真是幻想，余信最後必能實現。以今後世界混亂無常，其原由皆出匪共。只有我光復大陸實現三民主義時，方能拯救人類，臻世界於和平也。」[50] 對於未來，蔣介石總是充滿信心，他認為臺灣本身實力的壯大，是其生存的關鍵。即使五十年來多次被美蘇出賣，他還是幻想有一天美蘇聯合助其反攻大陸，消滅毛共！

50　國史館，蔣中正先生年譜長編，第十二冊，724頁。

十八、中華民國為什麼
被迫退出聯合國?

　　一九七一年十月二十五日,中華民國被迫退出它參與創立的聯合國。四十多年來,許多臺灣學者認為這是蔣介石實行「漢賊不兩立」政策所造成的,[1] 其實,歷史真相並非如此。一九七〇至七一年間,蔣介石已經清楚認知到美國的政策趨勢在變,臺灣沒有辦法遏阻美國改善與中華人民共和國的關係。對此,蔣介石試圖改變中華民國的國家戰略,逐漸在心理和戰略上接受「兩個中國」的現實,可惜這種轉變來得太晚和太慢。一九七一年夏秋,他為了確保中華民國留在聯合國,對美國一再退讓和遷就,同意「雙重代表權」和中華人民共和國取得安理會常任理事國的席位。蔣介石公開聲稱「漢賊不兩立」,這既是他對內維持法統的工具,也是他對美交涉的一種策略,但他是一個現實主義領導人,懂得在關鍵時刻退讓、妥協。美國國

1　王正華,〈蔣介石與1971年聯合國中國代表權問題〉,《國史館館刊》,第26期(2010年12月),頁171。王景弘,《臺灣會生存下去:兩蔣因應美中關係正常化內幕(1969-1979)》(臺北:玉山社,2015年),頁11。

務院事後檢討推動聯合國「雙重代表權」過程時，盛讚中華民國政府表現出「非凡的靈活性」。[2] 可惜，臺灣的歷史學界卻沒給蔣介石這一表現應有的評價。

　　一九五〇年後，中華民國的外交目標有二：第一是加強與美國的同盟關係，第二是保衛在聯合國的代表權。一九六一年十月美國為阻止蔣介石否決外蒙古入會案，甘迺迪總統曾對他做出私下保證：「在任何時間，如為阻止中共進入聯合國而有必要並能有效使用否決時，美國將使用該項否決。」蔣介石其實也知道這一保證並不可靠，但他仍將甘迺迪的保證視為「條約保證」。[3] 一九六〇年代，阿爾巴尼亞等國持續提出由中華人民共和國取代中華民國在聯合國代表中國的提案，即著名的「阿案」，臺灣稱為「排我納匪案」。該案強調中國代表權的實質是中國的一個新政府替代一個舊政府，而不是一個新國家入會的問題，從而避開美國在安理會內的否決權。一九六一年美國提出所謂的「重要問題案」，把中華人民共和國加入聯合國作為必須經過聯合國大會三分之二多數贊成才能決定的「重要問題」，以阻止中國進入聯合國。美國與中華民國

2　Report Prepared in the Department of State, September 1973.UNITED STATES EFFORTS TO SECURE DUAL REPRESENTATION FOR CHINA IN THE UNITED NATIONS (NOVEMBER 1970–OCTOBER 1971)，FRUS, Vol.5, Document 455, p. 914.

3　呂芳上主編，《蔣中正先生年譜長編》，第十二冊，民國59年10月17日，頁710-711。

聯手對「排我納匪案」正面迎擊，直到一九七○年十一月，
都能以相當的優勢獲勝。

一九七○年十一月，在第二十五屆聯合國大會上，「排
我納匪案」首次獲多數支持，五十一票贊成，四十九票反
對，二十五票棄權，但未達重要問題案所需的三分之二多
數而未通過。此後十個月，蔣介石於日記中的態度搖擺不
定，不斷在聯合國「去留」的天秤兩端猶豫。不過，蔣在
決策高層內部講話時是非常理性和講究策略的。他在心態
上已經認識到「兩個中國」的外交前景。同年十二月十六
日，蔣介石主持國家安全會議，指示外交部要深入研究有
關聯合國大會及安理會的各種規定，注意「議會戰術」的
技巧運用。他還強調「立國之道操之在我則存，操之在人
則亡」，要盡最大的努力，維護在聯合國的合法地位，但
也要做「退出聯合國」的最壞打算。[4] 十二月三十一日，
蔣介石主持外交會談，面對眾大使，他指出，不能輕言放
棄聯合國席位，應審慎考慮後再為決定。他不反對對「雙
重代表權」方案予以研究，但必須注意確保安理會常任理
事國席位，蔣為聯合國策略定了調。[5] 在此次外交會談上，
蔣重提甘迺迪的保證並認為是「書面保證」。但劉鍇對此

4　王正華，〈蔣介石與1971年聯合國中國代表權問題〉，《國史館館刊》，第
　　26期，頁140。
5　王正華，〈蔣介石與1971年聯合國中國代表權問題〉，《國史館館刊》，第
　　26期，頁144。

提出質疑，認為尼克森對甘迺迪的書面保證的態度似不甚堅定，故建議與美國會商時，請最高層做一重新保證。蔣則回應，在詹森總統執政時，魯斯克國務卿曾親自告訴他：「政府雖有變更，國家承諾仍然存在。」最後指示外交部應迅即洽促美方，承諾此一書面保證。[6]

　　根據這次外交會談確定的策略，在此後近半年中，臺灣外交官與美日外交官分別在臺北、東京及華府等地舉行多次會商。在歷次會商中，臺方強調對「一個中國，兩個代表權」的「雙重代表權」方案，因與反對「兩個中國」之基本立場相悖，中華民國自不能接受。但是，倘該方案在策略運用上有助於擊敗「排我納匪案」，則可同意就其內容及運用技術與美日兩國開誠相商，但在任何情形下，該項方案絕不容損及中華民國在聯合國安理會之地位，否則絕非臺方所能容忍。[7]

　　一九七〇年十一月二十二日，尼克森在聯合國大會投票後指示國家安全顧問季辛吉，要他以非常機密、不讓可能洩密者知情的方式，研究對「紅色中國」進入聯合國問題的因應對策。[8]一九七一年三月二十五日，尼克森主持

6　王正華，〈蔣介石與1971年聯合國中國代表權問題〉，《國史館館刊》，第26期，頁160。

7　國史館：外交部部長周書楷呈總統蔣中正，〈聯合國案（二）〉，《蔣經國總統文物》，典藏號：005-010205-00011-006，1971年7月4日。

8　National Security Study Memorandum 107, Washington, November 19, 1970, FRUS, Vol. V, Document 312, pp. 545-546.

國家安全會議專門討論聯合國中國代表權問題，季辛吉報告研究結果，如果採取「雙重代表權」模式，美國不可避免地要遇上安理會席次的歸屬和「臺灣地位」問題。尼克森當時「確信」臺灣不會被趕出聯合國，北京也不會來參加聯合國大會，他決定派特使墨菲（Robert Murphy）去找蔣介石談談。尼克森認為蔣不會退出聯合國，「他們會叫鬧，但那是做給內部看的，最後他們還是會順從美國政策。」[9] 事後證明，尼克森對蔣介石的判斷是正確的。

四月二十三日，蔣介石接見尼克森特使墨菲，墨菲說，美國的構想是用「雙重代表權案」取代「重要問題案」。新模式將宣示會籍普遍化原則，接著便指明「中國」有「雙重代表權」，但不說明何者是「中國」的唯一代表，因這個問題需要兩個中國自行解決。至於蔣介石最關心的安理會席次問題，墨菲回答，會使「中華民國保留安理會席次」，墨菲的回應明顯超出白宮的訓令和授權。蔣警告墨菲，如果美國提出新方案，必須保持中華民國在聯合國大會及安理會的席次，因為這兩者「不可分割」。如果安理會席次被剝奪，那他別無選擇，只有「寧為玉碎，毋為瓦全」。[10]

9　王景弘，《臺灣會生存下去：兩蔣因應美中關係正常化內幕（1969-1979）》，頁63-64。

10　Summary Record of A Conversation Between President Chiang Kai-shek and Mr. Robert D. Murphy, April 23, 1971, FRUS, Vol. V, Document 349, pp.

與墨菲會談後，整個五月，蔣介石對聯合國問題反覆思考、不斷改變主意。起初，蔣介石主張「對聯合國進退問題，應慎重處理，不能自暴自棄，如至不得已時，決自動退出。」很快地，他又希望能保存玉碎的光榮：「中流砥柱與孤軍奮鬥之古訓，乃是光榮之孤立，此我所以不怕孤立，而只怕瓦全之恥辱，求存也。」數日後想法又轉為「余以為弱國外交不能不有內方外圓之作為，心中應有堅定決策，而外形則未到實行時間，應隨環境而予相機應變也。以平時過於堅強，適為強者藉口指為固執不化，予以無可如何愛莫能助之罪愆也。」[11]之後，蔣又認為只要能「獨立固守據點」，則主張退出聯合國可「不必顧慮其後果」，「只要留得青山在，何患冬盡春不來。」[12]他繼續在退出或不出席之間猶豫，在靈活外交策略和道德正義之間搖擺不定。蔣介石再三猶豫，不想退出聯合國，內心以為自己還能有不同選項。

一九七一年五月二十七日，蔣被診斷出心臟擴大，醫生囑咐要休息三個星期，不能勞動與思慮。可是，蔣內心煎熬、為時局憂慮，終在六月中病倒，至七月底才逐漸恢

666-674.

11 呂芳上主編，《蔣中正先生年譜長編》，第十二冊，民國60年5月16、17、19日，頁753-754。

12 呂芳上主編，《蔣中正先生年譜長編》，第十二冊，民國60年5月20日，頁754。

復。五月二十六日，副總統嚴家淦代為主持國家安全會議，會上國安會祕書長黃少谷與外交部長周書楷建議修改「漢賊不兩立」的方針，提出如果某邦交國要與中華人民共和國建交，只要它符合三個前提：一、不得承認共匪政權為中國唯一合法之政府；二、不得有涉及中華民國領土臺灣之敘述；三、繼續承認我政府為中華民國政府，不得認我政府為所謂臺灣政府，可與之維持外交。這實際上是接受「兩個中國」的安排，蔣經國當場表示要再思考。[13]六月十五日，蔣介石主持國家安全會議，講述「我們國家的立場和國民的精神」，激勵國人莊敬自強，處變不驚。[14]

　　當時蔣介石沒想到的是，幾乎就在蔣墨會談的同時，周恩來給尼克森發了密信，中美祕密溝通突破，使美國與臺灣磋商變成無關緊要，尼克森頓時心思大變。一九七一年五月底，尼克森與季辛吉轉而認為「雙重代表權」的作法，對美國尋求與中國關係正常化的總目標是有反作用的。若採取「兩個中國」政策，既得罪中華民國，也得罪中華人民共和國，雙方都不會接受，這個問題的最終結果只能一個入會、一個退出，不可能兩者都在聯合國，中共

13　「國家安全會議祕書長黃少谷呈總統蔣中正國家安全會議第二十九次會議」（1971年6月7日），〈國家安全會議開會日期及議程案(二)〉，《蔣經國總統文物》，國史館藏，典藏號：005-010206-00006-006。

14　秦孝儀主編，《先總統蔣公思想言論總集》，第29卷演講（臺北：中國國民黨中央委員會黨史委員會，1984年），頁513-517。

遲早要進聯合國，那是無可避免的。尼克森說，美國最好還是堅持重要問題案，「但不要努力為重要問題案拉票」，而由聯合國所有會員國對最後結果負責，美國最好能夠控制此事對美國與臺灣關係的損害。[15] 尼克森決定不必為修正的重要問題案努力，但當時美國國務院和蔣介石對於尼克森、季辛吉兩人改變想法，進而放棄「兩個中國」政策，都毫無所知。

五月二十七日，尼克森與季辛吉和國務卿羅吉斯會商，討論聯合國中國代表權問題。尼克森表明不能接受蔣介石保留安理會席次的條件，但他要「延後決定」。尼克森說：「我真希望堅持原則而失敗，讓他們滾蛋。」季辛吉則更奸詐，他說另一種被打敗的方式是拖延不決，直到最後選擇採取「兩個中國」的立場而失敗，那也表示我們盡了一切努力。尼克森交代羅吉斯，美國的中國代表權方案，他在七月四日之前不能正式決定。[16] 當時，尼克森實際上已經拿定主意，要讓臺灣退出而中共進入聯合國，而他拖延不決是因為正瞞著羅吉斯與周恩來祕密通信，討論季辛吉訪問北京一事。事後證明，尼克森採用季辛吉的

---

15 Memorandum for the President's File by the President's Deputy Special Assistant for National Security Affairs (Haig), Washington, May 21, 1971, FRUS, Vol. V, Document 354, pp. 683-685.

16 Meeting Among President Nixon, Secretary of State Rogers, and the President's Assistant for National Security Affairs (Kissinger), May 27, 1971, FRUS, Vol. V, Document 358, pp. 691-700.

建議，故意拖延到最後，然後假裝採取「兩個中國」的立場卻失敗，以表示美國盡了一切努力。這一策略是如此奸詐，以致它騙過了羅吉斯和美國駐聯合國大使布希（後出任美國總統的老布希〔George Bush〕），也騙過了臺灣的外交官，甚至後世的許多歷史學家。

六月三十日，返美述職的美國駐中華民國大使馬康衛在白宮與尼克森談話。他主動請示尼克森，是否繼續授權他告訴蔣介石，美國為尋求降低與中國的緊張關係而有若干接觸，但無意損害中華民國的重大利益。尼克森追問馬康衛所說的重大利益是指什麼？是否意指美國要把臺灣交給中共？這是蔣所擔心的嗎？尼克森坦言美國可以支持中華民國在安理會的席位，但那沒有用，「他們必須準備面對現實，美國將逐步與大陸中國有更正常的關係。」馬康衛指出聯合國問題真正的困難出在安理會席位，他們可能相信沒有聯合國會籍也無所謂。尼克森說聯合國為「混帳的辯論社」，又說：「臺灣應該不必太介意在聯合國發生的事，我不認為它會傷害到他們，但那要他們自己決定。」[17]

七月一日下午，季辛吉祕密出訪北京前夕，與中華民國駐美大使沈劍虹談話。季辛吉表示，今年聯合國大會代

---

17 Conversation Between President Nixon and the Ambassador to the Republic of China (McConaughy), June 30, 1971, FRUS, Vol. XVII, Document 136, pp. 348-354.

表權案，美方將遵照墨菲在四月與蔣介石所談的路線進行，但關於安理會席位，經深入研究後，發現問題較當時想像複雜，所以尼克森總統遲遲不能決定。他說：「現美方大致已準備與其他友邦聯署提出所謂『雙重代表權』案，並將努力為之爭取支持票；如有主張將我安理會席位讓與匪共之修正案被提出時，美方必以安理會自有權限，聯合國大會不應越俎代庖為理由盡力反對，予以阻止。」季辛吉估計：「今年此項策略或可倖獲成功。」他強調：「尼克森總統對蔣介石總統及其政府之友誼極深，對中華民國政府當他在野時之溫暖招待又每念念不忘，其決心盡力維護中華民國在聯合國大會的席位，實不容懷疑。尼克森總統亦絕不考慮任何使中華民國損失安理會席位之措施，此點務請放心。」[18] 季辛吉故意欺騙沈劍虹，他在這時告訴沈的話，與他十天後在北京對周恩來說的話意思完全相反。

　　從七月初開始，周書楷在臺北頻繁會見馬康衛，就聯合國問題進行溝通。實際上，臺美交涉有周書楷和馬康衛在臺北，沈劍虹和羅吉斯在華府這兩條線同步進行。七月二日，馬康衛告訴周書楷：「美國政府認為貴國應準備萬一，並沉著應對，此即萬一中共獲得安理會席位，而因

18　「駐美大使沈劍虹電稱美方已準備與其他友邦聯署提出雙重代表權案並爭取支持票」（1971年7月1日），〈聯合國案(一)〉，《蔣經國總統文物》，國史館藏，典藏號：005-010205-00010-011。

貴國仍在聯合國內，中共拒絕進入，此時盼貴國能勿遽言退出。」周書楷答：「吾人此事努力之目標為使任何將安理會席位給予共匪之案均無法通過，是以吾人必須及早著手。」[19] 七月四日，周書楷祕密向蔣介石報告，目前大多數國家對於單純之「雙重代表權案」（即不涉及安理會席位）均有難色，根據外交部最近收到的各方報告，單純「雙重代表權案」前途並不樂觀，「美國白宮及國務院方面似亦均有同樣之顧慮。」[20]

七月八日，在看了周書楷的報告後，蔣經國特意接見馬康衛，提出如果中華民國不能保有安理會席位，則「必須重新考慮其立場」，「安理會席次的結果，將影響中華民國政府後續的行動」。馬康衛重申尼克森要尋求降低與中共的緊張關係，同時信守承諾，繼續支持中華民國的國際地位。會後，馬康衛向國務院報告，他感覺蔣介石正授予蔣經國更多的權力，而蔣介石這次未公開露面的時間很長，不能確定是因為臥病、失去體力或精力不足才如此。[21]

---

19 「外交部部長周書楷與美國駐華大使馬康衛就有關聯合國之中國代表權等問題會談之紀錄」（1971年7月2日），〈外交－周書楷陳martenes等與美方代表談話紀錄〉，《蔣經國總統文物》，國史館藏，典藏號：005-010205-00093-003。

20 「外交部部長周書楷呈總統蔣中正」（1971年7月4日），〈聯合國案（二）〉，《蔣經國總統文物》，國史館藏，典藏號：005-010205-00011-006。

21 美國駐臺北大使館致國務院電，1971年7月12日，National Archives, RG59, Subject-numeric file, China, 1970-1973, Box, 2206. 轉引自王景弘，《臺灣會

事實上，蔣介石在六月底、七月初重病了幾週。

　　一九七一年七月九日，季辛吉祕密抵達北京後，他告訴周恩來，美國將提議中華人民共和國透過獲得簡單多數的方式加入聯合國，而且中國可以獲得安理會常任理事國席位，但是，排除中華民國需要聯合國大會三分之二多數通過，即所謂「複雜的雙重代表權」方案。當時美國還未就該方案正式與臺灣溝通，季辛吉卻先向中國透露了底牌。季辛吉解釋，這只是一個階段性過程。周恩來並不領情：「我不認為重新恢復我們在聯合國的席位是個緊迫的事情。我們已經等了二十一年了，我們也就這麼過來了。」季辛吉回應，只要中國加入聯合國，那麼，獲得三分之二票驅逐臺灣，就只是時間問題；關鍵在於美中兩國都對這一安排心知肚明，達成默契，耐心等待。[22] 七月十一日，季辛吉離開北京前，周恩來對美國新方案表示：「我們將反對這個方案，因為那意味著『兩個中國』。」季辛吉辯稱：「『一中一臺』是臨時性的提法。」周恩來回應：「臺灣也將反對它，同時，反對的聲音將會來自四面八方。」季辛吉舉手投降，承認這將是結束這個問題的好方法。[23]

　　生存下去：兩蔣因應美中關係正常化內幕（1969-1979）》，頁90-91。

22　Memorandum of Conversation, Beijing, July 10, 1971, FRUS, Vol. XVII, Document140, pp. 410-414.

23　Memorandum of Conversation, Beijing, July 11, 1971, FRUS, Vol. XVII, Document143, pp. 446- 448.

一九七一年七月十一日，中華民國在聯合國的命運早在北京就已經拍板定案了，只不過蔣介石和臺灣外交官們還不知道。但是，出乎周恩來和季辛吉的預料，經過反覆溝通，到了九月中，蔣介石竟然同意了美國的這個新方案。

七月十九日，尼克森公布訪問北京計畫之後，羅吉斯告訴沈劍虹，如果安理會席位不給中共，雙重代表權案即無通過希望，故美方不願空試，「美方深知此在貴國為一項艱難之決定但實因各國支持之票數不夠，故不得不如此，方能保持貴國之會籍。」沈劍虹抗議：「我為代表權案等候兩個月而所得為尼總統之如是宣布。」[24]

七月二十二日，尼克森、羅吉斯及季辛吉在白宮商談中華民國在聯合國的席位。羅吉斯挫折地表示，如果尼克森決定認輸，一了百了，對美國反而好，那就告訴中華民國，美國只針對阿爾巴尼亞案投票，不另提他案。尼克森反對排除臺灣，季辛吉補充說明美國立場不要做法理上「兩個中國」的論述。尼克森稱，那就指示布希大使不要討論法理，只說會員國不應被排除，美國不要介入「兩個中國」的問題。[25]

24　王正華編，《中華民國與聯合國史料彙編》，（臺北：國史館，2001年），頁534-535。

25　Editorial Note on a meeting Secretary of State Rogers with President Nixon and Henry Kissinger on July 22, 1971, FRUS, Vol. V, Document 377, pp. 732-733.

會後，羅吉斯特別訓令馬康衛立即向蔣經國強調，即使沒有安理會席次，臺灣仍應保衛聯合國大會席次，以便保持中華民國的國際地位。七月二十三日，馬康衛依訓令求見蔣經國，希望臺灣能早點做決定。馬康衛認為即使放棄安理會席位亦為值得，中華民國如果脫離聯合國將蒙受損害並形孤立。蔣經國說：「聯合國大會會籍與安全理事會席次應分開來談，先處理聯合國代表權，以後再談安理會問題。」讓了一小步後，他又答應將儘速通知馬大使。[26]

　　蔣經國與馬康衛談話後，蔣介石與決策高層經數日研商，態度稍有鬆動，決定採取較和緩的立場。七月二十七日，周書楷讓沈劍虹正式答覆羅吉斯，但要絕對保密並勿列入紀錄：一、倘各友邦如美國、日本確認為有提出雙重代表案以擊敗阿案之必要，我國可予以了解，惟切勿在案中提及我國在安理會之常任理事席位；二、倘其他國家擬對以修正案方式或單獨提案方式剝奪我國在安理會之合法席位，務期美、日兩國切勿參加連署及勿投票支持；三、我國對任何方式之雙重代表案，均必須發言反對。[27]其實，蔣介石還決定發言反對但不投票反對雙重代表權案，他想利用尼克森背著他與中共打交道的「不義」行為，轉化為

26　「行政院副院長蔣經國與美國駐華大使馬康衛就聯合國中華民國代表權問題進行談話之談話要點」（1971年7月23日），〈中美關係(十三)〉，《蔣經國總統文物》，國史館藏，典藏號：005-010100-00067-010。

27　王正華編，《中華民國與聯合國史料彙編》，頁542-543.

美國欠他一筆債,繼續與美國討價還價。[28]

　　七月二十七日,根據蔣介石的最新指示,沈劍虹和駐聯合國大使劉鍇向羅吉斯說明,把安理會席位給予中華人民共和國,如果是因為其他國家提出修正案,而美國只表明它會同意聯合國大會的多數決定,便已符合中華民國的要求。這是蔣介石對「雙重代表權」方案的重大讓步,但已經太晚。羅吉斯坦白相告,如果美國拒絕對安理會席次表明立場,勢將無法取得足夠票數以保障中華民國在聯合國的會籍,結果阿案會通過,這將鑄成大錯,因為最緊要的是保住中華民國的會籍。這是一次非常重要的談話,羅吉斯清楚地表明了美國國務院的最新立場,但是,他並不完全了解季辛吉在北京的承諾和尼克森的真實立場,因此,沈劍虹和劉鍇被羅吉斯誤導了。[29]

　　七月三十日,羅吉斯再次約沈劍虹及劉鍇會晤,當面把美國的策略細節詳加解釋:美國將努力取得多數支持,優先表決排除中華民國屬重要問題,需三分之二多數同意;美國也必須說明,大部分聯合國會員贊同安理會席次應給中華人民共和國,雖然美國認為這個問題應由安理會解決,但美國願意接受多數的決定。沈劍虹及劉鍇問可否

28　錢復,《錢復回憶錄・卷一》,頁150。

29　「駐美國大使沈劍虹駐聯合國代表劉鍇電外交部部次長」(1971年7月26日),〈外交－駐外單位之外交部收電(十六)〉,《蔣經國總統文物》,國史館藏,典藏號:005-010205-00161-039。

稍後幾日宣布，使臺北有較充裕的時間研讀。羅吉斯說，尼克森訓示因此事已拖延過久，最好在八月二日宣布，「恐難再予拖延」。[30]七月三十一日至八月二日，周書楷與馬康衛幾度會談羅吉斯聲明的措辭。當時，蔣介石表示：「今日混亂世界是非不明，利害倒置，廉恥道義，利義掃地為尼丑者，吾人只有以靜制動、以正克邪，坐觀其變也。」[31]可見，蔣已經默認了美國這一實質是「兩個中國」的方案。

一九七一年七月十五日，尼克森宣布即將訪問北京的當天，阿爾巴尼亞、阿爾及利亞等二十三國向聯合國提出決議草案「兩阿提案」，即後來的第二七五八號決議案。八月二日，羅吉斯正式發表了《關於中國在聯合國的代表權問題的聲明》，表示美國歡迎中華人民共和國加入聯合國，但中華民國不應被驅逐。[32]八月十七日下午，馬康衛告訴周書楷，美政府已決定在八月二十一日前向大會另提「中國在聯合國之代表權案」，說明「中華人民共和國應有代表出席，同時亦應規定中華民國之代表權不容剝

---

30 「駐美特任全權大使沈劍虹駐聯合國常任代表劉鍇政治參事陳衡力等電外交部」（1971年7月30日-8月16日），〈聯合國案(一)〉，《蔣經國總統文物》，典藏號：005-010205-00010-012。

31 呂芳上主編，《蔣中正先生年譜長編》，第十二冊，民國60年8月3日，頁759。

32 羅吉斯《關於中國在聯合國的代表權問題的聲明》，見王正華編，《中華民國與聯合國史料彙編》，頁547-554。

奪。」³³八月二十日，中華人民共和國外交部就「雙重代表權案」發表聲明，強調反對聯合國中有「兩個中國」代表權，反對「兩個中國」、「一中一臺」主張，反對臺灣地位未定論及臺灣獨立。³⁴八月二十六日上午，蔣介石召集決策高層討論代表權問題，還堅持美國「提案中不能提安理會席次給匪共，否則無異逼我國退出聯合國」。³⁵

九月八日，馬康衛通知周書楷，經與盟國磋商，美國決定遵照多數意見，修正雙重代表權案，直接表明安理會席位應給中華人民共和國。羅吉斯指示馬康衛只要「告知」周書楷美國的決定，要周默認、不要說話，不要讓臺北有申辯、提反建議或藉此拖延之餘地。³⁶對此蔣介石在日記中寫下：「以其（美國）未得我方同意，藉口以時間關係，自動以安理會給共匪之提案，徵求各連署國同意，並要求我方承認，勿與美國爭辯，並以要求我對各國同意

---

33 「美國政府針對阿爾巴尼亞等國在聯合國大會所提接納中華人民共和國草案另提一增補議程項目名為中國在聯合國之代表權問題之提案說明」（1971年8月17-23日），〈聯合國案（一）〉，《蔣經國總統文物》，國史館藏，典藏號：005-010205-00010-018。

34 呂芳上主編，《蔣中正先生年譜長編》，第十二冊，民國60年8月21日，頁760-761。

35 呂芳上主編，《蔣中正先生年譜長編》，第十二冊，民國60年8月25、26日，頁761。

36 「外交部長周書楷與美國駐華大使馬康衛就有關聯合國之重要問題案及雙重代表案晤談之紀錄」（1971年9月8-13日），〈外交－周書楷陳長飛等與美方代表談話紀錄〉，《蔣經國總統文物》，國史館藏，典藏號：005-010205-00093-011。

其提議。嗚呼！」³⁷

周書楷在九月十日向馬康衛提出正式回覆，對美國決定「特別感到遺憾」，重申美國提出「雙重代表權案」時，中華民國必須公開聲明強力反對。但周書楷非常保密地告訴馬康衛，九月九日全天會議中，決策高層有一場激烈辯論，強硬派熱切地主張堅守原則，即使失敗了，也在所不惜。然而，國際派似乎占了上風，說服蔣介石做出「痛苦」決定，不輕言退出聯合國，但華府不能期待蔣再做更多讓步。周書楷表示如果雙重代表權案通過的差距極微，中華民國政府在幕後可能積極運作以爭取支持。³⁸ 至此，蔣介石正式接受了美國「複雜雙重代表權案」，默認把安理會席位給中華人民共和國。當天，羅吉斯向尼克森報告：「臺北已經好不容易才走到這一步，發展出更務實的外交政策，遠比許多人預測更進一步。」³⁹

九月十六日上午，周書楷、沈劍虹、劉鍇在華府會晤羅吉斯，羅吉斯告訴周書楷：「目前為使此舉獲得成功，美國必須獲貴國幕後之支助，此外，美、日、澳、紐必須全面盡力尋求支持。」周書楷追問，美國政府是否考慮列

---

37 呂芳上主編，《蔣中正先生年譜長編》，第十二冊，民國60年9月9日，頁762。

38 唐耐心，《一九四九年後的海峽風雲實錄——美中台三邊互動關係大揭祕》，頁74。

39 Memorandum From Secretary of State Rogers to President Nixon, September 11, 1971, FRUS, Vol. V, Document 406, pp. 807-808.

第二道防線？如果「複雜雙重代表權案」及「修正的重要問題案」都失敗怎麼辦？羅吉斯答：「並無第二道防線，此兩案不能通過即為吾人之全部失敗。」[40] 羅吉斯的回答其實反應了尼克森的真實想法，就是美國做足表面功夫，但並不指望真的能贏，也不願準備以防萬一的補救措施。九月十六日下午，得到周書楷的默認後，尼克森公開宣布，美國支持中華人民共和國加入聯合國，並取得安理會席位，同時，美國反對驅除中華民國。[41]

　　九月下旬，接連數日，蔣介石對是否留在聯合國再次陷入長考。其實蔣還在猶豫，不到萬不得已，蔣並不想退出聯合國。九月十八日，奉蔣介石指示，黃少谷致電率團參加聯合國大會的周書楷，規劃聯合國行動策略和以防萬一的備案。黃少谷質疑，美方原本說將安理會席位給中共，便可使「複雜雙重代表權案」及「修正的重要問題案」獲多數支持，但現在僅有八國及十三國分別聯署，這究竟是各國本身踟躕不前，還是另有內幕？「因此我方除一面依預定步驟繼續堅苦奮鬥外，一面必須切實提高警覺，於判明兩案通過無望而阿案通過成定局時，斷然主動退會以

40　「外交部部長周書楷與美國國務卿羅吉斯就有關中華民國於聯合國之代表權問題會談之紀錄」（1971年9月16日-10月5日），〈外交－嚴家淦周書楷等與美代表談話紀錄〉，《蔣經國總統文物》，國史館藏，典藏號：005-010205-00092-006。

41　王正華編，《中華民國與聯合國史料彙編》，頁579。

免完全陷於受辱地位。」[42]

　　尼克森在十月初多次告訴羅吉斯，聯合國問題由國務院領導應對，因為他正處理與北京的關係，不宜太直接介入，否則反像是在玩花樣對付北京。[43] 經過與盟國間的磋商，十月一日，美國宣布以「修正的重要問題案」為優先，即排除中華民國須聯合國大會三分之二會員同意，爭取聯合國大會半數同意；然後再通過「複雜的雙重代表權案」，將安理會席位給中華人民共和國，並讓兩個中國都有聯合國大會的席位。[44] 臺灣代表團同意這一戰術，只要能保住中華民國的聯合國大會席位，蔣介石願意接受中華人民共和國取得安理會席位。這一戰術看似有雙重保險，可是，一旦「修正的重要問題案」受挫，整個中國代表權問題，就暴露在一九七〇年已獲得多數會員國支持的「兩阿提案」面前。

　　十月四日下午，羅吉斯正式在聯合國大會發言支持中華人民共和國加入聯合國並取得安理會席位，同時反對排

42　「國家安全會議祕書長黃少谷電外交部部長周書楷電文」（1971年9月18日），〈聯合國案(一)〉，《蔣經國總統文物》，國史館藏，典藏號：005-010205-00010-010。

43　Memorandum for the President's Files by the President's Deputy Assistant for National Security Affairs (Haig), October 22, 1971, FRUS, Vol. V, Document 425, p. 844. Editor note 3 on various conversations between Nixon and Rogers.

44　王景弘，《臺灣會生存下去：兩蔣因應美中關係正常化內幕（1969-1979）》，頁122。

除中華民國，「此舉為惟一切合二十年來所存在現實情況之公平辦法，使全體中國人都在本組織有代表。」[45] 羅吉斯發言後，白宮隨後宣布，季辛吉將於十月二十日飛抵北京，安排尼克森的訪問，明白地向全世界宣告美國的意向何在。其實，早在九月十三日，季辛吉就與周恩來敲定他將於十月二十日訪問北京。羅吉斯曾要求延後這次訪問，避免與聯合國大會表決撞期，季辛吉不肯，說尼克森訪問中國的計畫必須在中華民國被趕出聯合國之前敲定。[46] 周書楷於十月五日上午獲悉季辛吉將再度去北京後震驚萬分，緊急約見羅吉斯，要求取消北京之行。[47] 羅吉斯說服不了尼克森，就只好對周書楷敷衍了事，羅吉斯言不由衷地保證，季辛吉此行對代表權案不會有任何影響，事後證明結果完全相反。羅吉斯被排斥在美國決策核心之外，只能對臺灣做極不高明的欺騙。[48]

十月五日起，得知季辛吉的行程後，蔣介石開始修改退出聯合國宣言。外交部還在做最後的努力，而蔣介石也並非毫無彈性。蔣介石曾經指示周書楷，應於重要問題案

45　王正華編，《中華民國與聯合國史料彙編》，頁603-605。

46　唐耐心，《一九四九年後的海峽風雲實錄——美中台三邊互動關係大揭祕》，頁71。

47　「外交部部長周書楷訪晤美國國務卿羅吉斯有關美國訪問中國大陸及各國對聯合國提案立場談話紀錄」（1971年10月26日），〈聯合國案（一）〉，《蔣經國總統文物》，國史館藏，典藏號：005-010205-00010-016。

48　錢復，《錢復回憶錄，卷一》，頁156。

表決失敗後，不待阿案表決，即聲明退會。十月十四日上午九時，周書楷打電話回臺北請示可否「延至阿案表決後再聲明退會」。[49] 十四日下午四時半，決策高層會商後，蔣介石裁示：「如重要問題案未能獲得先議權或該案本身表決失敗，我應聲明退會。但美日等友邦如決採補救措施，如對阿案提修正案，或要求分段表決等，則稍候以觀補救措施有無效果，如無效，則我必須在阿案表決前聲明退會。」十月十九日，蔣介石令黃少谷轉告周書楷：「我退出聯合國之決心，切勿動搖猶豫。」[50]

一九七一年十月二十日至二十五日，季辛吉第二次訪問北京，此行對聯合國的表決結果，對中華民國有決定性的負面影響。季辛吉請周恩來注意，尼克森並未公開聲明支持美國在聯合國的提案。季辛吉辯解，如果聯合國今年排除臺灣，會引起美國輿情波動，親臺灣勢力會與其他勢力結合，對尼克森與中國交往的政策不利，他寧可今年能以雙重代表權案處理。他向周恩來解釋，美方原來考慮走「兩個中國」方式，指出任何政府對一個地區行使管轄權者，都應該在聯合國有代表權，這就把臺灣置於和兩個德

49　「國家安全會議祕書長黃少谷呈總統蔣中正外交部部長周書楷致黃祕書長來電文」（1971年10月18日），〈國家安全會議簽呈（三）〉，《蔣經國總統文物》，國史館藏，典藏號：005-010206-00009-005。

50　「國家安全會議祕書長黃少谷呈總統蔣中正外交部部長周書楷致黃祕書長來電文」（1971年10月18日），〈國家安全會議簽呈（三）〉，典藏號：005-010206-00009-005。

國、兩個韓國的同等地位,現在美國模式只說一個中國,但實際上有兩個政府。周恩來說,美國的「雙重代表權案」,北京反而容易應付,通過了,北京仍拒絕入會,「回家睡覺」。他擔心的是「阿案」,因為這個決議案不能列入有關臺灣地位的條款,如果通過,臺灣地位仍未解決。[51] 周恩來是有遠見的,「阿案」並沒有在聯合國確認臺灣的國際法地位,因為「阿案」根本沒有提到臺灣屬於中華人民共和國。周恩來告訴季辛吉,對中國來說,「我們肯定不會放棄臺灣,或者接受所謂的『臺灣地位不確定』來換取在聯合國的席位」。[52]

對於聯合國代表權問題,毛澤東也極為謹慎。一九七一年十月二十日晚上,毛澤東告訴周恩來,美國是「計算機的國家」,他們是算好了的。在季辛格回到美國的當天或隔天,聯合國就會表決通過美國的兩個提案,製造「兩個中國」的局面。所以,還是那句老話,我們絕不上「兩個中國」的賊船,今年不進聯合國。[53] 實際上,季辛吉再度造訪北京,傳送尼克森視美中關係正常化為最高優先的訊號,掃除了臺灣留在聯合國的任何可能。

---

51 「中華人民共和國外交部聲明」,《人民日報》,1971年8月21日。

52 Memorandum of Conversation, General Subject: UN and Indochina, Place: Great Hall of the People, Peking, October 21, 1971, FRUS, 1969-1972, Vol. E-13, Document 41.

53 中共中央文獻研究室編,《毛澤東年譜(1949-1976)》,第6卷(北京市:中央文獻出版社,2013年),頁411。

十月十四日，周書楷還向蔣介石報告：「如重要問題案未獲通過，我與美日必須有一緊急應變方案，在表決阿案前提出，力圖挽救，惟此項方案非至最後關頭絕不對外透露，以免影響目前為重要問題案拉票之工作。」[54]周書楷報告的緊急應變方案是什麼呢？它就是沙烏地阿拉伯提出的修正案。沙烏地阿拉伯提出：「中華民國，亦即臺灣島之人民，應保留其在聯合國及所有與其有關各組織內之席位，直至中華民國人民，亦即臺灣島之人民，能在聯合國主持下舉行複決或全民表決而就下開各項宣布其所做選擇時為止：一、以聯合國記錄之一項條約所確定之中立地位，作為一個主權國家繼續獨立；二、與中華人民共和國組成一個邦聯，其條件應由當事雙方商定之；三、與中華人民共和國組成聯邦，但需依照當事雙方所商定之議定書。」[55]十月二十日，外交部次長楊西崑正式告訴美方，中華民國可以忍受沙烏地阿拉伯提出的修正案。[56]對於此「一中一臺」的方案，蔣介石都能忍受，就是為確保中華民國能夠作為一個獨立的主權國家繼續在臺灣生存下去。

季辛吉在十月二十二、二十三日還從北京發給白宮四

---

54 「國家安全會議祕書長黃少谷呈總統蔣中正外交部部長周書楷致黃祕書長來電文」（1971年10月18日），〈國家安全會議簽呈（三）〉，《蔣經國總統文物》，國史館藏，典藏號：005-010206-00009-005。

55 王正華編，《中華民國與聯合國史料彙編》，頁592-593。

56 Telegram From the Mission to the United Nations to the Department of State, October 22, 1971, FRUS, Vol. V, Document 426, pp. 847-849.

封電報，堅決反對以沙烏地阿拉伯修正案作為後備方案，指出北京最不能忍受該修正案要給予「臺灣」新地位。如果美國支持該修正案，美國與中國目前交流的基礎將受到破壞。季辛吉說，如果繼續提出「臺灣地位未定」或在聯合國中給予臺灣新的法律地位，那麼，將使中國領導人認為美國出爾反爾，會嚴重損害目前美中對話的基礎。季辛吉警告尼克森，在聯合國中國代表權問題上要謹慎行事，不要以徒勞無功的政策毀掉苦心經營、來之不易的美中間脆弱的信任基礎。[57] 由於季辛吉的反對，使得美國不願推動沙烏地阿拉伯修正案。

十月二十二日，沈劍虹奉命會晤羅吉斯，再次查詢美方是否有因應表決失敗的備案，並要求尼克森公開聲明支持美國方案，同時對季辛吉返美的時機表示關切。沈劍虹直言，季辛吉選在聯合國大會辯論中國代表權的時間去北京，這也就是聯合國盛傳美國提案只是過場，寧可見它失敗的原因。[58] 會後，羅吉斯與尼克森、布希商討有關聯合國代表權問題。羅吉斯指出季辛吉的訪問，使聯合國的表決蒙上陰影，「這幾乎使我們看來像個呆瓜，在我們之間最重要的一個議題即將表決之際到北京去。」尼克森於是

---

57 Telegram from Henry Kissinger to Gen Haig, Receive Time: October 23, 1971, FRUS, 1969-1972, Volume E—13, Document 47.

58 王景弘，《臺灣會生存下去：兩蔣因應美中關係正常化內幕（1969-1979）》，頁132。

指示季辛吉要在二十六日下午，待聯合國大會投票後再返回華府。[59]

　　十月十八日，第二十六屆聯合國大會開始關於中國代表權的專題辯論。周書楷率領中華民國代表團不眠不休，爭取票數。布希也高舉普遍化和實際化的原則，力主中華民國對一千四百多萬人民實施有效的控制，不應被蠻橫地排除在一個致力於和平的國際論壇之外，更何況會籍與否和臺灣、中國爭執的解決根本不相關。[60]

　　一九七一年十月二十五日下午，聯合國大會準備就「兩阿提案」進行表決，沙烏地阿拉伯代表首先動議將該提案推遲一天表決，以此為臺灣爭取時間。大會主席印尼藉的馬利克裁定立即就沙烏地阿拉伯的提案進行表決，該提案很快遭到大會否決。隨後，布希提出動議，要求先行表決美日等國在十月二十二日提出的「修正的重要問題案」。大會通過了這一程序動議，美國代表擊掌慶賀。晚上二十一時四十七分，聯合國大會開始唱名表決「修正的重要問題案」。結果是五十五票贊成、五十九票反對、十五票棄權。這樣，美國為保衛中華民國在聯合國的席

59　Memorandum for the President's Files by the President's Deputy Assistant for National Security Affairs (Haig), October 22, 1971, FRUS, Vol. V, Document 425, p. 844.
60　唐耐心，《一九四九年後的海峽風雲實錄——美中台三邊互動關係大揭祕》，頁75-76。

位而設置的唯一一道防線被沖垮。出乎意料的是，除盧森堡、葡萄牙和希臘外，美國其他所有的北約盟友都投了反對票或者棄權票，阿拉伯與非州國家也大批倒戈，使得這一提案以四票之差遭到否決。[61] 接著，大會就沙烏地阿拉伯修正案進行表決，這項提案主張「一中一臺」，但沒有獲得多數國家的支持。[62] 美國此時進行了最後一搏，提議將阿案的「恢復中華人民共和國合法權利」與排除蔣介石集團代表這兩段分開表決，但這個提議也以五十一票贊成，六十一票反對，十七票棄權而宣告失敗。[63]

對這一結果，蔣介石不是沒有考慮到，他早已向周書楷下達做最壞打算的指示。搶在阿案表決前，周書楷臉色鐵青，走向講臺，當場宣布中華民國退出聯合國，隨後率領代表團全體團員魚貫走出會場。布希從他的座位起身，追上周書楷，「以手環抱其肩膀」。[64] 接著，聯合國大會以七十六票贊成、三十五票反對、十七票棄權的壓倒多數通過第二七五八號決議，決定「恢復中華人民共和國之所有權利，承認其政府為中國出席聯合國組織之唯一合法代表，並立即驅逐在聯合國及一切與有連繫之組織內非法占

61　錢復，《錢復回憶錄·卷一》，頁158-160。
62　Telegram From the Mission to the United Nations to the Department of State, October 26, 1971, FRUS, Vol. V, Document 429, pp. 854-857.
63　錢復，《錢復回憶錄·卷一》，158-160。
64　George Bush, *Looking Forward* (Garden City, N.Y., 1987), pp. 114-16.

據席位之蔣介石代表。」[65]美國的「雙重代表權案」還沒有來得及付諸表決，就已成了廢案，這是聯合國成立以後美國遭受的一次「最慘重的失敗」。但是，第二七五八號決議並未改變「臺灣地位未定」的狀況，該決議並未涉及臺灣是否為中華人民共和國的一部分。

一九七一年十月二十六日，美國國務卿羅吉斯對聯合國的投票結果做出聲明：「美國對於聯合國所採取的剝奪中華民國在此組織內代表權的行動深感遺憾。我們認為這項具有排除臺灣一千四百萬人民在聯合國內代表權影響的先例是一個極度不幸的先例，將在未來發生許多不利的影響。」[66]

同日下午，蔣介石發表「告全國同胞書」，宣布：「我們本漢賊不兩立之立場，及維護憲章之尊嚴，已在該案交付表決之前，宣布退出我國所參與締造的聯合國。」他說：「我們國家的命運不操在聯合國，而操在我們自己手中」。[67]這個聲明給臺灣民眾留下了蔣介石因「漢賊不兩立」而主動退出聯合國的錯誤印像，其實，中華民國不退出，也是會被趕出聯合國的。事後，蔣介石反省退聯一事，

65　一個中國論述史料彙編編輯小組編，《一個中國論述史料彙編，史料文件（一）》（臺北：國史館，2000年），頁317。

66　王正華編，《中華民國與聯合國史料彙編》，頁700。

67　秦孝儀主編，《先總統蔣公思想言論總集》，第34卷書告（臺北：中國國民黨中央委員會黨史委員會，1984年），頁259-263。

把責任都歸罪於尼克森：「此次退出聯合國之戰，乃是為美尼，而不是為共匪。」[68]

十月二十九日，周書楷和沈劍虹在華府拜會季辛吉，討論聯合國投票結果。季辛吉不得不承認：「當然本人之赴中國大陸對後續之發展有其影響。」沈劍虹立刻追問：「閣下所稱赴匪區之行對後續之發展有其影響，是否意味閣下對此次投票之結果並不驚訝？」季辛吉做賊心虛，意識到自己說漏了嘴：「如今痛定思痛，美國此次維護貴國地位之失敗主要在於戰術錯誤⋯本人事後檢討深自慚愧，未能親自督導戰術之採用。吾人在外交方面確已努力，但尚有其他方式可用而未用⋯而聯合國之內種種下流方法很多，要阻止投票自可辦到。及余獲悉週一晚進行投票而竟失敗，余痛恨不已。」季辛吉接著大罵布希無能。[69]多年後，布希公開指責季辛吉是臺灣受辱退會的始作俑者，他抱怨說：「我很難理解的是，亨利（季辛吉）告訴我，他對臺灣案表決的結果『失望』⋯我們在紐約說一套，在華府做另一套，這樣的結果是無可避免的。」[70]

從一九六九年到一九七二年，尼克森政府在維持與中

68　呂芳上主編，《蔣中正先生年譜長編》，第十二冊，民國60年11月2，4，5日，頁770。

69　「外交部部長周書楷訪晤美國國務卿羅吉斯有關美國訪問中國大陸及各國對聯合國提案立場談話紀錄」（1971年10月26日），〈聯合國案（一）〉，典藏號：005-010205-00010-016。

70　George Bush, *Looking Forward* (Garden City, N.Y., 1987), pp. 114-16.

一九七五年十二月,美國國務卿季辛吉訪問中國,並與毛澤東握手示好。
(圖片來源:維基共享)

季辛吉與毛澤東、周恩來商討「中美關係正常化」事宜。
(圖片來源:維基共享)

華民國的外交關係同時，積極開拓與中華人民共和國談判的管道，美國實際上實行的是「一中兩府」政策。從一九七一年七月季辛吉首次訪問北京，到一九七二年二月尼克森簽訂《上海公報》，季辛吉和尼克森對中國的五大祕密承諾，徹底改變了美國對臺政策的框架，而中華民國在聯合國的席位就成為這個改變的第一個犧牲品。雖然尼克森為了安撫國內選民，他必須創造關心臺灣的表象，但他和季辛吉都不擔心中華民國的死活，或認真思考臺灣人民的意願。[71] 尼克森改變對臺政策，不顧蔣介石的妥協，放棄實施「兩個中國」政策的機會，封殺了臺灣的外交空間，直接導致中華民國被驅趕出聯合國。

71　唐耐心，《一九四九年後的海峽風雲實錄——美中台三邊互動關係大揭祕》，頁53。

十九、蔣介石真的在乎
釣魚臺嗎？

　　一九七一年十一月，美國參議院批准美日《沖繩返還協定》時，美國國務院就公開主張，雖然美國把釣魚臺的施政權返還給日本，但對於日本、中國、臺灣的主權主張，美國採取中立立場。當年這一立場的宣示乃是蔣介石與美國反覆交涉的結果。至於釣魚臺的主權之爭，必須從一九五二年的《舊金山和約》說起。[1]

　　一九四三年十一月二十三日晚間，在開羅會議上，羅斯福與蔣介石談領土問題。蔣介石在當天日記中寫：「惟琉球可由國際機構委託中美共管，此由余提議，（一）以安美國之心；（二）以琉球在甲午以前已屬日本；（三）此區由美國共管，比歸我專有為妥也。」[2]但雙方並未達成任何書面協議。太平洋戰爭後期，美軍付出了巨大犧牲，單獨占領了琉球群島。美國原本認為，琉球群島與朝

1　任天豪：《從正統到生存：東亞冷戰初期中華民國對琉球，釣魚臺情勢的因應》臺北：國史館，2018.11.

2　國史館，蔣中正先生年譜長編，第七冊，502頁。

鮮半島同樣是被日本的帝國主義所統治的殖民地，因此計畫將琉球群島交由聯合國託管後，由日本分離出並獨立，美國軍政府也是以此為目標來運作。但是以蘇聯為首的共產主義國家興起，進入冷戰時期後，美國意識到如果將琉球群島託管，便不能有效利用琉球群島來與蘇聯對抗、防止共產主義勢力進入太平洋。因此美國決定，撤回以琉球獨立為前提的託管計畫，改認可日本對琉球的潛在主權，維持軍事統治琉球的型態。[3]

　　一九五二年四月生效的《舊金山和約》第三條，規定北緯二十九度線以南，東經一百二十四度四十分以東之島嶼交由聯合國託管，而美國為唯一施政當局。同年二月二十九日，美國託管當局發布第六十八號令「琉球政府章典」。一九五三年十二月二十五日，美國又發布第二十七號令「琉球列島的地理界限」，將釣魚臺列嶼劃入其託管範圍。美國在一九五三年與一九七二年先後將奄美群島與沖繩群島的管理權「移交日本」。由於冷戰之下的政治角力，中華民國和中華人民共和國都不是《舊金山和約》的締約國。為了維護自身的權益，一九五二年四月二十八日，中華民國與日本簽訂了《中華民國與日本國間和平條約》（即《中日和約》），承認《舊金山和約》的實際效力。但是，在談判和約時，臺日雙方並沒有討論釣魚臺主權問

3　參考「維基百科」有關條目。

題。從一九五二年到一九七〇年間，中華民國從未對美國託管釣魚臺提出過正式的法律抗爭。中華人民共和國雖不承認《舊金山和約》，但也未對美國託管釣魚臺列嶼提出過正式的法律抗爭。一九五〇和六〇年代，中華人民共和國支持琉球居民反對美國託管、要求回歸日本的運動。

　　一九六九年八月二日，美國國務卿羅傑斯訪臺，在日月潭向蔣介石報告琉球未來地位問題，因《美日安保條約》將於一九七〇年期滿，美日雙方均盼能利用自動延長條款使此約屆時能自動延長。而關於琉球歸還問題，美日兩國希望有一共同的「意願聲明」，以便使日本國會易於通過自動延長案。對此解釋，蔣是接受的。在這場會談當中，兩人完全沒有提及釣魚臺主權問題。[4] 十一月二十一日，尼克森總統與佐藤榮作首相發表公報指出，美日兩國將為一九七二年實現琉球「復歸」日本之安排立即進行商討。十一月二十二日，蔣介石聽取日本駐華大使板垣修報告日美交涉經過。[5] 二十三日，蔣研究修正外交部聲明稿，在日記中寫道：「研究美日歸還琉球問題之公報與我政府對此公報之處理及表示應有之態度，下午修正我外交部聲明稿，…此乃美國對我又一侮辱無視之國恥也。」，[6] 但

4　國史館：蔣中正與美國國務卿羅吉斯會談有關越南問題等談話簡要紀錄，典藏號：005-010205-00089-003，1969/08/03。

5　國史館，蔣中正先生年譜長編，第十二冊，649頁。

6　國史館，蔣中正先生年譜長編，第十二冊，649-650頁。

一九七〇年代，臺、美、中的關係產生轉變，臺灣先是於一九七一年退出聯
合國，隨後中美關係獲得改善，乃至一九七九年中美建交、台美斷交。圖為
一九七〇年四月，蔣經國最後一次訪問美國。（圖片來源：國史館）

外交部聲明仍未提及釣魚臺的主權問題。

　　一九六八年秋，聯合國亞洲及太平洋經濟社會委員會
在經過探測後，認為釣魚臺及附近島嶼的週遭海域可能
蘊藏石油及天然氣。當時，中華民國外交部援引《大陸
礁層公約》與美國石油公司洽商合作開採油礦。[7]一九七
〇年四月四日，蔣介石與駐日大使彭孟緝談臺美日應合

7　楊天石，《找尋真實的蔣介石：蔣介石日記解讀（三）》。香港：三聯書店(
　　香港)有限公司，2014年，331頁。

作開採在東海海底之油礦，並與琉球訂軍事聯盟密約。[8]
四月十七日，蔣介石指示蔣經國訪美日兩國，商談「油礦
合作方針」。[9]但是，蔣經國與美日兩國的討論並沒有實
質成果。五月十三日，蔣介石在國民黨中常會上指示：
「聯合國《大陸礁層公約》，應早日批准，以確保我國權
益。至釣魚臺有關問題，待日後再行研究可也。」[10]可見，
一九六八年至一九七〇年中，中華民國政府雖然開始注意
到釣魚臺，但對於釣魚臺主權究竟該採取何種立場，並無
明確定位，而是試圖敦促美日聯合開採東海石油。

　　最先對釣魚臺主權發聲的，是日本。一九七〇年八月
十日，日本對釣魚臺海底資源的主權問題，提出異議。蔣
介石在隔天的日記中寫下：「日本聲明其尖閣島為琉球所
統屬，反對我與美合作探測該區海底之油礦之事，應加注
意。」[11]八月十四日，先記：「中美對尖閣島海底探測油
礦已經簽字，日本不敢再提異議，……此對國際新聞之案
已可告一解決矣。」再記曰：「尖閣島主權問題，我國不
僅沒有放棄，即琉球主權問題，在歷史上任何政府亦未有
承認其為日本的。而且在第二次世界大戰日本投降時，已
明確承認其所有外島皆已放棄之事實，以我國政府為和鄰

8　　國史館，蔣中正先生年譜長編，第十二冊，683頁。
9　　國史館，蔣中正先生年譜長編，第十二冊，686頁。
10　國史館，蔣中正先生年譜長編，第十二冊，693頁。
11　國史館，蔣中正先生年譜長編，第十二冊，703頁。

魏道明，曾任外交部長，任內期間多次維護中華民國在聯合國的中國代表權。（圖片來源：維基共享）

敦睦之宗旨，故從未提及主權問題。為此一小島郡之爭執免傷和氣而已。但中國政府與四百年來之歷史，並未以此為日本之主權，亦從未見有條約之規定也。」[12] 二十六日，外交部長魏道明在蔣介石的要求下，向蔣呈報了「關於尖閣群島之資料」的說帖，為以後臺灣對美日交涉確定了方向。[13]

一九七〇年九月三日，日本對中華民國宣稱釣魚臺主權和將大陸礁層油礦區給予美國海灣石油公司一事，甚為重視，決定透過板垣修大使向外交部次長沈劍虹申述：「一、尖閣列島係琉球諸島之一部。二、中華民國政府對該列島周圍之大陸礁層片面主張海底資源開發權，係違反國際法之通念，並同時提議以外交途徑解決此一問題。」沈劍虹表示，雙方應避免誤會，不要煽動輿論，刺激國民情緒。[14]

同年九月十日，美國國務院公開宣布釣魚臺將依尼克

12　國史館，蔣中正先生年譜長編，第十二冊，703頁。

13　國史館：魏道明呈蔣中正檢奉關於尖閣群島之資料，典藏號：005-010205-00013-005，1970/08/26。

14　國史館：沈劍虹接見日本駐華大使板垣修會談為尖閣群島領土權及大陸礁層開發問題向中華民國政府轉達日本政府立場之談話紀錄，典藏號：005-010205-00013-004，1970/09/07。

森和佐藤的協議，交給日本管轄，但任何主權的爭執應由有關各方解決。九月十一日，蔣介石自記：「尖閣群島與大陸礁層問題，先解決礁層為我所有，而島的主權問題暫不提及，但對美國，應聲明琉球問題，中國不同意，其未經中美協議而歸還日本，我保留發言權。」[15]九月十二日上午，蔣介石召集政府高層商討大陸礁層問題與釣魚臺主權問題，予以裁定。當天，蔣自記：「大陸礁層探油問題，我決批准予美公司協約，以我測度判斷，美恐歸還琉球後，日將獨占大陸油礦，為美後患更大也。」「釣魚台群島對我國防有關，故不能承認其為屬於琉球範圍之內也。」[16]九月十四日，蔣擬定釣魚台主權政策：「甲、大陸礁層全由我所有權。乙、釣魚島陸地不予爭執，以不承認為日本所有權，作為懸案。」[17]

同日，中華民國駐美大使周書楷向美國國務院口頭聲明，首次將「釣魚臺列嶼」與「琉球群島」切割，強調「中國政府無法接受日本對於釣魚臺列嶼之主權主張。甚盼美國政府對中華民國政府有關此項問題之立場能有充分注意。」[18]十月間，日本政府照會臺灣，尖閣群島的主權沒

---

15 國史館，蔣中正先生年譜長編，第十二冊，706頁。
16 國史館，蔣中正先生年譜長編，第十二冊，706頁。
17 國史館，蔣中正先生年譜長編，第十二冊，707頁。
18 國史館：中華民國對美國關於釣魚臺列嶼之口頭聲明琉球群島於遭日本併吞之前為一獨立王國久與中國維持封貢關係中國對於日本吞併琉球從未予以接受或承認等，典藏號：005-010205-00013-011，1970/09/14。

有談判的餘地。十月十七日，蔣介石寫信給駐日大使彭孟緝，指示對釣魚臺列嶼爭議之處理方式「此事應照原定方針予之普通接觸，但不必重視，惟當視對方態度之輕重而定。」[19] 蔣介石此時並不希望挑起臺日外交衝突。

一九七〇年十二月三日，北京新華社發表題為「美日反動派陰謀掠奪中朝海底資源」的文章，譴責日蔣勾結，妄圖把屬於中國的釣魚臺劃入日本版圖。[20] 蔣介石認為「考慮釣魚台群島主權問題不談為宜」，並在十二月七日的日記中記錄其心得：「釣魚臺群島案主權問題此事不談為宜，否則徒被共匪利用離間。但中美間油約合同不能放棄。」[21] 顯然，蔣介石企圖避免加劇與美日有關釣魚臺主權問題的衝突，但是突然於一九七一年春興起的「保釣運動」，打亂了蔣的原定方針。

一九七一年三月十日，臺灣旅美學人共五百多人上書請求政府維護釣魚臺主權及大陸礁層資源權益。三日十七日，周書楷奉蔣介石指示面見國務院助理國務卿葛林（Marshall Green），說明釣魚臺的法律地位和中華民國的主張。周強調：「鑒於此事目前已成為我海內外同胞，尤其在美之知識分子，包括年長有地位之學人，以及從

19　國史館，蔣中正先生年譜長編，第十二冊，710頁。
20　楊天石，《找尋真實的蔣介石：蔣介石日記解讀（三）》。香港：三聯書店(香港)有限公司，2014年，337頁。
21　國史館，蔣中正先生年譜長編，第十二冊，719頁。

事科學工程研究人士等之高度敏感問題，而共匪復趁火打劫，擬利用此事件造成一反日反美運動，故亟盼美方能了解我國立場助我平息此事，毋為共匪所乘。」[22] 葛林認為美當時係根據《舊金山和約》規定管理琉球，今美既決定將琉球交付日本，釣魚臺自當一併歸還。至於釣魚臺主權問題，葛林則丟給臺、日雙方自行解決：「所謂歸還未必即謂其主權屬日，主權問題仍可由中日雙方談判解決，如談判不成，再研究由第三國調解或尋求國際仲裁等其他途徑解決，此為美之立場。」[23]

三月十八日，蔣介石對旅美學人忠愛國家，表示佩慰，指示總統府祕書長張羣向學人說明釣魚臺案，政府維護領土主權，立場堅定，寸土必爭，並請海外學人，信任政府，共赴時艱。[24] 四月七日，蔣介石決定關於釣魚臺政策與處理之方針：「甲、該列島之主權在歷史與地理上而言，其屬於臺灣省乃無問題，亦無可爭辯；乙、事實上現為美軍所占領，其歸屬何國當有，美國定之；丙、如其臨時交約日本國，則我應提交國際法庭，以法律解決之；丁、此事

---

22 國史館：周書楷電外交部為訪晤葛林面遞外交部最後核定節略並強調對琉球及釣魚臺歸日表示反對等，典藏號：005-010205-00157-028，1971/03/17。

23 國史館：周書楷電外交部為訪晤葛林面遞外交部最後核定節略並強調對琉球及釣魚臺歸日表示反對等，典藏號：005-010205-00157-028，1971/03/17。
楊天石，《找尋真實的蔣介石：蔣介石日記解讀（三）》。香港：三聯書店(香港)有限公司，2014年，339-340頁。

24 國史館，蔣中正先生年譜長編，第十二冊，740頁。

不可能以軍事解決，以我此時無此能力駐防該列島。如我兵力分散，則徒為共匪所乘，我現有基地且將不保矣。我之國策應以光復大陸拯救同胞為第一。」[25] 蔣介石還寫道：「釣魚島列島問題，共匪在各處尤在美國與香港挑弄學生掀起反美、日與我政府之浪潮。少年無知竟在三藩市（舊金山）、華盛頓與波士頓等地遊行示威，幸人數不多也。」當時，蔣把各地學生參與的保釣運動看作是中共挑起的反美、反日、反蔣運動，他在日記中充分揭示了中華民國政府所面臨的困境。[26]

四月十二日，周書楷因回臺就任外交部長，向尼克森辭行，談及釣魚臺對臺灣至為切要，促請其無論如何對中華民國主權應予尊重，[27] 尼克森答應派其私人代表來臺灣，與蔣商談聯合國代表權及釣魚臺問題，蔣介石認為「其表示人情而已」。[28] 四月十六日，臺北各大專院校僑生數百人，聚集在美國駐臺大使館前，抗議美國對釣魚臺問題所採的措施。蔣介石警覺僑生為釣魚臺示威遊行一事，在十七日的日記中寫：「晨經兒來談，政大與臺大少數僑生向美、日使館示威遊行約五百人，此為二十年來所未有之

25　國史館，蔣中正先生年譜長編，第十二冊，745-746頁。

26　國史館：羅致遠電外交部香港學生為釣魚臺示威行動日趨激烈散發傳單公開指責我外交當局，典藏號：005-010205-00158-022，1971/04/17。

27　國史館：周書楷電張羣轉蔣中正稱與尼克森等晤談聯大代表權及釣魚台問題，典藏號：002-090103-00008-346，1971/04/12。

28　國史館，蔣中正先生年譜長編，第十二冊，747頁。

事，乃示以做最後警告之準備文告大意。」[29] 他開始準備
壓制學生的保釣運動了。

五月三日，蔣介石不尋常地接見美國政府貿易代表甘
迺迪（David Kennedy）大使，希望透過甘迺迪就釣魚臺
向尼克森施加壓力。[30] 白宮於六月七日回覆甘迺迪：「尼
克森對日有關尖閣群島的決定及諸多承諾已深，無法撤
回。」甘迺迪把美方決定告訴蔣經國，蔣經國促美國在簽
署《沖繩返還協定》時，明確聲明釣魚臺的最終地位未確
定，應由有關各方解決。[31] 蔣經國的要求，實際上與美國
最後的公開立場相符。

美國與日本即將於六月十七日簽署《沖繩返還協定》，
十一日，蔣介石聞之甚為不平：「審定外交部對釣魚臺聲
明稿，感精神不振，為國憂慮」。外交部聲明稿指出：「中
華民國政府根據保衛國土之神聖義務，在任何情形之下，
絕不能放棄尺寸領土之主權。」[32] 六月十四日，日本愛知
外相約見彭孟緝大使，愛知說：「關於尖閣諸島問題，羅

---

29 國史館，蔣中正先生年譜長編，第十二冊，748頁。

30 FOREIGN RELATIONS OF THE UNITED STATES, 1969–1976, VOLUME XVII,
CHINA, 1969–1972, Memorandum of Conversation, Taipei, May 3, 1971.

31 FOREIGN RELATIONS OF THE UNITED STATES, 1969–1976, VOLUME XVII,
CHINA, 1969–1972,Backchannel Message From the President's Assistant
for International Economic Affairs (Peterson) to Ambassador Kennedy, in
Taipei,June 8, 1971. footnote 2& 6.

32 國史館，蔣中正先生年譜長編，第十二冊，756頁。周書楷呈為美日移交琉
球群島聲明稿，典藏號：005-010205-00013-012，1971/06/11。

一九七二年五月，蔣經國宣誓就任行政院長。蔣介石晚年逐漸將權力交接給蔣經國。（圖片來源：國史館）

卿表示美國政府極為關心，美國政府希望中、日、美三國間不因此而發生摩擦，美國政府認為並不因尖閣諸島之關係而損及中日雙方之領土權，對有關尖閣諸島之法律立場亦無絲毫影響。日政府有關尖閣諸島問題之立場無改變，並希望不因此而損及中日兩國間之友好」。[33]彭大使答：「我政府有關釣魚臺列嶼之立場日政府應已明瞭。」雙方談話似無交集。

---

33 國史館：駐日大使館電外交部關於每日新聞獨家刊載日本外務大臣愛知揆一與彭孟緝就釣魚臺列嶼問題初次會談，典藏號：005-010205-00160-048，1971/06/15。

一九七一年六月十七日，美日簽署《沖繩返還協定》，將琉球群島（包括釣魚臺列嶼）的「施政權」歸還給日本。當日，蔣介石與蔣經國談釣魚臺問題，指「美國已促日本與我商談」。[34] 七月八日，就在季辛吉到達北京祕密訪問的前一天，蔣經國接見美國大使馬康衛。蔣經國指出，釣魚臺問題造成中華民國「內部嚴重問題」，特別是「因為中共開始利用情勢，在海外華人之間煽動，製造麻煩」。至此，蔣經國明確提出釣魚臺主權之爭，本質上是國共爭奪代表海內外華人的合法性問題。這又與同時發生在聯合國內的中國代表權問題攪在一起了。

　　一九七一年三月起，美、臺、港華人的「保釣運動」風起雲湧。當時，中華民國政府為了釣魚臺的主權與美日兩國進行了反覆的交涉和抗爭。但是，季辛吉於同年七月九日至十一日密訪北京時，他與周恩來會談十七個小時，周恩來卻一次也沒有提起釣魚臺問題。周恩來關注的是日本在美軍將來從臺灣撤出後對臺灣所帶來的威脅。七月十日，周恩來對季辛吉說，朝著與中國建立友好關係的方向發展，如果美國還沒有決定採取哪些政策，沒有提出一個明確的計畫，而是走一步看一步，那麼，結果很可能是

34　國史館，蔣中正先生年譜長編，第十二冊，756頁。
　　民國六十年六月十八日宣傳外交綜合研究組第二五九次會議報告釣魚臺問題發展將導致潛伏對日本仇恨與反美情緒之爆發應切實宣導而非造成反美反日情緒等，典藏號：005-010205-00009-003，1971/06/19。

日本插手臺灣。「這是因為，一旦美國先從臺灣撤出部分軍隊，再觀望下一步將會發生什麼，那麼，蔣介石就會明白你們在做什麼，就要另尋他途了…如果他覺得美國靠不住，他就會找日本，而日本自己也想捲進臺灣，並且已經認為臺灣在它的安全範圍之內。」[35] 周恩來在指導季辛吉如何出賣蔣介石。三個月之後，季辛吉在十月二十日至二十五日第二次訪問北京，此期間周恩來和他舉行了十次、大約二十五個小時的磋商。當時，美國參議院正在討論批准《沖繩返還協定》，但周恩來還是一次也沒提及釣魚臺問題。

一九七一年十一月，美國參議院批准《沖繩返還協定》時，美國國務院就公開主張，雖然把釣魚臺的施政權返還給日本，但是對於日本、中國、臺灣的主權主張，美國採取中立立場。十一月三十日，退出聯合國後，中華民國外交部長周書楷最後一次和季辛吉面談釣魚臺。周表示，對於這些島嶼，中華民國在內政上有困難。北京想在臺灣製造反美運動，所以他請季辛吉讓日本對釣魚臺保持安靜。季辛吉問：「你們不要索回釣魚臺，你們只要日本避免大肆聲張，是這樣嗎？」周回答：「對，就是這樣。」[36] 由

---

35 FOREIGN RELATIONS OF THE UNITED STATES, 1969–1976, VOLUME XVII, CHINA, 1969–1972,Memorandum of Conversation,Beijing, July 10, 1971.

36 王景弘，《臺灣會生存下去：兩蔣因應美中關係正常化內幕（1969-1979）》。臺北：玉山社，2015年，頁145-146。

此可見，蔣看出中共想要藉由釣魚臺問題來製造臺美間的矛盾，他願意低調地了結釣魚臺問題，以減少臺、美、日之間的紛爭。

季辛吉分別於一九七一年七月和十月兩次訪問中國後，中華民國在十月二十五日被迫退出了聯合國。當時，臺灣與美國、日本這兩個最重要盟國的關係岌岌可危。蔣介石不希望因為釣魚臺再與美日搞僵關係。同時，毛澤東正在期待尼克森訪問北京，把蔣介石的美日兩個盟友搶過來，所以他也不要因為釣魚臺而與美日搞僵。一九七二年二月二十一日，尼克森與毛澤東進行歷史性的會面時，雙方都沒有提到釣魚臺。在與周恩來交談時，尼克森還指出琉球交還日本是正確的事情，琉球屬於日本，周恩來對此並沒有異議，也始終沒提釣魚臺問題。周恩來與尼克森和季辛吉前後會談一百多個小時，卻一次也沒有提起釣魚臺問題。他關注的是日本在美軍從臺灣撤出後對臺灣所帶來的威脅。毛澤東與周恩來為了贏得美日的外交承認，拔掉臺灣最重要的兩個盟友，根本不在乎釣魚臺主權問題。

同年五月十五日，美國結束對琉球群島（包括釣魚臺列嶼）的託管，並交還給日本。九月二十七日，在中日建交的首腦會談時，田中角榮首相問周恩來：「關於尖閣列島您怎麼看？」周恩來答：「這個問題，現在談不好。因為發現了石油，這個成了問題。如果沒有發現石油，臺灣

也好、美國也好，都不會把它當作問題」。[37] 於是，兩人同意「以後再說」。可見，當年無論蔣介石與蔣經國，還是毛澤東與周恩來，為了與美日搞好關係，都不願意在釣魚臺主權問題上糾纏不清，受騙上當的是那些參加保釣運動的熱血青年。

37　矢吹晉，《釣魚島問題的核心》，北京：社會科學文獻出版社，2015.11，10頁。

二十、總結：蔣介石是「中華民國臺灣」意外的國父嗎？

蔣介石主持國慶閱兵典禮。（圖片來源：國史館）

「中華民國臺灣」在歷史形塑的早期，蔣介石領導國民黨和臺灣人民，成功地抵抗中華人民共和國武力併吞臺灣。蔣介石是一個有強烈的大中華思想的獨裁者，他把臺灣當作反共復國的基地而不是當作新國家來建設，但與同期的亞洲其它受美國支持的獨裁者如李承晚、吳庭琰相比，蔣介石在臺灣的成就和影響也大得多。臺灣人對蔣介石的評價兩級化，既是這個歷史人物本身言行矛盾性的結果，也是現代臺灣社會意識型態多元化的一種投射。

　　一九四九年六月十八日，蔣介石剛到臺灣不久，他在日記中寫道：「臺灣主權與法律問題，英、美恐我不能固守臺灣，為共匪奪取，而入於俄國勢力範圍，使其西太平洋海島防線發生缺口，亟謀由我交還美國管理。」因此，他決心「死守臺灣，確保領土，盡我國民天職，絕不能交還盟國」。但如果美國願「助我力量，共同防衛，則不拒絕，並示歡迎之意」。[1] 蔣介石當時清楚認識到臺灣主權歸屬有法律爭議，英美可能推動託管臺灣，他不願交還盟國，卻歡迎美國與他共同防衛。

　　一九四九年十二月十五日，蔣介石定居臺灣後，為了取悅美國，派留學美國的吳國禎代替陳誠出任臺灣省主席，直接向杜魯門總統要求全面援助。然而，一九五〇年一月初，為了與新成立的中華人民共和國發展正常外交關

1　國史館，蔣中正先生年譜長編，第九冊，304頁。

係，杜魯門和艾奇遜國務卿正式聲明美國不會軍援臺灣。於是，蔣介石轉而大力遊說美國軍方和國會來改變杜魯門的對臺政策。一九五〇年三月一日是改變臺灣命運的一天。國共內戰大敗而撤退臺灣，已經引退的蔣介石，不顧「中華民國」憲法程序，宣布「復行視事」，重新行使總統職權。這件事本質上是蔣介石通過軍事政變，借殼「中華民國」，奪取了臺灣的實際控制權。蔣介石復行視事是否合乎《中華民國憲法》第四章「總統」之章，極具爭議。主要在於《憲法》並無引退總統可復行視事之條文。

　　一九五〇年六月二十五日，史達林和毛澤東支持北韓進攻南韓，此舉讓美國不得不馬上採取行動，二十七日，杜魯門下令第七艦隊協防臺灣，明確阻止中華人民共和國武力奪取臺灣。杜魯門提出「臺灣未來地位的決定必須等待太平洋安全的恢復，對日和約的簽訂或經由聯合國考慮」。[2] 杜魯門提出「臺海中立化政策」和「臺灣地位未定論」，修改了他自己一九五〇年一月五日發表的關於尊重中華民國對臺灣行政管理的聲明。蔣介石雖然口頭反對杜魯門的「臺灣地位未定論」，但為了臺灣安全，他不得不接受美國與中華民國在軍事與外交上實質「共同管理臺灣」。

　　一九五四年九月，毛澤東發動第一次臺海危機，作為

2　國史館，一個中國論述史料彙編，史料文件（一），16頁。

他不斷革命的一環，以阻止美國與臺灣簽訂《中美共同防禦條約》。九月九日，美國國務卿杜勒斯來臺北與蔣介石會談。蔣要求立即締約，並主動表示，沒有美國的同意，他不會實行反攻大陸。一九五四年十一月二日，外交部長葉公超與杜勒斯開始在華府會談《中美共同防禦條約》細節，臺方主張條約適用範圍應包括臺澎金馬在內，美國則堅持只包括臺灣島及澎湖，美國不願為保衛外島而戰，但也不願看到中共以武力攻取外島；臺方再三保證，除有限的自衛外，國軍對中國大陸採取軍事行動必先取得美國同意，雙方對大原則很快達成協議。難怪杜勒斯當時告訴英國外相艾登，《中美共同防禦條約》會把臺灣和大陸分開來，隨著時間進展，會使雙方可以接受「兩個中國」，而且兩者都可能成為聯合國成員。林孝庭教授認為，《中美共同防禦條約》使雙方結為正式的軍事盟邦，這個重要條約讓蔣介石在臺灣，獲得了堅實的安全與外交基礎，然而無論蔣介石喜歡與否，此條約的內容、精神與適用範圍，讓中華民國僅局限於臺灣一隅的格局，逐步永久化與固定化。[3]

一九五八年十月二十一日，第二次臺海危機發生後，杜勒斯來臺灣與蔣介石磋商，兩人在臺北發表歷史性的《聯合公報》。在公報中，杜勒斯因「金馬與臺澎防務有

3　林孝庭：意外的國度，臺北：遠足文化，2017.03，341頁-342頁。

密切關聯」而做公開協防承諾,同時警告中國不要再做出挑釁的動作;蔣介石則首次宣示「光復大陸主要武器為三民主義之實施,不憑藉武力為反攻復國之主要途逕」,[4]實際上放棄武力反攻國策。

蔣介石晚年試圖改變中華民國國家戰略,逐漸在心態上和戰略上接受「兩個中國」的前景和外交安排,他明確地把臺灣的國防戰略從反攻大陸的進攻戰略調整為保衛臺灣的防守戰略,希望中華民國能偏安於臺灣一隅。一九六九年八月三日,蔣介石接見美國國務卿羅吉斯,羅吉斯問及,中華民國是否欲進攻大陸?蔣坦白地回答:「吾人目前甚至尚無自衛之能力。…共匪一旦向我進攻,吾人無法維持二、三日之戰力」。[5]當時臺灣防衛力量非常薄弱,蔣介石高喊「反攻大陸」,實際上唱的是虛張聲勢的「空城計」。一九六九年十二月九日,蔣介石聽取美國中央情報局解放軍導彈發展報告後寫道:「匪中程導彈至此程度,不僅對我軍事戰略與方針應重新變更,而且對我外交政策亦有重新考慮與決策。」[6]一九七一年一月十九日,蔣介石上午主持軍事會議備戰報告,下午再次聽取美國中央情報局「匪導向飛彈與飛機進步」的報告。蔣在日記中

---

4   國史館,蔣中正先生年譜長編,第十一冊,129頁-130頁。

5   國史館:蔣中正與美國國務卿羅吉斯會談有關越南問題等談話簡要紀錄,典藏號:005-010205-00089-003,1969/08/03。

6   國史館,蔣中正先生年譜長編,第十二冊,655頁。

寫道:「現在建軍備戰之計畫與實施工作均以自立自主為本,自有獨立作戰生存發展之道,切勿有依賴他人為求存之念。」[7]蔣介石晚年,為臺灣的國防安全,殫精竭慮。

　　一九七一年夏秋,蔣介石為了確保中華民國留在聯合國,對美國一再退讓和遷就,同意「雙重代表權」和中華人民共和國取得安理會席位,但這為時已晚。尼克森為了

從「反攻大陸」到「獨立自保」,蔣介石對戰後臺灣、乃至整個東亞局勢有著深遠的影響。(圖片來源:維基共享

7　國史館,蔣中正先生年譜長編,第十二冊,729頁。

早日結束越戰而祕密改變對臺政策，不顧蔣介石的妥協，放棄實施「兩個中國」政策的機會，封殺了臺灣的外交空間，直接導致臺灣被驅趕出聯合國。中華民國被迫退出聯合國之後，面對美國與中華人民共和國改善關係的致命威脅，為了確保臺澎金馬不落入中國之手，蔣介石開始考量「一中一臺」的可能性。一九七一年十一月十五日，中華民國駐美大使沈劍虹找季辛吉談「兩個中國」的長遠關係。沈劍虹問季辛吉，那五年後臺灣是否有獨立分離的地位？臺灣的地位是否改變？季辛吉說，可能發生兩種情況，第一種情況是臺北與北京談判；第二種情況是臺灣日益發展成一個獨立的地位。還有一種情況是中國大陸爆發內戰，臺灣以後與其中一個派系結盟。面對難測的變局，沈劍虹問季辛吉，現在中華民國應該怎麼辦，要更加努力或坐以待變？季辛吉回應：「你們有什麼選擇？」依他的見解，中華民國不應倉促採取行動，「任何會發生的事將是很緩慢的發生」，中華民國如果為避免死亡而自殺，那是很愚昧的事情。沈劍虹追問，季辛吉是否看到「死亡」即將來臨？季辛吉回答：「沒有。」依他的判斷，如果中華民國自己堅定，情勢會有急遽改變。[8] 沈劍虹是兩蔣的親信，他不可能未經授權而去找季辛吉談這麼敏感的問題。

8　FOREIGN RELATIONS OF THE UNITED STATES, 1969–1976, VOLUME XVII, CHINA, 1969–1972,Memorandum of Conversation, Washington, November 15, 1971.

在沈劍虹見季辛吉之後不久，與蔣經國關係密切的外交部次長楊西崑在十一月底又主動找美國大使馬康衛密談。楊說他向蔣介石提出的救臺灣策略是：第一，發表聲明，宣布在臺灣的政府與北京的政府毫無關係；第二，此項聲明應以新的政府名稱，即「中華臺灣共和國」名義發表；第三，聲明應指出，此項名稱所用的「中華」沒有政治意涵，只作通稱，標示臺灣的居民是漢人族群，有如「阿拉伯」國家在其國家名稱前加「阿拉伯」一樣；第四，在做此宣布後，應即凍結憲法，解散國會，改成國會一院制，國會議員三分之二歸臺灣人；第五，進行公民投票決定臺灣未來地位。楊說，高層有葉公超、蔣彥士認同這種想法，張羣、嚴家淦、張寶樹和黃少谷對這種想法也持開放態度。馬康衛立即將此「最高機密」報告美國國務院，[9] 但國務院認為，「面對臺灣最近在國際舞台上遭受的挫折，中華民國沒有必要像楊所主張的那樣走得如此之快和如此之遠。」[10]

面對美國對臺政策天翻地覆的轉變，一九七一年十月

9　FOREIGN RELATIONS OF THE UNITED STATES, 1969–1976, VOLUME XVII, CHINA, 1969–1972，Telegram From the Embassy in the Republic of China to the Department of State，Taipei, November 30, 1971。

10　FOREIGN RELATIONS OF THE UNITED STATES, 1969–1976, VOLUME XVII, CHINA, 1969–1972，Memorandum From the Under Secretary of State for Political Affairs (Johnson) to the Deputy Director for Plans, Central Intelligence Agency (Karamessines), December 27, 1971.

二十七日，蔣經國代表蔣介石召見國軍高層，指示：「今後作戰一切以防守為著眼，關於反攻大陸的措施不必做太多的準備。」[11]這是一九四九年後兩蔣對國軍軍事戰略的第一次公開轉變。十二月一日，蔣介石在日記中說：「今後打破尼丑險惡陰謀之道。第一，接受連任下屆總統，團結內部。第二，加強軍事與國防科學，力求獨立自保而已。」[12]所以，蔣對臺灣前途的戰略定位很清楚，就是「獨立自保而已」。十二月三十一日，蔣介石終於決定：「反攻戰略重新部署，計畫與行動完全變更。此一自立自保，以退為進，以守為攻，以靜制動之戰略，至為重要。」[13]至此，蔣介石明確放棄了「反攻復國」的舊國策，而確立「獨立自保」的新戰略，可是臺灣民眾並不知道這一變化。

　　一九七二年二月二十八日，針對剛發表的美中《上海公報》，蔣介石在日記中寫道：「研閱尼丑與周匪所發表之聯合公報，不勝憤慨，此為尼丑出賣我政府既定之方針，亦為其槍桿下屈服之一舉，無恥已極。」[14]但蔣介石認為遷怒美國並無益處，反而可能動搖臺灣民眾對臺灣前途的信心，因此「對尼氏訪匪表面力求鎮靜，以警告美國

11　國史館：賴名湯先生訪談錄，下冊，2011年，446頁。
12　國史館，蔣中正先生年譜長編，第十二冊，772頁。
13　國史館，蔣中正先生年譜長編，第十二冊，773頁。
14　國史館，蔣中正先生年譜長編，第十二冊，779頁。

萬勿上當之方式表示我之不快。」[15]

　　一九七二年七月二十二日，《上海公報》發表後不久，蔣介石心臟病發作，出現心肌梗塞，從此不再視事，臺灣進入蔣經國時代。八月二十四日，沈劍虹又去找季辛吉，再次拋出中華民國「獨立」的概念，他說，有些中華民國的友邦說，我們應該成為獨立國家。季辛吉一聽問題嚴重，立刻施以緩兵之計，宣稱他不認為需要如此。在美國大選後，事情會改變，臺灣那樣做會在美國造成極大問題。是他的話，他寧可等待，中華人民共和國可能改變立場，中、蘇可能爆發戰爭。沈劍虹安慰他說：「我們一向保持安靜，從來不洩密。即便是情況很惡劣，我們也保持安靜。」[16]一九七一年夏到一九七二年夏之間，沈劍虹、楊西崑多次與美方的談話恐怕不只是他們個人的意思，而是兩蔣授意的非正式試探，但美國不願幫忙，因為季辛吉已經向周恩來祕密承諾美國不支持「兩個中國」或「一中一臺」的方案，也不支持「臺灣獨立運動」。沒有美國的明確支持，兩蔣就不敢宣布「中華臺灣共和國」獨立。

　　一九七一年七月十五日，剛從北京回來的季辛吉預

15　〈外交－駐外單位之外交部收電（二十）〉（民國61年2月20日），《蔣經國總統文物》，國史館藏，典藏號：005-010205-00165-087。

16　FOREIGN RELATIONS OF THE UNITED STATES, 1969–1976, VOLUME XVII, CHINA, 1969–1972,Memorandum of Conversation, Florida, August 24, 1972.

一九七一年十月三十一日，蔣介石壽辰留影。（圖片來源：國史館）

測，尼克森的宣布會震撼全球，「在臺灣造成暴亂」。他建議對臺灣「減低損害」，即便「我們預見到未來幾年的政治演變」，也應重申外交關係及防衛承諾，只不過，對臺灣的未來不抱有任何幻想。[17] 確實，臺灣經歷季辛吉和尼克森先後訪問北京，及退出聯合國，許多官員和人民大為震驚和氣憤，一度對臺灣前途失去信心，但是社會很快安定下來，並未發生季辛吉預測的暴亂。兩蔣能安穩渡過這場海嘯，確實讓周恩來和季辛吉跌破了眼鏡。

蔣介石曾經深信尼克森要扶植臺獨勢力殺害其父子，出賣臺灣給中共。他在日記中常常罵美國借刀殺人，使各國反共領袖無法生存，他認為彭明敏就是美國借刀殺人的陰謀。但是，中華民國被迫退出聯合國後，面對美國與中國改善關係的致命威脅，只要能保衛臺澎金馬不落入中華人民共和國之手，蔣介石還是願意考量「一中一臺」的方案。蔣介石反對臺獨，只是擔心他在臺灣統治的合法性，害怕臺獨力量被美國利用，成為除去其父子的工具。雖然擔憂統治的合法性，但事在人為，如果是他自己領導的臺灣獨立，則另當別論，所以，儘管有心理障礙，在萬不得已時，蔣介石並不完全排斥自己宣布臺灣獨立的可能性，

17　FOREIGN RELATIONS OF THE UNITED STATES, 1969–1976, VOLUME XVII, CHINA, 1969–1972,Memorandum From the President's Assistant for National Security Affairs (Kissinger) to President Nixon , California, July 14, 1971.

但是，在美國的反對之下，蔣介石無力推動「中華臺灣共和國」法理獨立。蔣介石是一個現實主義領導人，他懂得在關鍵時刻退讓。蔣介石逝世四十五年後，「中華民國臺灣」就是臺灣人民在法理上的「獨立自保」而已。

借殼上市
蔣介石與中華民國臺灣的形塑

作者｜汪浩
總編輯｜富察
責任編輯｜賴英錡　企劃｜蔡慧華
封面設計｜倪旻鋒　內頁排版｜宸遠彩藝

社長｜郭重興
發行人兼出版總監｜曾大福
出版發行｜八旗文化／遠足文化事業股份有限公司
地址｜新北市新店區民權路 108-2 號 9 樓
電話｜ 02-22181417　傳真｜ 02-86671065
客服專線｜ 0800-221029　E-mail ｜ gusa0601@gmail.com
Facebook ｜ facebook.com/gusapublishing　Blog ｜ gusapublishing.blogspot.com
法律顧問｜華洋法律事務所／蘇文生律師
印刷｜成陽彩色印刷股份有限公司

出版｜ 2020 年 8 月　初版一刷
　　　 2020 年 9 月　初版四刷
定價｜ 480 元

借殼上市：蔣介石與中華民國臺灣的形塑 / 汪浩
著 . -- 一版 . -- 新北市：八旗文化出版：遠足文
化發行 , 2020.08
　　面；　公分
ISBN 978-986-5524-15-9（平裝）

1. 臺灣史　2. 國際關係

733.292　　　　　　　　　　　　109008191